I0815607

DIARIO CON DIOS

DIARIO CON DIOS

365 días meditando y adorando al Señor

DEVOCIONAL

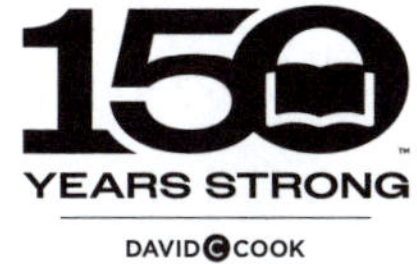

DIARIO CON DIOS
Publicado por David C Cook
4050 Lee Vance Drive
Colorado Springs, CO 80918, EE. UU.

Integrity Music Limited, una división de David C Cook
Brighton, East Sussex BN1 2RE, Inglaterra

Número de Control de la Biblioteca del Congreso: 2025947531
ISBN 978-0-8307-9194-1
eISBN 978-0-8307-9195-8

Diseño de portada: Elise Seffens

Impreso en los Estados Unidos de América
Primera edición 2026

1 2 3 4 5 6 7 8 9 10

092225

INTRODUCCIÓN

El Catecismo Menor de Westminster afirma que «el fin principal del hombre es glorificar a Dios y gozar de Él para siempre». Esta es la razón de nuestra existencia y el propósito de nuestra redención en Cristo. Sin embargo, en el ritmo acelerado de la vida diaria, con tantas voces y caminos que compiten por nuestra atención, es fácil perder de vista aquello que realmente importa.

Este devocional nace con el propósito de invitarte a detenerte en medio de tus ocupaciones y reenfocar tu corazón en lo esencial: la gloria del Dios eterno.

En estas páginas, hallarás una estructura sencilla que te acompañará en tu tiempo personal con el Señor, un patrón basado en una práctica que ha guiado a la iglesia por siglos: meditar en la Palabra, orar en respuesta a lo que Dios nos ha revelado y vivir lo aprendido en obediencia (basado en el modelo de Martín Lutero de *oratio*, *meditatio* y *tentatio/praxis*).

Así, encontrarás una parte de **reflexión**, donde meditarás en la Palabra de Dios y en verdades que llaman a reconocer Su grandeza; un espacio de **oración**, con palabras que te guiarán a abrir tu corazón en gratitud, confesión y súplica; y finalmente, una sección para **responder**, que te animará a poner en práctica lo aprendido, de manera que tu adoración se convierta en una forma de vida.

Una invitación a caminar en adoración

La verdadera adoración no se limita a cantar himnos o levantar nuestras manos en un servicio dominical; la verdadera adoración se expresa en la obediencia, en la manera en que enfrentamos las pruebas y en cómo servimos a otros. Cada devocional es una oportunidad para cultivar una relación más íntima con Dios, recordando que en la presencia de Dios «hay plenitud de gozo; en [Su] diestra hay deleites para siempre» (Sal. 16:11).

El teólogo puritano John Owen escribió: «La comunión con Dios consiste en que Él se comunique con nosotros y nosotros con Él, deleitándonos en ese intercambio». Este devocional busca precisamente eso: ayudarte a escuchar Su voz y a responderle con amor y gratitud. Que cada día, cada palabra y cada acción se conviertan en una ofrenda que glorifique a Cristo.

Finalmente, recorre estas páginas con el corazón dispuesto a conocer y adorar más a Dios. Disfruta este tiempo al máximo, déjate llevar por Su Palabra y reconoce Sus bondades cada día.

Equipo editorial

SALMO 1:1-3

«Dichoso es quien no sigue el consejo de los malvados, ni se detiene en la senda de los pecadores, ni se sienta en la reunión de los burladores, sino que en la Ley del Señor se deleita y día y

noche medita en ella.
Es como el árbol
plantado a la orilla
de un río que, cuando
llega su tiempo,
da fruto y sus hojas
jamás se marchitan.
Todo cuanto hace
prospera».

Reflexiona

Un controvertido musical sobre Jesús una vez acuñó la letra: «Es solo un hombre». Aquellos que conocieron al verdadero Jesús en persona no estarían de acuerdo. El testimonio unánime de los escritores del Nuevo Testamento es que Él fue, es y siempre será mucho más. Ciertamente era un hombre, tan humano como cualquiera de nosotros, pero eso está lejos de ser toda la historia.

Imagina la santidad de Dios, en toda Su pureza y perfección, apareciendo como un ser humano. Piensa en eso, y piensa en Jesús. Verdaderamente no hay nadie como Él. Este es el Señor salvador, y Él es capaz de salvar perpetuamente (Heb. 7:25) porque es completamente divino y humano.

Siempre fuerte, siempre verdadero, este Salvador nunca renegará de Sus promesas, jamás resultará falso a Su glorioso carácter, nunca nos defraudará. Como dice un viejo himno infantil: «No había otro lo suficientemente bueno para pagar el precio del pecado».

No hay nadie como Él. Él es el único hombre que los coros del cielo llaman digno (Apoc. 5:12), una palabra que reservan solo para Dios.

Verdaderamente, no hay nadie como tú.

Ora

Señor Jesús, cuando vislumbro tu gloria, me quedo sin palabras. Sin embargo, quiero hablar de todas las maravillas de tus caminos. Por favor, ayúdame a levantar tu nombre mientras interactúo con los demás, y ayúdalos a tener la mente abierta mientras escuchan.

Responde

Hoy, cuéntale a alguien sobre una maravilla de los caminos de Dios, tal vez una simple provisión en tu propia vida.

ENERO

DÍA 2

Reflexiona

A veces, no entendemos algo porque simplemente no hemos entendido el punto. Simplemente, no lo captamos.

En otras ocasiones, podemos pensar que entendemos cuando en realidad no entendimos nada. Interpretamos todo mal.

Pero hay un tercer tipo de incomprensión, y viene cuando simplemente no podemos entender la verdad. Hay una profundidad que simplemente no podemos comprender.

Como el costo de la gracia.

Esto es algo que no entenderé, no porque me lo haya perdido, y ciertamente no porque me niegue a abordarlo; sino tan solo porque no tengo una mente lo suficientemente grande como para contener la verdad. No sin tu gracia, claro está; no hasta que Jesús expanda mi horizonte mental, amplíe mi espectro emocional y me lleve más profundo.

Él es quien sostiene la verdad, a quien sabemos que debemos entregarlo todo. Al estar delante de Él, vemos de nuevo cuánto somos perdonados. Jesús mismo observó que nuestra conciencia de ser perdonados es directamente proporcional al amor que tenemos en nuestros corazones (Luc. 7:47).

Ahora, eso sí que vale la pena entenderlo.

Ora

Señor, estoy asombrado por la profundidad de tu sacrificio. Es lo suficientemente ancho como para cubrir el mundo; lo suficientemente profundo como para alcanzarme incluso a mí. Ayúdame a vivir a la luz de tu asombroso perdón y a compartirlo con aquellos que conozca esta semana.

Responde

Si necesitas perdonar, ¿por qué no te pones en contacto con esa persona hoy? Si necesitas que alguien te perdone, ¿qué puedes hacer para cerrar la brecha?

Reflexiona

No podemos elegir dónde empezamos en la vida, pero todos sabemos la diferencia que marca el amor. Si experimentamos la aceptación incondicional de un familiar o amigo, donde las únicas «condiciones» son los lazos de afecto, sabemos de manera positiva que no hay nada que podamos hacer para cambiar el nivel de amor que recibimos. Simplemente, sigue llegando.

Pero, si se nos ha negado el amor incondicional, especialmente en nuestros primeros años de vida, descubrimos por las malas que no podemos obligar a alguien a que nos ame.

La buena noticia es que Dios extiende este tipo de amor a cada uno de nosotros. Nos ama sobre la base de lo que Cristo ha hecho, no de lo que nosotros hemos hecho… bien o mal.

Y esa es la mejor base de todo para el amor, porque no cambia. Podemos permanecer firmes, y encontrar a Cristo como la piedra principal (1 Ped. 2:4) que nunca nos defraudará, nunca se desmoronará bajo nuestros pies. La gracia de Dios es una base sólida como una roca para la vida.

Y la gracia es mucho más que un lavado de mis trapos de inmundicia (Isa. 64:6), más que la cancelación de mi deuda con Dios. También paga una bonificación. Cristo me hace un ganador, desmintiendo las afirmaciones del diablo de que nunca podré vivir por la eternidad porque he fallado en los estándares perfectos de Dios. Porque, aunque he fracasado, Cristo ha triunfado, y ahora tengo el Gran Regalo Adquirido por Cristo con su Inmenso Amor (G-R-A-C-I-A).

¡Aleluya, qué Salvador!

Ora

Padre celestial, ayúdame a derribar cualquier mentira que el diablo me arroje, mientras me mantengo firme en la justicia de Cristo. Gracias porque, debido a Él, soy un ganador.

Responde

¿A quién puedes mostrar amor incondicional hoy, como Dios te ama?

Reflexiona

Es posible que hayas notado que, cuando se anota un gol importante en un partido, o sea hace un hoyo en uno, un tanto ganador o cualquier tipo de gol, el jugador jubiloso lanza un puño al aire y grita de pura exultación. La multitud que mira tampoco se queda quieta. Si no sabías que era un juego, podrías pensar que era una guerra y que era un grito de batalla.

Hay un lugar para el grito de alabanza en una pelea. Y, mientras animamos al Señor con gritos de *Hosanna,* podemos sentir Su victoria sobre nuestro enemigo espiritual, el opositor de Dios y acusador de Su pueblo. Podemos captar las notas de un poderoso *crescendo*, mientras los océanos rugen y juntos nos unimos a las huestes de ángeles mientras resuenan en los cielos.

Como parte de un poderoso ejército de guerreros adoradores, tenemos algo sobre lo que cantar. Mucho más allá de las emociones pronto olvidadas de un partido deportivo, la causa de nuestro ruido es nada menos que la victoria final de Dios sobre el mal.

Eso sí que vale la pena celebrarlo.

Ora

Rey Jesús, confieso que a veces dejo que el diablo me gane. Sus acusaciones me derriban; sus amenazas me intimidan. Por favor, ayúdame a convertir mi miedo en un grito de batalla y a celebrar la victoria que has asegurado.

Responde

¿Puedes imaginar el rugido del océano, el sonido de los truenos o los vítores de una multitud jubilosa? Ahora, piensa en cómo será cuando finalmente celebremos la victoria decisiva de Dios contra el mal. ¿Qué diferencia marca esa perspectiva de un canto de victoria en el día que tienes por delante? Piensa en los desafíos que vienen y revisa cada uno ahora.

Reflexiona

El libro de Lamentaciones contiene uno de los pasajes más famosos de la Biblia, donde aprendemos que «nunca fallan [las] bondades» de Dios. «Son nuevas cada mañana» (Lam. 3:22-23). Pero la luz de esos versículos arde mucho más cuando los leemos en contexto. Porque esta fue la época en que Jerusalén fue devastada, su pueblo masacrado y llevado al destierro, y el templo destruido. Este fue un tiempo de almas amargadas, cuando toda esperanza debería haberse perdido, el horror envolvió a la nación y la ira de Dios ardió contra la desobediencia de Su pueblo.

Sin embargo, es precisamente en esta oscuridad tormentosa que la verdad de Lamentaciones 3:22 estalla como un rayo de sol inesperado. Es como si la ira de Dios hubiera quedado en suspenso, porque la verdad es esta: Él me ha perdonado y los pecados de mi corazón infiel están cubiertos por Su sacrificio.

Dios siempre estará enojado con el pecado, pero alabado sea porque no tenemos que enfrentar los horrores de Su ira si hemos puesto toda nuestra esperanza en el sacrificio del Señor Jesucristo.

Ora

Señor, la pura compasión de tu misericordia me da esperanza y una razón para gloriarme, no en mis logros, sino en tus bondades que nunca fallan. También quiero que mi gratitud nunca termine.

❀

Responde

Lee el breve pero poderoso libro de Lamentaciones y pídele al Señor que renueve tu corazón de compasión. Mientras oras por partes del mundo devastadas por la guerra, incluye cualquier brote de violencia en tu propio vecindario y ora por las personas y las calles que necesitan la ayuda de Dios.

Reflexiona

¿Sabías que, como creyente en Cristo, moriste hace unos 2000 años? El Nuevo Testamento nos dice que los cristianos «morimos con Cristo» (Rom. 6:7, NTV). Jesús murió con los pecadores: tenía uno crucificado a cada lado (Luc. 23:33). Pero la verdad liberadora para nosotros es que, cuando reconocemos que somos pecadores y confiamos en Cristo, descubrimos que morimos con Él.

Esto significa una profunda ruptura con el pasado, para ser libres de vivir en victoria. Saber que nuestra salvación comenzó hace tantos años nos da una base sólida desde la cual comenzar de nuevo, algo fuera de nuestra propia experiencia subjetiva. Descubrimos que hemos sido sanados y que Él cubrió nuestro pecado (1 Ped. 2:24; 4:8).

No es de extrañar que nos regocijemos al pie de la cruz. Ahora, mientras estamos parados allí en nuestras mentes, no solo estamos ejercitando nuestra imaginación; es una revelación espiritual, porque estamos viendo que realmente morimos con Cristo. Y así podemos alejarnos de nuestro pecado.

Esta es la base de la verdadera libertad. ¡El mejor tipo de pérdida de peso es cuando nos despojamos de la carga del pecado y la culpa!

¿Tiene sentido? No a los que perecen. Pero para aquellos que se humillan ante la cruz, arrodillados a su sombra, no es una locura regocijarse. Por el contrario, es lo más evidente y natural. Porque hemos tenido el privilegio de reconocer el poder de Dios manifestándose (1 Cor. 1:18), extendiéndose a través de los años de la historia y alcanzándonos en los días de nuestras vidas.

Incluso tu vida.

Ora

Señor, gracias por quitar mi carga. Por favor, no me dejes volver a tomarla, sino ayúdame a salir de lo viejo y entrar en lo nuevo.

Responde

Asegúrate de pasar al menos un minuto hoy en adoración silenciosa al pie de la cruz.

Reflexiona

La cruz es donde la ley se encuentra con la gracia. Es donde finalmente podemos dejar nuestra carga, como una mochila llena de culpa, miedo y arrepentimiento. Es donde encuentro la redención para mi alma.

La ley nos ha mostrado nuestra carga de culpa. Nos ha traído a Cristo como una banda de criminales (Gál. 3:23-24), entregándonos para ser sentenciados.

Pero fue entonces cuando un rayo de esperanza brilló en la penumbra. Parece que Dios tenía otros planes: planes para una esperanza y un futuro (Jer. 29:11), planes para tomar esa ley y escribirla en lo profundo de nuestros corazones (Jer. 31:33). «Pues lo que la ley no pudo hacer [...], Dios lo hizo: enviando a Su propio [...], condenó al pecado» y nos abrió el camino para vivir «conforme al Espíritu» (Rom. 8:3-4).

Y así es como la misericordia triunfa sobre el juicio (Sant. 2:13). Dios ha encontrado una manera de castigar mi pecado y aun así ser misericordioso conmigo (Rom. 3:24). Dos caminos antiguos se encuentran en la cruz. Es aquí donde podemos cambiar de ruta, pasando del juicio a la misericordia, de muerte a vida.

Ora

Dios de misericordia y gracia, ayúdame a ser un amigo sabio y compañero de viaje para aquellos que necesitan encontrar la encrucijada entre la misericordia y el juicio.

Responde

¿Alguna vez has hecho un estudio bíblico sobre la cruz? Comienza aquí: Mateo 27:31-54; Juan 19, 25-30; Romanos 3:21-28; 1 Corintios 1:17-24; Gálatas 6:14; Colosenses 1:19-20; 2:13-15; Hebreos 12:1-3; Apocalipsis 5:9-14.

ENERO

DÍA 8

Reflexiona

¿No te encantan las sorpresas? No del tipo impactante, sino la bendición adicional, el gesto amable espontáneo, la sonrisa inesperada.

Jesús sorprendía a las personas. Lo miraban obrar, hablar y sanar, confrontar a la autoridad corrupta, y pensaban que sabían dónde iba todo. Se equivocaban. El León de la tribu de Judá (Apoc. 5:5) contuvo Su rugido cuando se reveló como el Cordero de Dios que quita el pecado del mundo (Juan 1:29).

¿Cómo puede el Todopoderoso ser vulnerable (literalmente, «capaz de ser herido»)? ¿Cómo amenazar a Aquel con todo poder, y mucho menos herirlo? ¿Cómo pierde la vida Aquel que es la vida?

¿Quién podría haberlo sabido?

Ora

Gracias, Padre, por tu sabiduría, por la forma en que sorprendiste a los más inteligentes a través del mensaje de Cristo crucificado (1 Cor. 1:18-21). Ayúdanos a no restarle importancia ni devaluar este mensaje, sino a decirlo como es, y luego hacernos a un lado y observar cómo obra tu poder.

Responde

Hoy, sorprende a alguien con un acto aleatorio de generosidad o amabilidad.

ENERO

DÍA 9

Reflexiona

Es un hecho triste que la fidelidad sea escasa en estos días. Tal vez siempre ha sido así, en los corazones de las personas, si no siempre en su comportamiento. Padres ausentes, madres distraídas, parejas descarriadas, políticos deshonestos… todo esto es sintomático de una renuencia o incapacidad para ser fiel.

Es en este contexto que la fidelidad de Dios brilla tanto. Sus promesas merecen mucho estudio, porque sabemos que, si Él dijo que lo hará, lo hará. Y si Jesús prometió estar siempre, lo cual hizo (Mat. 28:20; Juan 14:18), entonces sabemos que estará siempre. Es posible que no siempre lo veamos, a veces considera que esto es mejor para aquellos que lo aman (Rom. 8:28). Pero sabemos que Él está cerca, y que nadie puede arrebatarnos de Su mano (Juan 10:27-29). Tal conocimiento solo puede aumentar nuestro propio deseo y capacidad de ser fieles.

Ora

Señor, estoy agradecido de que seas tan fiel. Perdóname cuando mi confianza flaquea y me siento tentado a dudar. Ayúdame a estudiar tus promesas para que tu Palabra se convierta en un ancla para mi vida.

Responde

Encuentra una promesa de Dios a Su pueblo en las Escrituras y reclámala como propia. Comienza a leer los Salmos; o tal vez desees hojear los Evangelios y encontrar una palabra de aliento de Jesús a un amigo (por ej., Mat. 5:11; 7:7; Luc. 6:38); o buscar en las cartas de Pablo oraciones y promesas (por ej., Ef. 1:17-19; Fil. 1:6).

ENERO

DÍA 10

Reflexiona

Es un hecho que algunas de las mejores vistas en los cielos estrellados esperan a aquellos que están dispuestos a sufrir algún resfriado o malestar. Normalmente, hay que esperar para ver una estrella fugaz; y los eclipses no suelen aparecer en los momentos o lugares más convenientes.

Lo mismo puede decirse de la «estrella de la mañana», el nombre dado por los poetas a ese deslumbrante espectáculo de Venus brillando intensamente en el este antes del amanecer de un frío día de invierno. Pero lo sorprendente es que Venus solo es brillante porque refleja la luz del sol. Aunque el sol permanece invisible antes del amanecer, su luz nos llega a través de este único punto.

Así es con Cristo. Él es el brillante lucero de la mañana (Apoc. 22:16), el único punto de luz que nos dice que hay un amanecer venidero. Cuando llegue ese día, no contemplaremos al Señor en gloria reflejada, sino que lo veremos cara a cara (1 Cor. 13:12).

Ora

Santo Dios, anhelo estar donde la alabanza es interminable. Gracias por Jesús, el brillante Lucero de la mañana, ese reflejo puro de tu belleza (Heb. 1:3). Mantenme confiando en la cruz de mi Redentor «hasta que el día despunte y el lucero de la mañana aparezca» en mi corazón (2 Ped. 1:19).

Responde

Levántate temprano, mira hacia el este y ve si puedes divisar la estrella de la mañana. (Debe ser un momento en el que Venus esté por encima del horizonte y no haya nubes en el medio). Adora a Aquel que «[hizo] los cielos [...] los cielos con todo su ejército» (Neh. 9:6). Si eso no es práctico para ti, prueba la estrella vespertina (sigue siendo Venus) en el oeste justo antes de la puesta del sol, y luego adora a Dios mientras observas cómo las estrellas aparecen gradualmente.

Reflexiona

Todos hemos tenido momentos en los que las cosas se ven sombrías. Los amigos parecen distantes. La noche se acerca y los problemas aumentan con la oscuridad. Nos encontramos clamando por ayuda.

También hay momentos en los que tenemos una sensación de anhelo. No es tanto que las cosas vayan mal, sino que nuestras almas no están satisfechas.

Ya sea que hayamos tenido problemas o simplemente hayamos perdido el rumbo, estos son momentos en los que sabemos que necesitamos un salvavidas, una conexión con la Vida, Aquel de quien procede toda la vida. Algo así como la cuerda que une a un escalador novato con el instructor, o un pequeño bote con el barco principal.

¿Y cuál es la cuerda que nos conecta con la Vida? Tiene que ser el amor. «Nadie tiene un amor mayor que este: que uno dé su vida por sus amigos» (Juan 15:13). Nunca antes había conocido un amor como este. «En esto conocemos el amor: en que [Jesucristo] puso Su vida por nosotros» (1 Jn. 3:16).

Es algo sobre lo que cantar.

Ora

Señor, tengo tan poco que ofrecerte, pero te doy lo que puedo: el amor de mi corazón. Por favor, encuéntrame donde tú quieras, mientras te espero.

Responde

Hoy, dile a alguien cuánto lo amas.

ENERO

DÍA 12

Reflexiona

Ya sea Moisés junto a una zarza en llamas (Ex. 3), Isaías en un templo lleno de incienso (Isa. 6), Ezequiel mirando las ruedas en el cielo (Ezeq. 1), o Pedro, Jacobo y Juan buscando a tientas materiales para hacer tiendas de campaña frente al resplandor transfigurado de Jesús (Mar. 9:5-6), las personas siempre se han encontrado fuera de su elemento cuando Dios decide revelarse.

Tales lugares son santificados por Su presencia. Sin embargo, al final incluso estos desaparecen, junto con todas las cosas creadas. Si se le da el tiempo suficiente, incluso el sol se quemará algún día. «Los cielos pasarán con gran estruendo, y los elementos serán destruidos con fuego intenso, y la tierra y las obras que hay en ella serán quemadas» (2 Ped. 3:10).

Pero incluso entonces, habrá Uno cuya gloria eclipsará al sol. Es Él quien proporciona nuestra única esperanza para una vida que continúa hasta la eternidad. Y aunque se aparece misericordiosamente a Sus criaturas en ciertos momentos, está completamente separado de todo lo que ha hecho, una verdad representada gráficamente por la zarza que ardía pero no se consumía (Ex. 3:2). Estas cosas pueden tener una santidad derivada de Su ser, pero solo Él es santo en sí mismo.

Realmente, no hay nadie que se compare. ¿Por dónde empezarías?

Ora

Dios santo, puro y eterno, te adoro en el canto y en el silencio.

Responde

Está quieto, y conoce que Él es Dios (Sal. 46:10).

Reflexiona

El río más caudaloso comienza siendo pequeño, en alguna parte de las montañas, como un arroyo balbuceante que no da ninguna pista sobre el curso que seguirá. Sin embargo, este pequeño manantial de agua se convertirá en un arroyo, y el arroyo se convertirá en un río, tal vez con cascadas y rápidos, antes de ensancharse hacia el mar.

Y a lo largo del camino, los arroyos fluyen para traer agua a la tierra. Los pozos se cavan para aprovechar la humedad enterrada en las profundidades de la tierra. Ya sea un oasis en un desierto, un pozo de agua en el monte o una bomba de pueblo, hace posible la vida.

Dondequiera que las fuerzas de la vida son más fuertes que la muerte, hay sanidad. A medida que Jesús comparte Su propia vida con nosotros, somos sanados, hechos para ser aquello que estamos destinados a ser. Su esperanza imparable nos infunde esperanza; Su bondad derrite nuestros corazones y nos libera para ser amables. Y así, la sanidad fluye de nosotros, como «aguas en los desiertos y ríos en los lugares desolados» (Isa. 43:20).

Es la maravilla de la gracia sanadora.

Ora

Señor Jesucristo, gracias por ser mi Sanador. Ayúdame a dejar que esa sanidad se desborde como arroyos en el desierto, para que pueda llevar esperanza a otros a través de la bondad que me has mostrado.

Responde

Es hora de otro acto de bondad. No hay necesidad de hacerlo al azar; ora al respecto primero. Entonces, ve a ser una bendición para la persona que te venga a la mente.

ENERO

DÍA 14

Reflexiona

Millones de personas en todo el mundo dicen las siguientes palabras después de compartir juntos el pan y el vino: Que «nosotros, a quienes el Espíritu ilumina, alumbremos al mundo [...] así, nosotros y todos tus hijos seremos libres» (Culto común).

Qué pensamiento tan asombroso, humilde, desafiante e inspirador: que nosotros, los mortales comunes, contenemos una luz sobrenatural: la luz de Cristo. Al igual que las vasijas de barro, generalmente nuestra apariencia es común, prosaica, incluso aburrida. Pero dentro de cada uno, hay un lugar para una vela (2 Cor. 4:7).

Una vela ilumina una habitación entera. Diez velas destierran las sombras y también aportan calidez. Un grupo de personas iluminadas por el Espíritu es suficiente para transformar a toda una comunidad.

Porque esta es la luz que brilla para todos. Sería necio esconder nuestra luz debajo de una vasija (Mat. 5:15). De la misma manera, no tiene sentido guardar el calor, la luz y el amor de Dios para nosotros mismos.

Dios «es el que ha resplandecido en nuestros corazones» (2 Cor. 4:6). ¡Déjalo brillar!

Ora

Espíritu Santo de Dios, gracias por ser la luz de nuestras vidas. Perdónanos cuando bloqueamos tu luz, por el egoísmo del pecado; y ayúdanos a llevar luz a los demás al compartir la verdad sobre el Señor Jesús con aquellos con quienes nos encontramos. Para la gloria de Dios el Padre. Amén.

Responde

Haz aquello por lo que has orado. Tal vez puedes llevar una palabra de aliento a alguien, o pedirle a Dios una palabra de sabiduría que puedas compartir.

ENERO

DÍA 15

Reflexiona

¿Alguna vez te invitaron a una gran ocasión y no sabías qué ponerte? Desempolvas lo mejor, pero todo tu guardarropa parece harapos. La buena noticia es que, cuando Jesús nos invita a cenar con Él, nos proporciona el vestido adecuado. Nos ha vestido con «ropas de salvación» y «un manto de justicia» (Isa. 61:10), la vestimenta correcta ahora que el banquete está listo y debemos comer con el Rey.

Cuando el rey David quiso mostrar bondad a la familia del difunto rey Saúl, le costó encontrar a un familiar que viviera. Pero alguien se acordó de Mefiboset, hijo de Jonatán y nieto de Saúl, así que lo llevaron a ver al rey. Abrumado por el honor, Mefiboset preguntó por qué el rey se fijaba en un «perro muerto» como él (2 Sam. 9:8). Lisiado de ambos pies, es probable que Mefiboset no tuviera una gran autoestima.

Pero el rey David quería prodigar su favor a Mefiboset. Además de ceder todas las propiedades y tierras que habían sido de Saúl, prometió que Mefiboset comería siempre a su mesa (2 Sam. 9:10).

Esto es un precursor de la asombrosa invitación que el Rey del universo le hace ahora a todo hermano del Señor Jesucristo. Cada pecador en harapos es ahora amigo del Rey.

Al igual que Mefiboset, se nos ha dado la bienvenida a la mesa del Rey. Ya no se nos llama siervos, sino que somos tratados como amigos que están al tanto de los detalles más íntimos de los asuntos de nuestro Señor (Juan 15:15).

No hay mayor privilegio.

Ora

Jesús, cuando considero tu invitación a compartir conversaciones de sobremesa contigo, me siento como Mefiboset. Y así viviré una vida llena de alabanzas. Aleluya.

Responde

Invita a cenar a alguien que conozcas que no esté bien o viva con algún tipo de desventaja (Luc. 14:12-13).

ENERO

DÍA 16

Reflexiona

Hace años, Dios habló a través de Sus profetas del exilio venidero, que vendría sobre Su pueblo debido a sus muchos pecados. Pero no se detuvo allí. Miró más hacia adelante, a un remanente fiel. Porque Su plan es más grande de lo que podemos imaginar, y Él puede ver el final del sufrimiento y la miseria.

Y así tenemos a Sofonías 3:17: «El Señor tu Dios está en medio de ti, Guerrero victorioso». Podemos estar en problemas, pero Él está con nosotros. Y como un padre con un hijo recién nacido, Él «se gozará en ti con alegría». Dios, que es nuestro deleite, se deleita en nosotros.

Este es el Padre que sanará tus heridas, que «con su amor calmará todos tus temores» (NTV). Y así, sorprendentemente, «se regocijará por ti con cantos». Este es un afecto total y espontáneo, algo que brota de Su corazón, mientras canta una canción de alegría.

¿Cómo puede ser que el Dios del universo nos ame tanto? Sin embargo, esta es precisamente la verdad que Él quiere que absorbamos cuando Sus caminos son difíciles de entender y la vida es dolorosa.

¿Sabes cuánto te ama?

Ora

Padre, confieso que me resulta difícil creer que me ames tanto que incluso celebrarías tu amor en una canción. Ayúdame a apreciar la fuerza de tu amor por mí, porque sé que esto solo puede ayudar a que mi amor por ti crezca.

Responde

Busca la palabra «deleite» en un diccionario o tesauro. Ahora, lee Sofonías 3:17 y considera por un momento lo que eso significa para tu relación con Dios. ¿Puedes leerlo para ti mismo frente a un espejo o una fotografía tuya? Si tienes hijos, piensa en el deleite que te traen, y recuerda que eres hijo de Dios.

ENERO

DÍA 17

Reflexiona

¿Alguna vez causaste un gran impacto? Quizás literalmente, al sumergirte en un charco de agua. O en sentido figurado, al tener un impacto en alguien a través de lo que has dicho o hecho.

Cuando Dios vino a nosotros en Jesús, vivió, murió y resucitó de entre los muertos, produjo el mayor impacto de la historia. Jesús dijo que esto era un motivo de celebración tal que incluso las rocas gritarían (Luc. 19:40).

Una de las mayores ocasiones de celebración antes de la venida de Jesús era el jubileo. De ahí viene la palabra «júbilo». Originalmente, este era un momento en el que las deudas debían ser canceladas, las propiedades devueltas y los siervos liberados (Lev. 25:8-55). Era un momento para dejar que la música sonara.

Así como las trompetas y los gritos de victoria jubilosa derribaron los muros de Jericó (Jos. 6:20), incluso ahora la canción del evangelio del Jesucristo resucitado está sacudiendo las almenas de los poderes oscuros, haciendo temblar las tinieblas ante el anuncio del jubileo venidero.

Y así como Juan el Bautista anunció la venida de Jesús (Luc. 3:4), ahora preparamos el camino del Señor resucitado, mientras bailamos ante la injusticia en anticipación del momento en que todas las cosas se corrijan y el Señor descienda para llevarse nuestro quebrantamiento.

Ora

Señor, cuánto anhelo ver las calles resonar con cantos ante la venida del Rey. Por favor, haz esto realidad en el lugar donde me has puesto, y si voy a tocar alguna trompeta, que sea tuya, para que obtengas la gloria.

Responde

Considera unirte a una organización, tal vez en tu propio vecindario, que trabaje contra alguna forma de injusticia. Infórmate sobre las necesidades locales, a través de periódicos o hablando directamente con voluntarios y funcionarios. ¿Cómo puedes brindar apoyo: con oración, dinero o servicio?

ENERO

DÍA 18

Reflexiona

¿Alguna vez te quedaste sin aliento? Una puesta de sol dorada, una persona atractiva, un regalo generoso, un truco que desafía a la muerte... Todo esto y mucho más puede causar una fuerte inhalación de aire.

La amabilidad también puede ser deslumbrante. Puede desviar nuestra atención de la rutina diaria o de lo que tenemos en mente. Incluso algo tan simple como la sonrisa de corazón de un niño puede romper barreras y traer un cálido rayo de sol a nuestras vidas.

Cuando «se manifestó la bondad de Dios nuestro Salvador» (Tito 3:4), ocurrió algo verdaderamente impresionante. ¿Cómo puedo agradecer al Dios eterno por irrumpir en la historia con la vida y el ministerio, el sufrimiento y la muerte, y la gloriosa resurrección del Hijo de Dios?

Tal bondad nos atrae a Dios, convirtiéndose en la chispa para la adoración en el nombre de Jesús. Nuestra adoración crece y crece a medida que tratamos de acoger una misericordia tan sorprendente, que continuará en el futuro. Sin embargo, esa es la promesa de Dios.

Cuando ocurre algo trascendental y nos impacta personalmente, tenemos que dejar de hacer lo que estamos haciendo para poder recuperar el aliento. Dos mil años después, todavía estamos absorbiendo la impresionante autorrevelación de Dios en Jesús.

Ora

Glorioso Señor, gracias por sorprenderme y llenar mi corazón con tu amor abrumador. Ayúdame a dejar que algo de esto se desborde en mis pensamientos, mis palabras y mis acciones. Para la gloria de tu nombre.

Responde

Quédate quieto, respira profundamente y considera la dependencia que tienes de Dios por el aire que te mantiene vivo, una respiración a la vez. A medida que sigas respirando profundamente, pídele a Dios que ponga en tu corazón a alguien que necesite conocer Su poder sustentador hoy.

ENERO

DÍA 19

Reflexiona

Si alguna vez viste cómo se coloca una carretera, o algo como un patio, habrás notado cuánto esfuerzo se dedica a hacer la base, muy por debajo de la capa que se convertirá en la superficie. Esto lleva el peso de las personas e incluso de los vehículos pesados. Y es lo que proporciona la base para una superficie nivelada y robusta.

No es de extrañar, entonces, que la tierra firme no esté disponible en cualquier lugar. Requiere trabajo. Y lo mismo es cierto para la base sólida que necesitamos para nuestras vidas. Pero la buena noticia es que el trabajo ya está hecho. El terreno fue preparado por el Maestro Obrero.

Considera algunos de los materiales que usa. Cristo proporciona una paz como ninguna otra (Juan 14:27) y un gozo perfecto (15:11). La paz habla a nuestro pasado, dejando atrás la culpa de los pecados perdonados. La alegría impregna el presente, especialmente cuando los tiempos son difíciles. Y eso nos deja con una esperanza que no desilusiona (Rom. 5:5), una fe que es mejor que una visión perfecta para ver adónde Dios quiere que vayamos, y el amor que fluye de ser amados (1 Jn. 4:19).

Verdaderamente, esto no depende de nosotros. Somos nosotros los que dependemos de la obra terminada de Cristo, nuestra base sólida.

Ora

Señor de amor, ayúdame a conocer la realidad de estas pequeñas pero grandes palabras: alegría y paz, esperanza, fe y amor, en una vida vivida en el terreno sólido que tú has preparado.

Responde

Encuentra un buen terreno duro (¡sin tráfico!) y siente la seguridad de la tierra sólida debajo. Ahora, agradece a Dios por todo lo que te sostiene, en todos los sentidos. También pídele que te ayude a brindar apoyo tangible y práctico a alguien que lo necesite hoy.

ENERO

DÍA 20

Reflexiona

La expectativa humana es algo frágil. En los mercados financieros, una palabra de duda o un rumor de pérdida pueden ser suficiente para poner en peligro todo el sistema de negociación. En la sala de un hospital, un ceño fruncido en el rostro del médico puede volver a abrir la puerta al miedo.

Es por eso que hacer sonar la voz de la esperanza es como echar un ancla. Cuando alguien pone su dinero detrás de la empresa en la que cree; cuando el especialista dice: «Puedo hacer esto, puedo sanarte», entonces, de repente ya no estamos a la deriva.

Jesús es el Rey de reyes. Ninguna crisis económica está fuera de Su control soberano; ninguna condición médica está más allá de Su conocimiento o capacidad para sanar. Cuando descanso en Su Palabra inmutable, entonces puedo conocerlo como el Príncipe de Paz, el que ha sofocado la tempestad en mi corazón (Mar. 4:39).

Vuelve a confiarle tus caminos hoy. «Sea hallado Dios veraz, aunque todo hombre sea hallado mentiroso» (Rom. 3:4). Mantente firme en Su Palabra, cree en Sus promesas, y dejarás que la voz de la esperanza resuene más fuerte en tu corazón que los vientos de alarma y las olas de la duda.

Ora

Señor, puede ser frustrante estar a merced de mis emociones. Pero a veces no puedo evitar sentir que he perdido el rumbo. Gracias porque, cuando parece que no hay salida, simplemente te encanta intervenir y desbloquear la situación. Tú que calmas las tormentas, por favor apacigua mis emociones.

Responde

Si puedes ver un camino para alguien atrapado en sus problemas, sé la voz de la esperanza que necesita escuchar. Puede ser alguien local, pero si deseas buscar más lejos, visita el sitio web de una organización benéfica que tú o tu iglesia apoyen, y fíjate cómo puedes participar.

ENERO

DÍA 21

Reflexiona

Los salmos son un tesoro de verdad y alegría, dolor y anhelo, y el Salmo 27 tiene todos estos elementos. El salmista está pasando por un momento difícil, acosado por la gente. Podemos identificarnos.

¿Adónde va? A ver la belleza de Dios. Quiere encontrar al Señor en el lugar donde habita Su gloria. Para él, eso significaba el templo (Sal. 27:4), el santuario permanente que formaba una señal y un foco de la residencia de Dios con Su pueblo.

Ese templo ahora ha desaparecido, superado por la «casa espiritual» formada por las «piedras vivas» de todos los creyentes que ofrecen «sacrificios espirituales aceptables a Dios por medio de Jesucristo» (1 Ped. 2:5). Este es un edificio que refleja el tabernáculo celestial (Heb. 8:2) donde, incluso ahora, Jesús vive y ora por nosotros (Heb. 7:25).

Hay momentos en los que necesitamos estar a solas con Dios. Pero hay momentos en los que anhelamos ese sabor de Su presencia y gloria que Él otorga en Su gracia cuando Su pueblo se reúne. En ambos casos, solos o con Su pueblo, podemos levantar los ojos para ver al Señor en el santuario celestial, y allí nuestro corazón está satisfecho.

Ora

Señor Jesucristo, gracias por orar por mí en el cielo en este momento. Ayúdame a mantenerte en mi mente y corazón, incluso y especialmente en las pruebas de la vida. Señor, te anhelo. Ven una vez más a mí, te lo ruego.

Responde

Encuentra un lugar diferente en el que adorar a Dios, en el interior o en el exterior, solo o con otros, y agradece a Dios que estás en contacto con el santuario celestial.

ENERO

DÍA 22

Reflexiona

Cuando Jesús vino a vivir entre nosotros, cumplió muchos de los propósitos de Dios. Uno de los más grandes fue abrazar el llamado de Israel de ser siervo de Dios y establecer la justicia en la tierra (Isa. 41:8; 42:4). Además, abrió de par en par las puertas de la misericordia de Dios al cumplir el papel de siervo sufriente de Dios, aplastado por Dios a nuestro favor (Isa. 53:5).

No es de extrañar, entonces, que los residentes del cielo lo llamen digno (Apoc. 5:12). Ningún otro profeta, ningún otro líder, ningún sacerdote o rey se había acercado.

Fue la ofrenda de Cristo de Su carácter inmaculado y Su servicio intachable lo que resultó en el sacrificio perfecto que nos compró para Dios (Apoc. 5:9). Resultó que la muerte no pudo retenerlo (Hech. 2:24). Pero no se detuvo ahí: Su resurrección aseguró la nuestra (1 Cor. 15:16-20). Se levantó para poder levantarnos a nosotros.

No es que tengamos que esperar hasta la resurrección final para sentir que el Señor nos levanta. Él puede levantar el alma cansada incluso ahora (Sal. 3:3). Eres un hijo elegido de Dios, así que levanta la cabeza.

Ora

Señor Jesús, veo cómo solo tú eres digno de recibir la adoración del cielo. Tú también eres adorado en la tierra; por favor, acepta la alabanza y el agradecimiento de este beneficiario de tu asombroso sacrificio.

Responde

Jesús dijo: «Tal como yo los he amado, ustedes deben amarse unos a otros» (Juan 13:34, NTV). ¿Qué acto de servicio puedes hacer por otro creyente hoy, tal vez incluso sin que lo sepa?

ENERO

DÍA 23

Reflexiona

La tierra prometida ha figurado una y otra vez como un símbolo del final de nuestro viaje, un lugar para establecerse y descansar. Israel siguió a Moisés mientras serpenteaban por el desierto del Sinaí, completando un viaje de once días en cuarenta años (Deut. 1:2-3). Cuando llegaron al final de sus deambulaciones, la tierra prometida debe haber parecido más ficción que realidad. Sin embargo, era la tierra prometida por Dios. Y Dios siempre cumple.

A veces, deambulamos por la vida, ciegos a la verdad y sin acercarnos al lugar en el que estamos destinados a estar. Pero todo puede cooperar para bien según el buen propósito de Dios (Rom. 8:28).

Jesús no deambuló. Conocía Su destino y, cuando llegó el momento adecuado, dirigió Su rostro hacia la confrontación final con los poderes de las tinieblas, cuando llegó el momento de «ascender al cielo» (Luc. 9:51. NTV). Él sabía dónde iba.

Y nosotros también. Jesús se ha adelantado para «preparar un lugar» (Juan 14:2). Ahora me dirijo al cielo, lo cual hace que cada giro y vuelta en el desierto esté un paso más cerca de la tierra prometida.

Ora

Señor Jesús, gracias por venir a vivir la vida perfecta, por cumplir tu destino y asegurar el mío. Ayúdame a seguirte, ahora y en cada paso del camino. No sé el momento, pero tú sí, así que te encomiendo mi camino.

Responde

Busca un trozo de cuerda y estíralo sobre una superficie plana para formar una línea de tiempo de tu vida hasta ahora. Dóblalo hacia arriba y abajo, como un gráfico, para mostrar los principales altibajos a lo largo de los años. (Si no tienes cuerda, dibuja una línea en una hoja de papel). Repasa esto con el Señor y agradécele por usar cada giro y vuelta para acercarte al final de tu viaje.

ENERO

DÍA 24

Reflexiona

Los bloques de salida quedan atrás. La pistola que anuncia el inicio de la carrera ha sido disparada. Las motas de tierra vuelan en todas las direcciones mientras las zapatillas para correr saltan hacia adelante. La carrera está en marcha y todos los corredores están comprometidos.

Cuando la gente comenzó a pensar en razones por las que no podían seguir a Jesús de inmediato, Él dijo que nadie que pone su mano en el arado y luego mira hacia atrás por encima del hombro es apto para el reino de Dios (Luc. 9:62). A veces, solo tienes que correr y luego seguir corriendo.

Hay una carrera marcada para nosotros (Heb. 12:2), no un paseo por el parque. Debemos correr de tal manera que obtengamos el premio (1 Cor. 9:24). No hay tiempo para mirar a través de la pista de carreras y ver quién lo está haciendo mejor o no tan bien. Es una distracción preocuparse por ser reconocido; ni siquiera siempre tengo que liderar la carrera. Simplemente, tengo que ejecutar lo que está marcado para mí.

Poco después de que Jesús resucitó de entre los muertos, tuvo una conversación con Pedro en la que le dijo algo sobre su propio futuro. Pedro aprovechó la oportunidad para preguntar por su compañero discípulo: ¿qué le pasaría? La respuesta de Jesús es instructiva: «¿A ti, qué? Tú, sígueme» (Juan 21:22). No mires atrás. Ni siquiera mires hacia los lados. Para mantenerte en el camino, debes mirar hacia delante.

Ora

Escucho tu llamado, Señor, y sigo adelante. Ayúdame a mantener mis ojos en ti y a no compararme con nadie más.

Responde

Escribe un sueño o meta que tengas, y luego anota el siguiente paso para lograrlo. Ahora lleva esto a alguien a quien respetes y acepta seguir hablando y orando para cumplir tu objetivo.

ENERO

DÍA 25

Reflexiona

La vida a veces se compara con una carrera, pero ¿una carrera rápida o un maratón? Lo cierto es que no existe una longitud que cubra a todos. Pero, sin importar el tiempo que tengamos, corremos con Uno que comenzó antes que nosotros y estará allí al final.

Los mejores corredores saben cómo fijar sus ojos en la línea ganadora. Cuando lo necesitan, encuentran esa energía extra en algún lugar. Eric Liddell fue un corredor olímpico cuya historia fue representada en la película *Carrozas de fuego*. Cuando se le preguntó cómo un velocista de carrera corta podía ganar los 400 metros, dijo que corrió la primera mitad lo más rápido que pudo, y luego, con la ayuda de Dios, ¡corrió más rápido!

Todo cristiano tiene que correr «con paciencia la carrera que tenemos por delante» (Heb. 12:1), y, mientras corremos, podemos escuchar los vítores de los que corren con nosotros, mostrándonos cómo seguir adelante y no desanimarnos (Heb. 12:3).

Y, al igual que Eric Liddell, seguimos el ejemplo de Jesús. Porque Él mismo corrió con los ojos fijos en el gozo que tenía delante (Heb. 12:2). Así que también podemos considerar la gloria que tenemos por delante, sabiendo que la carrera valdrá la pena. Al igual que el atleta que se esfuerza por cruzar la línea ganadora ante los vítores de la multitud, podemos ir por el oro. Solo tenemos que mirar a Jesús.

Ora

Señor, ayúdame a imitar la determinación que mostraste cuando afirmaste tu rostro para ir a Jerusalén (Luc. 9:51). Por favor, dame la resistencia para seguir adelante y ganar el premio al que me has llamado (Fil. 3:14).

Responde

¿Qué necesitas soltar para seguir adelante? ¿Es un objeto con asociaciones inútiles, una actitud, un hábito o algo más? ¿Necesitas orar con alguien para tener la fuerza para perseverar?

ENERO

DÍA 26

Reflexiona

A veces, sabes que metiste la pata. No puedes retractarte de las palabras; no puedes deshacer el daño que causaste; la pasta de dientes está fuera del tubo y no hay forma de volverla adentro.

Cuando no puedes volver atrás, lo mejor que puedes hacer es seguir hacia adelante. Avanza con humildad, aferrándote a la cruz, clamando por perdón y encomendando tu camino al corazón paternal de Dios.

El salmista nos asegura que el Señor es «un Dios compasivo y lleno de piedad, lento para la ira y abundante en misericordia y fidelidad» (Sal. 86:15). Y, como pospone Su ira todo el tiempo que puede, sin comprometer Su justicia, nos da tiempo para comenzar de nuevo. No recuerda más nuestro pecado (Jer. 31:34). No es que Dios sea repentinamente afectado por amnesia, sino que no nos toma en cuenta nuestras transgresiones (Sal. 32:1-2; Rom. 4:7-8). Esa es una decisión a la que está comprometido a favor de todos los que se aferran a la cruz, reclamando el sacrificio de Jesús como una solución plena y definitiva.

¡Si tan solo cada fracaso quedara en la historia la primera vez que llegamos a la cruz, para nunca resurgir! Pero, lamentablemente, esa no es nuestra experiencia, ¿verdad? Gracias a Dios, entonces, que algún día las luchas terminarán. Ya no seremos obras en progreso; en cambio, estaremos completos, terminados, perfectos. Es suficiente para que te levantes y sigas adelante.

Ora

Padre celestial, dependo de tu fidelidad. Gracias por la cruz y la puerta que representa para un nuevo camino a seguir. Levanta mis ojos, toma mi mano y guía mis pasos, para que pueda probar tu fidelidad en mi vida, hasta el final.

Responde

¿De quién es el error que puedes olvidar hoy? ¿Qué puedes hacer para demostrar tu cambio de actitud, incluso si no se pronuncian palabras?

ENERO

DÍA 27

Reflexiona

A veces, nos sentimos llenos hasta el borde del amor del Señor, seguros de Su perdón y aceptación, firmes en nuestra determinación de seguirlo. Pero, otras veces, sentimos que, si fuera por nosotros, nunca llegaríamos al final.

Por eso es tan importante saber que nuestra perseverancia depende de la gracia de Dios. Por supuesto que habrá esfuerzo. Pero nuestra fuerza para seguir adelante vendrá de la llama ardiente del Espíritu.

El apóstol Pablo resume la paradoja de nuestra perseverancia: «Con este fin también trabajo, esforzándome según Su poder que obra poderosamente en mí» (Col. 1:29). La ola de energía que necesitamos para llevarnos ha sido generada por el Señor Jesucristo y Su sacrificio, no por nada que hayamos hecho.

Las olas del océano son fascinantes, a menudo ocultan su poder hasta momentos antes de romper en la costa. Así es con el fluir del Espíritu Santo. Como una ola que se dirige a la orilla, se mueve con inmenso poder sobre las profundidades, empujando todo con una fuerza invisible. Pero tarde o temprano, estallará.

Y esa es la verdadera razón por la que nunca dejaré de amarlo. Incluso mientras nado con todas mis fuerzas, Él me lleva.

Ora

Señor, ayúdame a andar sobre las olas de tu misericordia y gracia; a vivir a la luz de tu gran amor. Usa todos los medios de gracia necesarios para que siga amándote: el aliento de tu Espíritu (Rom. 8:9), la verdad de tu Palabra (Juan 15:3), la comunión de tu pueblo (Heb. 10:25) y la disciplina de tu paternidad (Prov. 3:12; Heb. 12:6).

Responde

Escribe al menos dos rutinas o disciplinas que observes y que te ayuden a mantener tu caminar con el Señor. Habla con un amigo sobre sus propias rutinas. ¿Hay algo nuevo que puedas probar?

ENERO

DÍA 28

Reflexiona

Siempre hay más por descubrir de ti. Es una paradoja asombrosa que, aunque tenemos todo lo que necesitamos en Cristo (Ef. 1:3), siempre hay más que podemos saber al experimentarlo por Su Espíritu (Ef. 1:17-18).

Es como explorar una montaña que parece ofrecer su cumbre «justo sobre la siguiente cresta» y luego revela otro valle con mucho más que explorar en el camino. O comprar una casa y vivir en ella durante años, solo para descubrir una habitación secreta que nunca supiste que estaba allí.

Lo mejor está por venir. «Cosas que ojo no vio, ni oído oyó, ni han entrado al corazón del hombre, son las cosas que Dios ha preparado para los que lo aman» (1 Cor. 2:9). «Prueben y vean», dice el salmista (Sal. 34:8), «que el Señor es bueno».

Pero la verdad es que no entraremos en esa habitación secreta, en ese lugar de intimidad con el Señor, hasta que caigamos de rodillas y nos inclinemos para entrar.

Ora

Señor, cuando trato de pensar en ti y en tu gloria, tal vez como Juan te vio (Apoc. 1:13-15), me doy cuenta de lo poco que aprecio tu gloria. Perdóname cuando hablo con tanta ligereza. Concédeme una comprensión más profunda de quién eres realmente.

Responde

Cierra los ojos e imagina un mundo lleno de la gloria de Dios, donde las personas se ayudan unas a otras y adoran a Dios abiertamente y sin los obstáculos de las dudas internas y los problemas externos. ¿Qué notas? ¿Hay algo que podrías hacer ahora para ayudar a apresurar la venida del día de Dios (2 Ped. 3:11-12)?

ENERO

DÍA 29

Reflexiona

¿Hay alguien a quien conozcas, pero sabes que no lo conoces? Dios es completamente trascendente, más allá de todas las cosas conocibles de una manera científica. Sin embargo, se ha hecho disponible, palpable (1 Jn. 1:1). «Tal conocimiento es demasiado maravilloso para mí; es muy elevado, no lo puedo alcanzar» (Sal. 139:6). Sin embargo, en Cristo ha venido a habitar entre nosotros, y ahora derrama Su Espíritu sobre nosotros (Hech. 2:33).

Necesitamos a Dios para cada respiración que tomamos. Pero lo necesitamos para mucho más que la existencia pura: lo necesitamos para una existencia con sentido.

Uno de los mayores milagros del universo es nuestro conocimiento de Dios. Él ha revelado Su belleza en el crepúsculo y en tantas maravillas de Su creación. Y aunque hemos suprimido el conocimiento latente dentro de nosotros (Rom. 1:20-21), Él nos ha hablado en Su gracia a través de Su Hijo, «por medio de quien hizo también el universo» (Heb. 1:2).

Con «increíble» nos quedamos cortos.

Ora

Señor Dios, por encima de todo, gracias por los suaves toques de tu presencia: los destellos que capto en el crepúsculo de la tarde, el sol que se abre paso entre las nubes, la lluvia de verano y la frescura de todas las cosas verdes y vivas. Hay tantas cosas que me hablan de tu propio deleite en las cosas que has hecho. No alcanzan las palabras.

Responde

Da un paseo por el parque, el jardín o el campo. Encuentra un lugar para quedarte quieto y escuchar. Te sorprenderá la cantidad de cosas que escuchas, la mayoría de las cuales no habías notado antes. Agradece a Dios porque nada se le escapa, y pídele que aumente tu propia conciencia de la vida que te rodea y de las necesidades de los demás.

ENERO

DÍA 30

Reflexiona

Los rescatistas son héroes. Desde los bomberos que sacan a la gente del humo y las llamas, hasta la tripulación del bote salvavidas que saca al desventurado marino del agua, damos gracias a Dios por aquellos que convierten un momento de muerte en una aventura emocionante y un nuevo comienzo.

Esa es la imagen aquí. Jesús viene y me da la vuelta, sacándome del peligro y la oscuridad hacia un nuevo día. Y qué asombroso es que Jesús no solo me rescató en el pasado, sino que Su gracia todavía me salva y me libera.

Ahora soy libre para amarlo, y libre para hablar a otros acerca de Él, sin avergonzarme de anunciar las virtudes de Aquel que nos llamó «de las tinieblas a Su luz admirable» (1 Ped. 2:9).

Es un nuevo día.

Ora

Señor, cuando considero lo que has hecho, al acercarte a mi vida y sacarme de las aguas profundas en las que me había metido, solo puedo agradecerte por la vida que tengo ahora. No siempre puedo expresar con palabras lo que significas para mí, pero por favor, ayúdame a desempeñar mi papel en el rescate de los demás. En este momento, no me avergüenzo de decir tu nombre; que eso siempre sea cierto. Ayúdame a anunciar tu nombre, de forma natural y abierta, en mi conversación con los demás.

Responde

Repasa en tu mente el último mes. ¿En qué ocasiones te ha resultado difícil acercarte a los demás o hablar del Señor? Ora para discernir por qué es así. ¿Cuándo has tenido más éxito y qué puedes aprender de esos momentos?

Reflexiona

Tarde o temprano, cada uno descubre que no existe la seguridad total. El desastre está a solo un robo de distancia, o un incendio, o algún tipo de percance. El éxito suele ser estacional. La fama es de corta duración.

Cuando eres niño, piensas que todo dura para siempre. A medida que pasan los años, te das cuenta de que la permanencia es algo relativo. Este es un mundo de transitoriedad: las cosas vienen y se van.

Qué consolador es, entonces, saber que aunque «la hierba se seca y la flor se marchita [...] la palabra del Señor permanece para siempre» (1 Ped. 1:24-25, NTV).

Y lo maravilloso es que la permanencia del Señor significa que Él puede contener la transitoriedad del mundo, ya que es «desde la eternidad y hasta la eternidad» (Sal. 90:2).

Él está en el valle donde la muerte proyecta su sombra, así que no debo temer ningún mal (Sal. 23:4). Y me librará cuando camine a través del fuego (Isa. 43:2). Puedo sentir que las olas de duda o pánico están a punto de abrumarme, o que las pruebas de fuego resultarán demasiado para mí, pero con el Señor a mi lado, saldré adelante. No dice que el agua o el fuego no me tocarán, pero Él dice que estará conmigo, para que el agua no me ahogue y el fuego no me consuma.

Esa es la diferencia que Dios marca.

Ora

Padre, gracias por tu promesa segura de que no te apartarás de mi lado cuando la vida se ponga tormentosa y el calor me agobie. Confío en ti en medio de todo. Gracias porque tienes el mundo en tus manos, y eso nos incluye a mí y a aquellos por los que estoy orando ahora.

Responde

¿A quién puedes animar hoy, simplemente apoyándolo en sus desafíos?

FEBRERO

DÍA 1

Reflexiona

Alabar a Dios es una elección. Realmente no podría ser de otra manera. Los aduladores no dicen lo que realmente piensan. Si vamos a alabar a Dios de verdad, entonces tenemos que decirlo en serio. Debe venir del corazón.

Jesús aconsejó que, así como los constructores y los estrategas militares calculan el costo antes de empezar, debemos hacer un balance antes de elegir el camino que es costoso (Luc. 14:28-33). Entonces, ¿cuál es el costo para nosotros? Nada menos que todo lo que somos.

No podemos hacer esto con nuestras propias fuerzas, y ciertamente no podríamos soportar el ritmo por nosotros mismos. Necesitamos un corazón indiviso (Sal. 86:11) que viene solo después de la cirugía única del Señor: «Les daré un solo corazón [...] quitaré de su carne el corazón de piedra y les daré un corazón de carne» (Ezeq. 11:19).

Elegir un aleluya es someterse a Él.

Elegir un aleluya es ofrecerle todo a Él.

Elegir un aleluya es preferir el camino estrecho (Mat. 7:14).

Tú eliges.

Ora

Señor, no me gusta el dolor, y no busco dificultades, pero sí quiero hacer lo correcto. Ayúdame a seguirte, cueste lo que cueste. Gracias por advertirnos de antemano que alabarte no siempre sería fácil, pero valdría la pena.

Responde

¿Hay algo que crees que Dios podría estar llamándote a hacer, pero que has evitado debido a los posibles costos? Escribe cuáles podrían ser esos costos y pregúntate si realmente son razón suficiente para no seguir adelante.

Reflexiona

Puede que tengas el coche más rápido, o el más grande, o el más cómodo. Pero no llegará muy lejos sin paradas regulares en las estaciones de servicio. Nosotros también necesitamos que nos llenen porque, como observó Billy Graham, tenemos fugas. Desplazamos al Espíritu Santo en nosotros por la impiedad de nuestras vidas.

Cuando el pueblo de Israel no fue santo como el Señor es santo (Lev. 19:2), Él les advirtió que el exilio sería el resultado. Pero la disciplina de Dios hacia Sus hijos siempre tiene en mente la restauración (Heb. 12:6), y por eso se les pidió a los profetas, entre ellos, a Isaías, que prometieran que Dios caminaría con ellos a través del fuego refinador y las aguas profundas, y los haría volver a todos (Isa. 43:1-7). Un remanente del pueblo regresó a la tierra y esperó al Mesías, el ungido como Salvador y Rey.

El Mesías vino. Y el pueblo se acercó a Él, y cuando los hubo reunido, los envió (Mat. 28:19), llenos de Su Espíritu (Hech. 1:5, 8), listos para dar testimonio de Su nombre.

La gente sigue viniendo. Se sigue llenando. Sigue siendo enviada.

Ora

Señor, me encanta reunirme con tu pueblo, que llega de todas partes. Ayuda a cada uno de nosotros a mirarte, para que podamos salir de nuevo como tus testigos, compartiendo una visión común de ti.

Responde

Dile a alguien esta semana por qué vas a la iglesia.

FEBRERO

DÍA 3

Reflexiona

Dicen que «la familiaridad engendra desprecio», pero «la ausencia aviva el amor». Cuán apropiado es, entonces, que nuestro conocimiento de Dios sea todo lo que será: todavía lo anhelamos (Sal. 42:2) mientras esperamos el momento de la unión cuando lo veremos cara a cara (1 Cor. 13:12).

Sin embargo, sabiendo lo que ya sabemos de Él, podemos cantar con confianza lo hermoso que será ver al Señor cuando llegue ese momento. Será un tiempo de puro éxtasis, cuando seamos abrazados en el abrazo más cercano que podamos imaginar, como cuando el padre en la historia de Jesús salió y se encontró con su hijo en el camino a casa (Luc. 15:20). Cualquiera que sea nuestra propia experiencia de volver a casa con una cálida bienvenida, esta será la mejor.

Y nos arrodillaremos, y miraremos y miraremos. Será un momento para deleitarnos. Menos mal, entonces, que tendremos todo el tiempo del mundo.

Ora

Señor, te adoro. A veces, esto parece tan fácil de hacer, es como si estuvieras en la habitación de al lado. Otras veces, me pregunto cuánto tiempo más puedo seguir sin verte. Gracias por enviarnos una imagen de ti mismo en tu Hijo (Col. 1:15) y por esos momentos en que tu Espíritu nos ayuda en nuestra debilidad (Rom. 8:26).

Responde

Encuentra algo interesante o hermoso, como una hoja o una flor, una vista espectacular, una obra de arte o simplemente tu propia mano, y míralo un rato. Observa cómo tu aprecio se profundiza a medida que miras más de cerca, y pídele al Señor que revele más de sí mismo mientras meditas en Sus palabras y obras.

Reflexiona

A veces, no es tan malo estar perdido. Si hay algo que nos pesa en la mente, es genial perderse en una película, un libro o un pasatiempo. Dejamos de concentrarnos en nosotros mismos a medida que nos metemos en otra cosa. Luego, cuando regresamos, descubrimos que pasamos la página. Nuestra perspectiva ha cambiado.

Considerar la vida y la muerte perfectas del Señor Jesucristo, perderse en la maravilla de lo que implican, es abrir una puerta a una perspectiva completamente nueva de la vida, una que nos refresca. «Consideren, pues, a Aquel que soportó tal hostilidad de los pecadores contra Él mismo, para que no se cansen ni se desanimen en su corazón» (Heb. 12:3).

Jesús es Aquel que se hizo «obediente hasta la muerte» (Fil. 2:8) por nosotros. Llevó la corona de espinas para que nosotros pudiéramos llevar una corona de justicia (Juan 19:2; 2 Tim. 4:8).

Perdido en el asombro... seguramente, ese es el mejor lugar de todos para desaparecer por un tiempo.

Ora

Señor Jesús, sé que es hora de que me detenga una vez más y me aparte a un lugar solitario, como solías hacerlo (Luc. 5:16). Ayúdame a encontrarme contigo allí, mientras medito en la ofrenda de tu vida perfecta.

Responde

Piensa creativamente en cómo puedes mejorar el «lugar solitario» que ya tienes para orar, o cómo puedes crear el espacio que necesitas dentro de las opciones limitadas que tienes. ¿Cómo puedes «perderte más en el asombro» mientras oras? ¿Te ayudaría la música o necesitas silencio?

FEBRERO

DÍA 5

Reflexiona

Cuando Dios sacó al pueblo de Israel de la esclavitud y lo llevó hacia la tierra prometida, les mostró cómo adorarlo. Hubo una serie de materiales involucrados, ya que el tabernáculo y más tarde el templo fueron construidos y amueblados, y se hicieron sacrificios por el pecado y otras ofrendas. Todo lo que se eligió para ser utilizado en este proceso fue consagrado, apartado para su uso en la adoración.

Pero ese fue solo el comienzo. La acción real siempre estuvo destinada a estar en el pueblo; ellos también tenían que ser consagrados (Lev. 20:7).

¿Por qué consagrarse? ¿Por qué ser santo? Porque el Señor es santo (Lev. 11:45; 1 Ped. 1:16). Está completamente apartado, o separado de toda Su creación; es totalmente diferente, el Dios santo.

Nosotros debemos ser como Él. Debemos reflejar Su hermoso carácter en todo lo que hacemos: cómo usamos nuestras manos, dónde ponemos los pies, qué hay en nuestros labios, cómo usamos nuestro intelecto.

Ser consagrado es estar separado para algo, listo para usar, galvanizado para la acción. Donde sea. Lo que sea. De la forma que sea. Cuando sea.

Ora

Señor, quiero estar listo para que me uses de la manera que quieras. Ayúdame a prepararme y a mantenerme listo.

Responde

Piensa en las cosas que haces mejor. ¿Estás usando esos talentos tanto como puedes? Ofrécelos de nuevo a Dios hoy.

FEBRERO

DÍA 6

Reflexiona

Al principio del ministerio de Jesús, se le acercó un hombre que sufría lepra, y le dijo: «Señor, si quieres, puedes limpiarme» (Luc. 5:12-15).

Jesús respondió: «Quiero».

Es un momento decisivo. Es como si el Señor pudiera mirar profundamente en su interior, ver el quebrantamiento, la desesperación mezclada con la fe, y saber exactamente hacia dónde dirigir la sanidad que resultará en la integridad. Después de todo, Él era Aquel que podía limpiar a las personas con una palabra (Juan 15:3).

Es posible que Jesús haya hablado en voz baja ese día, tanto como señal de Su mansedumbre como porque no quería que Su fama se extendiera por todas partes en esta etapa de Su ministerio. Sin embargo, resonó en los cielos, y lo hace hasta el día de hoy. Aún quiere sanarnos.

El hombre que había estado sufriendo de lepra ya no era impuro, ya no estaba obligado a evitar los lugares públicos donde la gente se congregaba (Lev. 13:46). Ya no era inadecuado para la adoración. Era libre de ver al sacerdote y hacer una ofrenda por el pecado a través de la sangre de un cordero sacrificado (Lev. 14:11-13).

No sabía que acababa de hablar con el Cordero de Dios que realmente quitaría el pecado del mundo (Juan 1:29).

Nosotros lo sabemos.

Ora

Señor Jesús, Cordero de Dios, gracias por estar dispuesto a limpiarme, por permitirme adorar, por librarme de las cadenas que una vez me ataban a una existencia solitaria. Ayúdame a caminar en la libertad que tu preciosa sangre ha ganado para mí (Ef. 1:7).

Responde

Encuentra algo que necesite limpieza y ponte a trabajar. Quizás te pertenezca, o podría ser un acto de servicio a otra persona. Mientras trabajas, medita en que Dios puede limpiar cualquier cosa, incluso los corazones pecaminosos (Sal. 51:7, 10).

FEBRERO

DÍA 7

Reflexiona

Esperar rara vez es fácil. Las salas de espera son lugares de tensión, llenos de miradas incómodas y nerviosas. ¿Cuánto tiempo más tengo? ¿Cuándo llegará mi hora?

No sabemos cuándo regresará el Señor Jesús a esta tierra (Mat. 24:36), pero sí sabemos que sucederá. Los muertos resucitarán y todos los que aman al Señor serán reunidos, tanto los que han muerto como los que aún viven (1 Tes. 4:16-17). La espera habrá terminado.

Por supuesto, hay esperas y esperas: podemos estar completamente comprometidos con lo que estamos esperando, o simplemente dando vueltas. Jesús nos aconsejó que estuviéramos atentos (Luc. 21:36), vigilando y orando mientras lo esperamos.

Ora

Gracias, Señor, porque, ya sea que suceda en mi vida o después de que haya muerto, sé que estaré en la gran reunión. Ayúdame a mantenerme espiritualmente despierto mientras tanto (Mar. 14:37-38).

Responde

¿Qué estás esperando de Dios en este momento? ¿Estás impaciente o preocupado? Intenta abordar estos sentimientos en oración. Y recuerda: la próxima vez que tengas que esperar algo, no te limites a quedarte sentado sin hacer nada… ¡usa el tiempo para orar!

❋ FEBRERO ❋

DÍA 8

Reflexiona

La gente todavía encuentra tesoros enterrados en campos (Mat. 13:44). Un hombre que no hace mucho desenterró la mayor montaña de monedas antiguas de la historia fue bien recompensado por su hallazgo. Pero lo que realmente le encantó fue la emoción de ser conocido como el hombre que lo había hecho. Eso hizo que las innumerables horas de balancear un detector de metales sobre el césped valieran la pena.

Jesús observó: «donde esté tu tesoro, allí estará también tu corazón» (Mat. 6:21). Todos sabemos que es verdad, para bien o para mal.

Nuestro tesoro nos impulsará, como un dínamo que nos enciende y nos mantiene en marcha, dándonos la fuerza para levantarnos cada día. Nuestro tesoro es el foco de nuestro deseo. Es aquello a lo que entrego mi corazón. Por eso, debe ser Jesús.

Ora

Señor, por favor ayúdame hoy a respaldar con hechos lo que digo, y atesorarte más allá de todo lo demás.

Responde

Haz una lista de las cosas que más valoras en la vida y agradece a Dios por cada una de ellas, una por una.

Reflexiona

El mensaje de los primeros seguidores de Cristo, incluso antes de que fueran llamados cristianos (Hech. 11:26), se basaba en un hecho simple pero revolucionario: Jesús está vivo. No es sorprendente, si lo piensas.

Si ves a alguien morir de una muerte horrible y luego te encuentras con él un par de días después, eso le dará forma a tu mensaje al mundo. De hecho, esto es tan importante que es un estandarte de verdad y luz. En estos días, pensamos en un emblema como un tipo de publicidad, y así es. Es algo que destaca y llama la atención. Pero originalmente, un estandarte reunía a las tropas en el fragor de la batalla, marcando un lugar donde se pudiera restaurar el orden antes de que los soldados perdieran de vista a los demás.

Nuestro estandarte dice: Jesús está vivo. Él volvió a la vida poco después de haber sido crucificado, y está vivo ahora.

Este es el punto de encuentro: he hallado a Jesús. Es un lugar que nos llama a unirnos como Sus seguidores, e invita a otros a unirse también.

Sostén en alto el estandarte.

Ora

Señor Jesús, me habría encantado estar allí cuando te apareciste por primera vez a los discípulos. Sé que podría haberme sentido avergonzado, pero fuiste tan amable e insistente en restaurar a los caídos (Juan 20:27; 21:15-19). Ayúdame a hablar con naturalidad de ti ahora, como alguien que cree gracias al testimonio de los que estuvieron contigo (Juan 17:20). Gracias por rogar por mí, para que me convirtiera en uno de los que se unieron a ti y a tu pueblo.

Responde

Trata de compartir con alguien hoy que Jesús está vivo.

FEBRERO

DÍA 10

Reflexiona

«Venga tu reino. Hágase tu voluntad…». Millones de personas oran así, pero seguimos esperamos. De hecho, a nuestro alrededor, vemos las marcas de otro reino, ya que estamos plagados de «ídolos […] inútiles», como lo estaban en los días del rey Saúl (1 Sam. 12:21, NTV). Ensucian nuestra tierra, vienen en todas las formas y tamaños. Un ídolo es cualquier cosa que cautive el corazón y el alma de los seres humanos, persuadiéndolos para que regalen un espacio que debería tener un cartel de «Reservado para Dios».

Para problemas como este, el gobierno no tiene respuestas. Así como Saúl perdió el reino y le fue entregado a David (1 Crón. 10:14), ahora necesitamos al Hijo de David, Cristo nuestro campeón, para enviar agentes de Su reino por toda la tierra.

Todo lo que necesitamos es una base de operaciones en cada localidad y un grupo de personas dedicadas a honrar Su nombre y proclamar Sus caminos, y todavía podemos cambiar el mundo.

Se llama la iglesia local.

Ora

Quiero estar quieto, Dios, porque tú sigues siendo Dios. Que tu reino venga en mí, y en mis amigos, y en mi iglesia, y en este vecindario. Y que eso suceda en todos los barrios, por toda la tierra. Que el mensaje de Cristo crucificado lleve a nuestra nación a la verdadera sabiduría (1 Cor. 1:23-24).

Responde

¿Puedes identificar un ídolo en tu comunidad local? Puede ser un lugar que proporcione algún pasatiempo social que consuma tiempo o dinero, o un hábito que mantenga a las personas en algún tipo de adicción. Si identificas un ídolo de este tipo, únete a otros para rogar que Dios lo elimine.

FEBRERO

DÍA 11

Reflexiona

Hay momentos en que simplemente debemos cantar, cuando nos sentimos abrumados por un sentimiento de gratitud. Es como si la alegría hubiera ido acumulándose hasta tal punto que todas las válvulas se abren de golpe y suena el silbato.

¿Qué alimenta un motor así? El asombro: el asombro de ser amados por toda la eternidad (Ef. 1:4), de que la sangre de Cristo fue derramada por nosotros (Ef. 1:7), por mí (Gál. 2:20), y porque limpia todo pecado (1 Jn. 1:7), incluido el mío.

Los niños tienen mucho que enseñarnos cuando se trata de un sentido de asombro. Para ellos, todo es nuevo, interesante y está esperando a ser descubierto. Por eso no es de extrañar que Jesús viera a los niños como un gran modelo para quienes heredarán el reino de los cielos (Mat. 19:14). Sin pretensiones, sin sofisticación, confiados y llenos de fascinación.

Que nunca perdamos el asombro.

Ora

Señor Jesucristo, por favor ayúdame a comprender cada día que pasa la profundidad del amor que te llevó a la cruz.

Responde

Si puedes, lee un libro o juega con un niño pequeño y aprende de un maestro cómo recuperar el sentido de asombro. Si es apropiado, pregúntale qué sabe sobre Jesús y qué le gusta de Él. Escucha atentamente la respuesta.

FEBRERO

DÍA 12

Reflexiona

En algunas partes de África, todavía se considera que los nombres dan forma al carácter de una persona. Eso es porque a menudo son muy descriptivos. Cuando las personas se dirigen constantemente a ti con palabras que tienen significado, seguramente tendrán un efecto, para bien o para mal.

Cuando Dios reveló Su propio nombre a Moisés, comunicó algo sobre su ser esencial: «Yo soy el que soy» (Ex. 3:14). Él no debe Su ser a nada ni a nadie más. Es completamente independiente y eterno.

Dios, el Señor, el gran Yo Soy, se ha revelado a la humanidad en Jesús, un nombre ahora más alto que todos (Fil. 2:9). Y «no hay otro nombre bajo el cielo dado a los hombres, en el cual podamos ser salvos» (Hech. 4:12).

Y hay un sentido en el que toda la creación conoce este nombre, porque todo fue hecho por medio de Él (Juan 1:3). Cada célula actúa de acuerdo con el código genético escrito en ella. Pero los seres humanos somos agentes morales libres que solo levantamos nuestra voz en alabanza si así lo deseamos.

El «eterno poder y divinidad» de Dios han estado allí para que todos los vean en «lo creado», aunque lamentablemente la gente suprime ese conocimiento (Rom. 1:20-21). Pero un día, todo príncipe y señor se unirá a nosotros (Fil. 2:10), cayendo de rodillas.

Bienaventurados los que deciden declarar, incluso ahora: «Mi corazón se inclinará».

Ora

Señor, desde la eternidad, tú eres Dios (Sal. 90:2). Bendito sea tu nombre, que no se parece a ningún otro. Gracias por darme la libertad de adorarte y amarte.

Responde

Averigua el significado de tu propio nombre, si aún no lo conoces. Pídele a Dios que te ayude a vivir a la altura de cualquier cosa noble en él, y a desechar cualquier cosa negativa.

FEBRERO

DÍA 13

Reflexiona

Cuando miras a Jesús, estás mirando a Dios.

A algunas personas les gusta decir que tal noción fue inventada décadas, incluso siglos, después de la vida de Jesús entre nosotros. Colosenses 1:15 es un recordatorio de que el apóstol Pablo (y hubo otros) escribió a una de distancia generación de Jesús.

Por eso llamaron a Jesús Señor, usando un título que siempre se había usado para el nombre de Dios. Jesús es el Señor. Y en este Señor hay todo lo que necesitamos para vivir a la manera de Dios y hacer Su obra.

Por supuesto, estas son meras palabras hasta que les permitimos salir de la página y entrar en el tejido de nuestras vidas. Porque, si Jesús es nuestro Señor, debemos obedecerle. Y cuando lo hacemos, la alegría y la paz no son solo palabras sino realidades.

Descubrimos que Jesús se complace en llamarnos Sus amigos (Juan 15:14). En esto hay una gran seguridad. Estamos a salvo dentro de la ciudad: Él es como «una ciudad de refugio» de las de antes. Podemos correr hacia Él, protegidos por la muerte de nuestro gran sumo sacerdote, libres de nuestro acusador (Núm. 35:25-28).

Jesús: Señor, Dios, Rey, Amigo y Refugio.

Ora

Padre, gracias por el Señor Jesús. Gracias porque Él es una imagen exacta de ti e irradia tu gloria (Heb. 1:3) y porque, gracias a Él, sabemos que tu amor por nosotros es completo.

Responde

Encuentra una imagen de Jesús y piensa en qué tan precisa es probable que sea. Luego considera que Sus seguidores no nos dicen nada de Su apariencia más allá de que tenía «forma de hombre» (Fil. 2:8), y medita en el impacto que tuvo en aquellos que lo conocieron. Cuando conozcas gente esta semana, recuerda que el carácter interior cuenta mucho más que la apariencia externa.

FEBRERO

DÍA 14

Reflexiona

A lo largo de la historia, hombres y mujeres han esperado un día en que los errores se corrijan, el dolor termine y las lágrimas se sequen.

Jesús prometió que, mientras estuviéramos en este mundo, seguramente tendríamos problemas (Juan 16:33). El cristianismo siempre ha estado arraigado en la realidad del dolor y la lucha. Pero eso no quiere decir que siempre será así.

Al final de las Escrituras, en medio de un aumento apocalíptico de maldad vencida y creación renovada, llega este breve pero estremecedor versículo: «Él enjugará toda lágrima de sus ojos, y ya no habrá muerte, ni habrá más duelo, ni clamor, ni dolor» (Apoc. 21:4).

El siguiente verso hace la afirmación aún más asombrosa: «Yo hago nuevas todas las cosas». Dios hará que la luz natural sea redundante (Apoc. 21:23), no habrá más noche (22:5) y la muerte será desterrada (20:14).

No se trata de castillos en el aire, sino de un cielo completamente nuevo y un entorno más allá de nuestra imaginación (1 Cor. 2:9). Este es nuestro nuevo hogar.

Recuerden, el día está llegando.

Ora

Señor, gracias por darnos una idea de lo que está por venir; es casi demasiado para asimilar. Ayúdanos a tener presente el fin de todas las cosas y el nuevo comienzo, para que no nos desanimemos mientras tanto (Heb. 12:3).

Responde

Párate afuera bajo el cielo diurno, e imagina que todo esto llega a su fin. Luego, imagina un mundo nuevo y mejorado, incluido el cuerpo en el que te encuentras (1 Cor. 15:42-44), todo vibrante, zumbando de vida y un cuerpo espiritual que puede sentir, interactuar y moverse con mucho más poder que ahora. Determina de nuevo respetar la creación que Dios ha provisto. ¿Qué decisiones puedes tomar hoy que afirmen tu determinación?

FEBRERO

DÍA 15

Reflexiona

Ya sea un pajarito joven que mira a su padre buscando alimento y ánimo para volar, o un bebé recién nacido que sonríe a un adulto que lo adora, la sensación de que alguien me cuida es una base vital para una vida estable y un sentido de seguridad y bienestar.

La verdad es, por supuesto, que nuestra experiencia de la paternidad es enormemente variada. ¿Dónde podemos encontrar al padre perfecto, aquel que siempre está cuando lo necesitamos, pero que mantiene una distancia respetuosa cuando necesitamos batir nuestras alas y volar?

«Desde la eternidad y hasta la eternidad, Tú eres Dios» (Sal. 90:2). Jesús es el Primero y el Último (Apoc. 1:17). El Espíritu Santo es eterno (Heb. 9:14). Nuestro Dios —Padre, Hijo y Espíritu Santo— siempre está presente, siempre ha estado y siempre estará. Y aunque tiene un universo que gobernar, tiene tiempo para cada uno de nosotros, hasta el último gorrión (Mat. 6:26).

Incluso para ti.

Ora

Padre celestial, gracias por estar siempre ahí. Estás cuando los cielos están grises, estás aquí en mi pérdida y dolor. Solo te adoro a ti.

Responde

¿Hay alguien a quien pueda enviar una tarjeta o un mensaje de texto hoy, para hacerle saber que está pensando en él?

FEBRERO

DÍA 16

Reflexiona

La victoria de nuestro Dios y Rey es un acontecimiento grande y glorioso, una inspiración digna de ser contada en historias y canciones, de generación en generación.

Sin embargo, incluso para los mejores de nosotros, hay momentos en que la magnitud de todo esto puede parecer distante. De hecho, si somos sinceros, vemos la victoria en cualquier lugar menos aquí mismo. Sabemos que está en Jesús, la vemos en otros, pero no la paladeamos en nuestras propias vidas.

Es en esos momentos que necesitamos recordarnos al Varón de dolores (Isa. 53:3). Jesús caminó por los valles de la duda humana, la desesperación y la derrota, y salió victorioso. Fue «tentado en todo como nosotros» para poder «compadecerse de nuestras flaquezas» (Heb. 4:15). Eso significa que Él puede sentir lo que sentimos, que es el significado original de la palabra «compadecerse».

Esto acerca mucho más la victoria a nuestro hogar. Nuestro Dios está lleno de misericordia y es rico en bondad. No compromete Su majestad, como resplandeciente Rey de gloria, pero tampoco se relaciona con nosotros desde la distancia, aislado en el cielo.

Así que cantamos. Y aun cuando entonamos la canción, sentimos que nuestro espíritu se eleva, mientras entramos más profundamente en la verdad del Dios victorioso.

Ora

Padre celestial, gracias por tu bondad al enviar a Jesús (Tito 3:4) y por el amigo cercano que tenemos en Él, aun hoy, aquí y ahora.

Responde

¿Hay alguien a quien mantienes a distancia, a quien podrías querer conocer un poco mejor ahora? ¿O alguien a quien necesites mostrar un poco de misericordia o bondad? Comienza a orar por una oportunidad de hacerlo.

FEBRERO

DÍA 17

Reflexiona

«Pasión» es una palabra con muchos matices. Pero, sea cual sea el contexto, siempre apunta a un sentimiento intenso.

En el corazón de la palabra, está la noción de «sufrimiento», por lo que también nos da nuestra palabra «paciente». Un paciente es aquel que sufre, que toma el dolor para, con suerte, mejorar. Si somos pacientes, estamos preparados para sufrir, para obtener un resultado que valga la pena.

Ser apasionado es del mismo orden, solo que más. La pregunta es: ¿qué nos va a apasionar?

Debemos elegir los propósitos de Dios, incluso si tenemos que sufrir para lograrlo. En Su propio momento de decisión, en el huerto de Getsemaní, la pasión de Jesús se convirtió en «agonía» (Luc. 22:44) por la prueba que estaba a punto de soportar. Nunca sondearemos las profundidades que Él conoció, pero encontraremos aquí nuestra inspiración para ver a través de los propósitos de Dios en nuestras propias vidas, incluso a un gran costo personal.

Pasión. Tal vez la tuya se haya enfriado desde que el Señor te dio vida por primera vez, o quizás aún se mantiene encendida. Sea cual sea tu compromiso total con Él y el camino que Él ha elegido para ti, es un regalo de Dios para ayudarte a acercarte más a ese lugar profundo y a las cosas que lo apasionan a Él.

Ora

Padre, la pasión del Señor Jesús me inspira. Ayúdame a llegar hasta el fin, incluso cuando quede claro que puedo sufrir.

Responde

Considera al menos una de las cosas de la vida que más te apasionan (cuestiones morales o políticas, esfuerzo científico, artes, deportes, jardinería, lo que sea) y trata de identificar por qué te enciende. ¿Cómo se mide tu pasión por compartir el evangelio del reino? ¿Cómo puedes aprovechar tus otras pasiones para el servicio del evangelio?

FEBRERO

DÍA 18

Reflexiona

De vez en cuando, ha habido relatos de voces inexplicables que se unen a la gente en adoración, cantando armonías de una belleza casi inimaginable. ¿Podría ser esta la adoración de seres celestiales? No lo sabemos. Pero sí sabemos que a los ángeles les encanta cantar, y sus coros son un poco más grandes que los nuestros (Apoc. 5:11-12).

A los ángeles les encanta entonar alabanzas a Dios, probablemente porque están cerca del trono del cielo. Están en presencia de Aquel a quien adoramos, aunque a veces tengan que extender sus alas para cubrir sus ojos mientras claman juntos: «Santo, Santo» (Isa. 6:2-3). Entonces, a medida que los seres humanos exaltamos el nombre del Señor, sabemos que somos parte de algo mucho más grande.

Es como si las paredes entre nosotros se hubieran vuelto más delgadas y un pedacito de cielo estuviera en este lugar. Porque hay un solo santuario, el «tabernáculo verdadero, que el Señor erigió» (Heb. 8:2). Lo compartimos con los ángeles.

Al exaltar al Señor, alto y sublime, temido, honrado y reverenciado, podemos inspirarnos al saber que, por pequeño o grande que sea nuestro número aquí abajo, no somos más que una parte de «miríadas de miríadas, y millares de millares» (Apoc. 5:11) que adoran al Rey del cielo.

Ora

Señor, ¿abrirás mis ojos mientras te adoro, tal como permitiste que el siervo de Eliseo viera las huestes celestiales en su ardiente despliegue (2 Rey. 6:17)?

Responde

No puedes tener una experiencia de ángeles por encargo, pero puedes unirte a ellos en adoración. Prueba algo nuevo hoy: si te gusta la adoración en voz alta, intenta guardar silencio; si te gustan las cosas tranquilas, agrega música o incluso baila. Elijas lo que elijas, recuerda que estás adorando al Señor en medio de las huestes celestiales.

Reflexiona

Puedes fechar un recuerdo con una canción de amor. Los eventos en nuestras vidas están marcados por ellas. Recordamos cuándo la escuchamos por primera vez, la cantamos, y quién estaba con nosotros en ese momento.

La devoción simple es un blanco fácil para el cinismo, pero en el fondo, es lo que todos anhelamos: amar y saber que somos amados. Estar llenos de la alegría del momento, abandonados, liberados... tan llenos de gozo que podríamos bailar sin preocuparnos por lo que piensen los demás (2 Sam. 6:16).

Pruébalo.

Ora

Señor, solo quiero decir que te amo. No te estoy pidiendo nada en este momento; ni siquiera estoy agradeciéndote por algo que me has dado. Simplemente, te amo.

Responde

Canta a Dios (¡por tu cuenta, si eso es más amable con los demás!) usando una melodía que conozcas, pero palabras que salten a tus labios. Si te sientes aventurero, intenta inventar tu propia melodía también.

FEBRERO

DÍA 20

Reflexiona

Es maravilloso ver crecer las cosas, pero hay una satisfacción especial en ayudarlas a crecer. Pregúntale a cualquier jardinero. O a un padre.

Escribiendo a los gálatas, Pablo dice que hay una ley de crecimiento en la naturaleza que funciona igual en nuestras vidas morales y espirituales: cosecharemos lo que sembramos (Gál. 6:7). La vida que se vive en la carne, sin respeto por los caminos de Dios, siempre va a producir las espinas y cardos de la codicia, la lujuria, el orgullo y la ira descontrolada; una vida orientada en torno a uno mismo.

Mientras que una vida que siembra las cosas de Dios, siguiendo los impulsos del Espíritu de Jesús, siempre cosechará el fruto del Espíritu (Gál. 5:22-23). Y ese es el tipo de fruta más sabrosa, amada incluso por aquellos que no parecen saber cómo cultivarla por sí mismos. Produce una vida atractiva, caracterizada por «justicia y paz y gozo en el Espíritu Santo» (Rom. 14:17).

Si quieres el fruto, siembra la semilla correcta (Gál. 6:8).

Ora

Padre justo, gracias por injertarme en la vid que es tu propio Hijo, Jesús (Juan 15:1-5). Ayúdame a sacar vida y fuerza de Él, para que el fruto de mi vida sea agradable para ti y atractivo para los demás. Para la gloria de tu nombre.

Responde

Planta una semilla, riégala y quita las malezas, y mírala crecer, agradeciendo a Dios por Su cuidado especial por ti. Al mismo tiempo, piensa en lo que podrías hacer para animar a alguien a crecer en su fe.

FEBRERO

DÍA 21

Reflexiona

Cuando llueve mucho, la gente dice que «los cielos se abrieron». Es la sensación de que alguien acaba de abrir un grifo muy grande y lo dejó fluir.

Pero hay un significado más profundo en la apertura de los cielos. En la Biblia, la lluvia es a menudo un símbolo de gran bendición de Dios. Esta es la bendición de la vida, el crecimiento y la salud que Dios quiere traer a Su pueblo. Los enfermos son sanados y los perdidos son salvados. Es como si la vida del cielo, donde mora Dios, se derramara de alguna manera sobre la tierra.

A Dios le encanta hacer esto. Nos corresponde a nosotros buscar su rostro en humilde oración, tal como lo indicó hace tantos años cuando prometió sanar la tierra de Israel (2 Crón. 7:14).

¿Cómo podría ser una tierra sanada? Quizás habría una nueva inclinación a temer al Señor, que sabemos que es «el principio de la sabiduría» (Prov. 9:10). Pero tal vez el primer paso sea que nosotros, la iglesia, cantemos con agradecimiento, no demos por sentada la gracia de Dios, sino que reconozcamos nuestra desgracia. Luego, con lágrimas de arrepentimiento y oración apasionada, podríamos ver demonios salir en el nombre de Jesús, mientras el poder de la cruz se manifiesta en toda la tierra.

¿Un sueño imposible? ¿O una visión por la que valga la pena orar y esforzarse?

Ora

Señor, sabes lo que siento por esta nación. Aumenta mi carga por el gobierno y por los medios de comunicación que influyen tanto como reflejan. Envía tu lluvia, Señor, y bendice esta tierra.

Responde

Busca un periódico y ora por una situación que necesite el toque sanador de Dios. Luego, identifica una organización benéfica o un político u otra figura que esté involucrada y ora por ellos, ofreciéndoles todo el apoyo que puedas.

FEBRERO

DÍA 22

Reflexiona

La vida es dura. Soplan las tormentas. En el Mar de Galilea, aumentan rápidamente: su llegada es impredecible, aunque nunca inesperada. Tarde o temprano, sabes que llega.

Jesús dijo que enfrentaríamos dificultades en este mundo (Juan 16:33). Pero continuó diciendo: «confíen, Yo he vencido al mundo».

La buena noticia no es que los seguidores de Jesús navegarán por la vida en una existencia libre de tormentas, sino que Jesús estará en la barca. Este es Aquel a quien «aun el viento y el mar le obedecen» (Mar. 4:41).

Pero la mayoría de las veces, el desafío es que Jesús no parece tener prisa por mostrar Su poder y cambiar nuestras circunstancias. Los discípulos se agitaron tanto cuando la barca «se llenaba de agua» (Mar. 4:37) que lo despertaron, acusándolo de no preocuparse por si vivían o morían (Mar. 4:38).

¿Podemos identificarnos hoy? Cuando «nuestra barca se llena de agua», ¿no sentimos que, si el agua sube más, nos vamos a ahogar? ¿Por qué Jesús se tarda? No hay una respuesta única. Pero si Jesús está conmigo en la tormenta, puedo contar con Él.

Y si parece estar dormido, como si no le importara, ¿entonces qué? Ahí se vuelve hacia nosotros y nos dice: «¿Por qué están atemorizados? ¿Cómo no tienen fe?» (Mar. 4:40).

No tenemos motivos para temer. No nos sucederá nada de lo que Él no sea consciente y que no pueda controlar. Realmente podemos descansar en Su amor inmutable.

Ora

Señor, ayúdame a confiar en tu Palabra cuando dice que nunca dejarías a tu pueblo (Deut. 31:8; Mat. 28:20). Y así, concédeme paz en este lugar.

Responde

Lee Marcos 4:35-41 y colócate mentalmente en la barca con Jesús y los discípulos. ¿Qué tormentas necesitas que Él calme hoy? ¿Hay alguien más que pueda unirse a ti «en la barca» y orar contigo?

FEBRERO

DÍA 23

Reflexiona

Las palabras de Jim Elliot todavía suenan claras, como se registra en su diario: «No es un tonto aquel que da lo que no puede conservar para ganar lo que no puede perder». Jim fue martirizado por las personas a las que había venido a contarles acerca de Jesús. Pero, como los que lo mataron llegaron a descubrir más tarde, él se quedó con el tesoro mayor.

Para aquellos de nosotros que aún vivimos, ¿dónde encontramos tales recompensas celestiales? Jesús habló sobre el lugar secreto de oración (Mat. 6:6), y se aseguró de visitarlo Él mismo (Mar. 1:35; Luc. 5:16). Es aquí donde nos reunimos con nuestro Padre celestial, sentimos Su presencia por el Espíritu que nos ha dado (Juan 14:17), y saboreamos algo de la gloria que un día experimentaremos cuando nos encontremos cara a cara (Sal. 34:8; 1 Cor. 13:12).

El lugar secreto te espera. No pierdas ni un momento más.

Ora

Señor Jesús, claramente te encantaba estar a solas con tu Padre celestial. Ayúdame a organizar mi vida de tal manera que yo también pueda hacerlo.

Responde

Comienza a hacer los arreglos para encontrarte con tu Padre.

FEBRERO

DÍA 24

Reflexiona

¿Alguna vez has estado en una situación en la que, después de haber trabajado muy duro en un proyecto, alguien más recibió toda la gloria? Es una experiencia dolorosa, especialmente si aquellos que se adjudican el crédito, o lo atribuyen a otro, han pasado por alto deliberadamente al que merece el elogio. Pero incluso cuando es accidental, deja un mal sabor de boca.

Cuando alabamos a Dios y le damos la gloria, podemos estar seguros de que no estamos cometiendo tal injusticia. Él es digno de ser alabado. ¿Cómo no va a serlo, cuando nada existiría sin Su voluntad (Apoc. 4:11)?

Cuando Jesús vivió entre nosotros, tenía en mente la gloria de Su Padre (Juan 12:28) mientras que al mismo tiempo, Su Padre estaba ansioso por ver glorificado al Hijo (Juan 8:54). La gloria de uno significaba la gloria del otro: «Glorifica a Tu Hijo, para que el Hijo te glorifique a Ti» (Juan 17:1).

Parece que no podemos dar gloria al Hijo sin dar gloria al Padre, y realmente no podemos glorificar al Padre a menos que le demos gloria al Hijo.

Al final, se trata de la gloria de Dios. Es la meta final hacia la que todos nos dirigimos, cuando el Padre, el Espíritu y el Hijo resucitado lo envuelvan todo, y «la tierra se [llene del conocimiento de la gloria del Señor como las aguas cubren el mar» (Hab. 2:14).

Que Dios acorte los tiempos para que llegue el día.

Ora

Señor, gracias por tu asombrosa provisión en mi vida, incluso si he estado pensando que depende de mí y de lo que yo he hecho. Ayúdame a darte gloria, no con torpeza, sino naturalmente.

Responde

¿A quién puedes agradecer hoy al notar su contribución?

FEBRERO

DÍA 25

Reflexiona

Un llamado es algo poderoso. La palabra latina para «llamar» nos dio el término «vocación». Una vocación no es solo un trabajo. Es una ocupación que tanto nosotros como los demás reconocemos como adecuada para nosotros, que se ajusta a nuestras habilidades y capacidades y nos da un sentido de realización.

Cuando Jesús llamó a los discípulos, ellos vinieron «al instante» (Mat. 4:20). Probablemente, no sabían mucho sobre ese nuevo rabino, y pronto descubrieron que iban «como ovejas en medio de lobos» (Mat. 10:16), pero se asombraron rápidamente de la autoridad que ahora poseían (Luc. 10:17). Jesús conocía su vocación, aunque ellos aún la estaban descubriendo.

La autoridad viene del llamado del reino. Puede darnos una fuerza que no sabíamos que teníamos. Jesús dijo: «el reino de los cielos sufre violencia, y los violentos lo conquistan por la fuerza» (Mat. 11:12).

¿Fuerza para qué? Fuerza para hacer lo que Dios ha indicado desde los profetas antiguos: «practicar la justicia, amar la misericordia, y andar humildemente con tu Dios» (Miq. 6:8).

Es el llamado del reino.

Ora

Querido Señor, gracias por tu llamado a mi vida. Ayúdame a seguirte con humildad y un sentido de aventura, como los primeros discípulos cuando descubrieron habilidades que ni siquiera sabían que tenían.

Responde

¿Cuál crees que es tu vocación? Piensa en el lugar en el que has sido puesto, los dones que te han sido dados, las decisiones que has tomado y las personas con las que vives. ¿Hay áreas en las que puedas servir a otros usando esos dones con humildad pero apertura, y sin falsa modestia? ¿Cómo se ve el próximo paso en este camino?

FEBRERO

DÍA 26

Reflexiona

El Cantar de los Cantares ha ayudado durante mucho tiempo a los creyentes a expresar las profundidades íntimas de su amor por Dios. El rey y su amada están derramando sus corazones, irresistiblemente atraídos el uno por el otro, y se molestan cuando están separados.

Sabemos que amamos a Dios, pero también nos damos cuenta de que cada distracción terrenal vendrá en algún momento para separarnos si puede. Esto ruega el salmista: «Protégeme, pues estoy dedicado a ti» (Sal. 86:2, NTV).

Gracias a Dios por momentos de pura intimidad con Él. Pero, ¿qué hacemos cuando parece distante? Podemos mantener nuestro compromiso con el Señor a través de las disciplinas que Él ha provisto con tanto amor: «Y se dedicaban continuamente a las enseñanzas de los apóstoles, a la comunión, al partimiento del pan y a la oración» (Hech. 2:42).

La vida puede venir contra nosotros, para desviar nuestra mirada, pero «las muchas aguas no podrán extinguir el amor» (Cant. 8:7). Mantengamos encendido el fuego.

Ora

Señor, tú tienes mi corazón. Estoy contento de estar contigo. Mantén vivo este momento en mi corazón mientras se desarrolla el día.

Responde

Escribe un pasaje de las Escrituras que exprese el amor de Dios —por ejemplo: Jeremías 31:3; Juan 3:16; Romanos 5:8; 1 Juan 3:16— y sácalo varias veces de tu bolsillo a lo largo del día.

FEBRERO

DÍA 27

Reflexiona

¿Alguna vez has estado en una multitud ruidosa de personas y te has sorprendido al escuchar la voz de tu amigo llamándote, especialmente si te llama por tu nombre? O tal vez cuando eras niño, te perdiste un momento, pero luego escuchaste la voz de tu madre o de tu padre, y supiste que te habían encontrado.

Escuchar la voz de alguien que conoces es algo poderoso y personal. Y no es diferente con Dios. Él es el Padre de todos, el Dios vivo, infinito y eterno; pero también es mi Dios. Jesús es el Señor de toda la tierra; pero también es mi Señor.

Y cuando Él nos llama: «Tú eres mi hijo», somos libres de responder: «Tú eres mi Dios». Un equilibrio simple, reiterado tanto por el profeta como por el apóstol: «ellos serán Mi pueblo y Yo seré su Dios» (Jer. 24:7; Ezeq. 37:23; 2 Cor. 6:16; Heb. 8:10).

Ora

Padre de todos, gracias por hacerme parte de tu pueblo. Gracias por llamarme tu hijo. Conocerte y que los demás me conozcan como tuyo hace que mi vida sea completa. Recibe la adoración de mi corazón.

Responde

Escribe una carta a tu Padre celestial expresando lo que sientes por Él. Si lo deseas, menciona bendiciones o pruebas específicas en tu vida, pero no te sientas obligado. Cuando hayas terminado, piensa en la respuesta que te gustaría recibir si Dios te respondiera.

FEBRERO

DÍA 28

Reflexiona

Es un momento tierno cuando el hombre se vuelve hacia la mujer de la última comedia romántica y le dice: «Me completas». Los cínicos podrían decir que es una de las fantasías más populares de la actualidad, pero todos anhelamos creer que tal amor es humanamente posible. Y, por supuesto, hay innumerables parejas anónimas que viven hoy en día y que pueden dar testimonio de la verdad de que uno complementa y completa al otro. Existen las almas gemelas.

Sin embargo, incluso eso palidece frente a lo que significa estar completo en Jesús.

Ya sea en el curso general de la vida, o (más probablemente) en este lugar roto donde estamos sufriendo, todos estamos invitados a descubrir que estamos completos en Dios. No importa que seamos tan diferentes unos de otros. Cualquiera que sea la forma en que se encuentre nuestra alma, el Señor encaja a la perfección. Estoy confundido, Él tiene sabiduría (Sant. 1:5); nadie se fija en mí, Él ve todo y recompensa en secreto (Mat. 6:4); he caído, Él tiene fuerza para levantarme (Juan 8:11).

Cuando se trata del alma, Él realmente es mi compañero.

Ora

Señor Jesús, tú me entiendes como ningún otro. Gracias.

Responde

Está atento a la necesidad de alguien esta semana. Tal vez esté buscando celebrar algo y tú necesites unirte, o quizás simplemente necesites estar con esa persona mientras atraviesa un momento difícil (Rom. 12:15). De cualquier manera, comparte el momento.

FEBRERO

DÍA 29

Reflexiona

Este es un extra, pero si no es un año bisiesto y tienes ganas, ¿por qué no lees este devocional el 28 también?

Todos podemos sonar como cantantes profesionales cuando estamos en el baño o en la ducha, pero no todos quieren escucharnos fuera de esos confines sagrados. La buena noticia es que: ¡Dios quiere escucharnos cantar!

Todos podemos cantar al Señor. Ya sea que nuestro ruido alegre (Sal. 66:1) sea estridente o refinado, tenemos mucho por lo que cantar. Podemos cantar sobre Su misericordia, inmerecida y sin medida. Se nos ha dado una nueva vida: estábamos muertos en pecado, pero ahora tenemos algo por lo que gritar. Y luego está la disponibilidad del Espíritu Santo, que no debe darse por sentada, porque esto ni siquiera sería posible si no fuera por la muerte sacrificial de Jesús.

No es de extrañar que el salmista pueda decir: «mi corazón se llena de alegría; prorrumpo en canciones de acción de gracias» (Sal. 28:7, NTV).

Ora

Señor, has puesto una canción en mi corazón. Gracias por hablarme a través de tu Palabra, en especial cuando descubro que la estoy cantando. Ayúdame a estar atento a las palabras que me traes a la mente de esta manera.

Responde

Intenta cantar por un día solo canciones basadas en las Escrituras.

MARZO

DÍA 1

Reflexiona

A veces, hablamos de un amante que nos «roba» el corazón, como si no tuviéramos otra opción. Y, en cierto modo, es cierto. Ya sea que nos haya deslumbrado en un momento, o que nos haya ganado lentamente, cuando estamos enamorados, nos dejamos ganar con gusto. La derrota es una dulce victoria.

Esto no es más cierto que en nuestra relación con Dios. Con gusto, decimos: «Mi corazón te pertenece». Solo que Él no ha tomado nada que no le perteneciera ya.

Por nuestra parte, venimos de buena gana: «Él me ha traído a la sala del banquete, y su estandarte sobre mí es el amor» (Cant. 2:4). Esta es la canción de dos personas que disfrutan de la presencia del otro. Pero el amor aún no se ha consumado. «En mi lecho, por las noches, he buscado al que ama mi alma; lo busqué, pero no lo hallé» (Cant. 3:1). Y así, el amado busca al Rey, y no descansará hasta que lo encuentre.

Pero al menos tenemos el conocimiento de que el amor ha descendido y nos ha mostrado lo que podemos esperar cuando nos encontramos cara a cara (1 Cor. 13:12). Así que, por ahora, somos voluntariamente derramados como libación (Fil. 2:17), una ofrenda a Aquel a quien amamos. Este es nuestro «culto racional» y lo hacemos con gusto, mientras saboreamos cuán buena, aceptable y perfecta es Su voluntad para nosotros (Rom. 12:1-2).

Jesús, toma mi vida y guíame.

Ora

Señor, anhelo verte cara a cara. Gracias por cada muestra de tu amor… ayúdame a no perder ninguna, sino a atesorarlas mientras te espero.

Responde

¿Cuáles son algunas de las muestras de amor que Dios te ha enviado? Piensa en todo lo que Él te ha provisto.

MARZO

DÍA 2

Reflexiona

«En el año de la muerte del rey Uzías vi yo al Señor» (Isa. 6:1). Eso escribió el profeta Isaías, quien pasó a describir en su visión el sonido de los ángeles que claman: «Santo, Santo, Santo es el Señor de los ejércitos».

Cientos de años después, Juan fue testigo de algo similar, cuando las huestes del cielo clamaron «¡Santo!» a Aquel «que era, el que es y el que ha de venir» (Apoc. 4:8).

Uzías había sido rey, pero «infiel al Señor» (2 Crón. 26:16), tratando de quemar incienso en el templo a pesar de que sabía que era una tarea reservada para un sacerdote. Fue atacado por la lepra desde ese momento, y así permaneció hasta el día de su muerte.

Pero tenemos «un gran Sumo Sacerdote que trascendió los cielos, Jesús, el Hijo de Dios» (Heb. 4:14). Ahora, al venir a Él, formamos un «sacerdocio santo» (1 Ped. 2:4-5) con «entrada al Padre en un mismo Espíritu» (Ef. 2:18).

Y Él es el Espíritu Santo.

Recuerda a Uzías, y no des por sentada la audiencia que tenemos con el Santo.

Ora

Dios santo, justo y verdadero, cubro mis ojos mientras te adoro, seguro en el conocimiento de que soy justificado por la sangre del Señor Jesucristo (Rom. 5:9).

Responde

Cierra los ojos, aléjate de toda distracción y medita en la pureza y santidad de Dios. Permite que esto impregne tu alma y así aumenta tu determinación de vivir de una manera que le agrade a Él.

Reflexiona

Dicen que hablar contigo mismo es la primera señal de locura, pero tiene sentido. Muchos de los salmistas sabían cómo darse una buena charla.

Oh, mi alma se encuentra con frecuencia en los labios. Es como si el espíritu tomara el alma en sus manos, persuadiéndola y animándola, recordándole que alabe al Señor y mantenga una perspectiva correcta de las cosas. Es esta capacidad de dirigirnos a nosotros mismos lo que nos permite mostrar algunos de los rasgos menos predecibles de la fe, como regocijarnos cuando no tenemos ganas.

«Regocíjense en el Señor siempre», exhorta el apóstol (Fil. 4:4). «Tengan por sumo gozo, hermanos míos, cuando se hallen en diversas pruebas» (Sant. 1:2). Y justo cuando piensas que podemos estar dirigiéndonos hacia la locura después de todo, el razonamiento sigue: «sabiendo que la prueba de su fe produce paciencia», y que esto hace «que nada les falte» (Sant. 1:3-4). Entonces, tiene sentido.

Porque, en última instancia, es la alegría del pecado perdonado la que debería prevalecer en nuestras emociones. Dado lo que el Señor ha hecho, ¿cómo no vamos a regocijarnos?

Ora

Señor, estoy muy agradecido por las muchas razones que me has dado para regocijarme. Me has dado vida eterna, y me has puesto en el camino hacia la madurez. Ayúdame a mantener tu perspectiva durante los altibajos de mi vida.

Responde

Toma una hoja de papel y divídela en dos columnas. En la parte superior de una, escribe: «Felicidad», y en la parte superior de la otra, escribe: «Alegría». ¿Qué elementos de tu propia vida podrías poner en cada columna y por qué? (La felicidad se relaciona con la casualidad, lo que nos sucede en nuestras circunstancias externas; mientras que el gozo es la respuesta del alma a lo que el Señor ha hecho, está haciendo y promete hacer).

MARZO

DÍA 4

Reflexiona

Si lo piensas, vivir una vida pura —humilde, obediente y verdadera— es un mandato tan alto que sería fácil relegarlo a la galería de héroes de la fe, esos grandes santos del pasado… a meras palabras que cantamos el domingo, tarareamos el lunes, para luego desvanecerse el martes.

Excepto por una cosa: Dios será mi fuerza. Esta verdad es la clave que desbloquea el poder que necesitamos, sacándolo de la historia y el canto, y llevándolo a nuestra vida diaria.

Entonces, ¿cómo vivimos una vida que honra a Dios?

¿Cómo emprendemos cualquier gran viaje? Paso a paso. Mientras caminamos en armonía con el Espíritu (Gál. 5:25), sabemos que el Señor está cerca, tal como prometió (Juan 14:16-18).

Tampoco se alejará de nosotros. Nunca nos suelta (Juan 10:28). Como nuestro compañero constante, camina con nosotros. Encontramos fuerzas que no sabíamos que teníamos, ahora que tenemos a alguien con quien compartir el camino. Lo que podría haber sido aburrido, solitario o arduo, se ha convertido en una aventura.

Camina con Él.

Ora

Señor Jesús, gracias por ser mi compañero de viaje. Ayúdame a compartir cada paso de mi vida contigo.

Responde

Encuentra un camino que hayas recorrido solo e intenta transitarlo con un amigo o grupo de amigos. Mientras caminan, es posible que desees hablar sobre cosas que antes habías guardado en privado.

MARZO

DÍA 5

Reflexiona

El asombro no es lo mismo que la sorpresa. Podemos asombrarnos de algo incluso si lo hemos visto mil veces. El poder de una sonrisa, el sol atravesando las nubes, la singularidad de cada copo de nieve, la belleza de las matemáticas, el arte de las palabras, la pintura o la música... Podemos encontrarnos con esto una y otra vez, pero aun así, asombrarnos.

Así es que, al considerar el sacrificio del Señor Jesús y Su asombroso amor, todavía puede resultarnos asombroso. Es lo más lógico. La verdad no ha cambiado. Es cierto que nuestras emociones pueden ser volubles, pero el asombro es más que una emoción cruda. Es esa sensación de asombro que surge cuando permitimos que la verdad de algo toque nuestros corazones.

Hoy, vuelve a permitir que el asombro te envuelva.

Ora

Padre celestial, gracias por tu asombrosa gracia, porque quisiste encontrar una manera de liberar a este pecador y concederme la paz contigo. Gracias por tu amor, mostrado en el Señor Jesús. Que nunca pierda mi sentido de asombro por tu amor, tu gracia y tu tierna misericordia.

Responde

Encuentra algo que sea asombroso en tu vida hoy. ¿Cuánto tiempo hace que lo sabes? ¿Ha disminuido tu asombro con el tiempo? Si crees que sí, pídele a Dios que refresque tu sentido de asombro y agradecimiento.

MARZO

DÍA 6

Reflexiona

¿Alguna vez buscaste algo, solo para sorprenderte cuando lo encuentras justo frente a ti... o te avergüenzas cuando alguien más lo encuentra sin problema?

Cuando Dios reveló Su plan de salvación, eligió «[destruir] la sabiduría de los sabios» (1 Cor. 1:19). Lo que sucedió en la cruz no tenía sentido para los sofisticados. Pero «los llamados» vieron a Cristo como «poder de Dios y sabiduría de Dios» (1 Cor. 1:24).

Este es el misterio de la salvación, que Dios «dio a conocer» (Ef. 1:9) porque Él es el revelador de misterios. Eso es lo que le encanta hacer. Solo necesitamos ser lo suficientemente humildes para ver estos misterios, siendo «necios» a los ojos del mundo. De lo contrario, los miraremos directamente pero los pasaremos por alto por completo.

«La necedad de Dios es más sabia que los hombres» (1 Cor. 1:25).

Ora

Señor, gracias por abrirme tesoros de sabiduría de tu Palabra. Ayúdame a entenderlos tan profundamente que les haga justicia cuando los comparto con los demás.

Responde

Ora por alguien que conoces que «no puede ver aunque esté mirando»: ha escuchado el evangelio, pero simplemente no lo entiende. Pídele a Dios que le dé un espíritu de humildad y que le abra los ojos.

MARZO

DÍA 7

Reflexiona

Es un hecho bien conocido que Gran Bretaña es, irónicamente, en términos de su masa terrestre, la Pequeña Bretaña. Sin embargo, su costa es engañosamente larga, formada por miles de ensenadas y penínsulas. Estas costas, difíciles de navegar, son monitoreadas constantemente por la guardia costera y atendidas por una notable organización de hombres y mujeres dedicados, en su mayoría voluntarios, que organizan y manejan botes salvavidas alrededor de las islas. Sin esta organización, cientos de personas perderían la vida cada año.

El rescate es una experiencia maravillosa. Es la llegada de alguien más poderoso que tú, mejor equipado, justo cuando lo necesitas. También es una experiencia humillante, en especial si te metiste en dificultades en primer lugar. Sin embargo, lo recibes con brazos abiertos, sabiendo que es tu única oportunidad de sobrevivir.

El rescate requiere planificación. El rescate de la humanidad por parte de Dios comenzó «antes de la fundación del mundo» (Ef. 1:4), para redimir para Su alabanza, porque siempre supo que esto le traería gloria (Ef. 1:6). Él nunca nos iba a dejar morir en nuestros pecados.

Y así vino, corriendo al rescate «en el momento preciso» (Rom. 5:6, NTV). «El Señor tu Dios vive en medio de ti. Él es un poderoso salvador» (Sof. 3:17, NTV).

Ora

Señor, gracias por venir al rescate, no solo por las personas en general, sino por mí personalmente.

Responde

Infórmate sobre los desafíos actuales que enfrentan los servicios de emergencia locales en tu área (bomberos, ambulancias, policía, además de cualquier cosa particular de tu parte del país) y dedica un tiempo para orar especialmente por ellos.

MARZO

DÍA 8

Reflexiona

Se han escrito innumerables canciones sobre la muerte de Jesús, y muchas sobre Su resurrección, mientras tratamos de sondear las gloriosas profundidades de Su amor sacrificial por nosotros. Pero también hay riquezas que explorar en el ministerio de Jesús durante Su vida antes de la cruz. Este es el amor encarnado, el amor que vino del cielo a la tierra, el amor que se extendió y tocó al leproso y expulsó a los demonios que habían tenido cautivos a los pobres de corazón.

Esta es la vida que se ofreció como ofrenda a Dios. Levantado sobre un árbol, la cruel cruz del Gólgota, Jesús sufrió cuando el infierno desató su furia y los demonios se vengaron. «El castigo, por nuestra paz, cayó sobre Él» (Isa. 53:5).

Pero la historia no había terminado. Después de Su muerte, el ministerio de Cristo continuó cuando llenó a Sus seguidores con el poder y el aliento de Su Espíritu (Hech. 2:4; Juan 20:22).

A partir de entonces, el amor también se encarnaría en nosotros. Hoy, tomemos la cruz y sigamos a donde Él nos guíe. La ruta y el destino están en Sus manos. Nuestra responsabilidad es simplemente seguir y reproducir esos actos de amor y misericordia que Él mostró cuando vivió entre nosotros.

Ora

Señor Jesús, gracias por arraigar el poder y el amor de Dios en actos de justicia y compasión. Ayúdame a hacer lo mismo en el lugar donde me has puesto.

Responde

Fíjate si en tu vecindario hay servicios para personas sin hogar, consejo para desempleados o endeudados, o algo similar. Asegúrate de incluir estas cosas en tus tiempos de oración, tanto individualmente como en la iglesia, y de que se anuncien oportunidades para servir allí. ¿Podrías responder a estas necesidades?

Reflexiona

Este mundo nos fue dado como hogar. Desde los albores de la historia, Dios colocó al hombre y a la mujer en un ambiente estable. Edén era un lugar para descubrir la vida juntos, y también un lugar donde Él podía venir a visitarnos (Gén. 3:8).

Sabemos que la muerte entró en nuestro mundo poco después de nuestro pecado. Pero incluso entonces, aun en el momento de la terrible maldición, Dios estaba planeando nuestra liberación. Prometió la derrota contundente del enemigo de nuestra alma, cuya cabeza sería aplastada, y de inmediato comenzó a proveernos, dándonos la ropa que entonces necesitábamos (Gén. 3:15, 21).

Así que lloramos en esta vida, pero somos consolados (Mat. 5:4). Conocemos el dolor, pero no debemos temer (Juan 14:27). Hay alguien en este valle con nosotros (Sal. 23:4). No hay lugar donde vayamos en el que Jesús no pueda caminar a nuestro lado.

«Ahora ustedes tienen también aflicción ; pero Yo los veré otra vez , y su corazón se alegrará, y nadie les quitará su gozo» (Juan 16:22).

Ora

Señor bendito, gracias por tu ternura. Gracias por no quebrar la caña cascada (Mat. 12:20). Por favor, dame tu compasión por los que sufren o están afligidos.

Responde

¿A quién conoces que esté en problemas hoy? Ora por esa persona, y pregúntale a Dios si hay algo más que puedas hacer. Luego, hazlo.

MARZO

DÍA 10

Reflexiona

Recordar puede ser difícil. A veces, se necesita esfuerzo para «re-memorar» las cosas, para volver a unirlas en nuestras mentes. Pero, de repente, hay un gran avance. Comenzamos a sentir que las conexiones se forjan a medida que otros recuerdos se vinculan.

Es solo una de las maravillas de nuestro ser interior, esa parte de nosotros mismos que el salmista nos anima a usar para alabar al Señor y no olvidar «ninguno de Sus beneficios» (Sal. 103:1-2).

Y luego, enumera algunos de esos beneficios: perdón, sanidad, liberación, amor, compasión, satisfacción y renovación (Sal. 103:3-5). La ironía es que, cuando los disfrutamos, a menudo los damos por sentado. Es cuando las sombras comienzan a caer que recordamos cuánto necesitamos estos beneficios, y que el Señor los ha provisto. Dios nos ha dado la facultad de recordar precisamente para que podamos unir las cosas, recordando los buenos momentos en los malos, para que no perdamos de vista todo lo que ha hecho por nosotros.

¿Te cuesta recordar? Vale la pena el esfuerzo.

Ora

Señor misericordioso, estoy asombrado por las complejidades de mi memoria, cómo los detalles de hace mucho tiempo pueden volver a la vida. Mientras recuerdo lo bueno y lo malo, por favor ayúdame a recordar toda la sanidad que has traído a mi vida.

Responde

Escribe al menos tres beneficios de conocer al Señor. Tal vez desees considerar ejemplos de Su provisión, Su protección y Sus promesas. Si has escrito tu testimonio de fe en Cristo, ¿por qué no lo revisas y lo actualizas de alguna manera? Y si no tienes uno, intenta escribir algo ahora.

Reflexiona

Es asombroso pensar en el Dios Todopoderoso viviendo entre nosotros como un hombre que trabajó en carpintería, se quedó en las casas de la gente y caminó por las polvorientas calles de Palestina.

Pero este es Emmanuel. Este es Dios con nosotros (Mat. 1:23). La Palabra verdadera y viva de Dios «se hizo carne, y habitó entre nosotros» (Juan 1:14). Así que ahora, aprendiendo del testimonio y la reflexión de los escritores del Nuevo Testamento, podemos mirar más allá del Hijo del hombre al Hijo de Dios. Al considerar con los ojos de la fe al hijo del carpintero de Nazaret, podemos ver más allá de Sus condiciones de vida, más allá de Su estatus social, a la vibrante realidad que había detrás (2 Cor. 5:16).

¿Y qué encontramos? Este es nada menos que Aquel por quien fueron hechas todas las cosas, el mismísimo Dios (Juan 1:1-3; Isa. 9:6). Ahora mismo, los ángeles le cantan (Apoc. 5:11-12).

Parece que debemos aprender a mirar más allá de lo obvio.

Ora

Gracias, Señor, por ser Emmanuel, Dios con nosotros. Es asombroso pensar en ti, que viviste aquí en la tierra y ahora estás glorificado en el cielo. Enséñame a mirar a las personas de la manera en que lo hiciste, para que podamos construir relaciones, por muy diferentes que sean nuestras circunstancias.

Responde

Piensa en un amigo o familiar. ¿Cómo crees que podría verlos alguien que no los conoce tan bien como tú? O piensa en alguien en circunstancias más pobres que las tuyas. ¿Eso influye en tu visión de esa persona? Pasa más tiempo con ella, según corresponda, y ora por ella a medida que la conozcas mejor.

MARZO

DÍA 12

Reflexiona

¿Qué hay en un nombre? Eso se preguntaba Julieta mientras sufría por Romeo, cuyo apellido aseguraba que sería siempre enemigo de su familia.

Pero ¿qué pasa con los nombres? Estos a menudo evocan para nosotros una asociación directa y personal. Recordar el nombre es recordar a la persona; tal vez su apariencia, su voz o algún aspecto de su comportamiento. Qué dulce y precioso es entonces el nombre de Jesús. No de una manera sentimental y empalagosa, sino por todo lo que conlleva y se asienta en nuestra mente.

Envuelto en ese nombre está el amor de un Salvador (Mat. 1:21), un amor tan profundo que Él derramó Su preciosa sangre para que pudiéramos ser libres. No es un benefactor distante, sino un Salvador cercano y personal que siente nuestro pesar más profundo. Incluso cuando tocamos fondo, descubrimos que Él ya ha estado allí.

El nombre Jesús proviene del hebreo Yeshua y significa «Yahvéh es salvación» o «Yahvéh salva». Este nombre fue dado por Dios a través del ángel a José para que reflejara la misión de Jesús en la tierra: salvar a Su pueblo de sus pecados.

La próxima vez que te sientas abatido, recuerda Su nombre.

Ora

Señor, me amaste tanto que pasaste por Getsemaní y el Calvario para liberarme. Ayúdame a corresponder a tu amor (1 Jn. 4:19).

Responde

¿Puedes recordar cuándo escuchaste por primera vez el nombre de Jesús? Tal vez fue en un entorno de devoción; quizás se usó como una palabrota. Gracias a Dios ahora por todo lo que el nombre de Jesús ha llegado a significar para ti. ¿Y qué significa el nombre «Jesús» para aquellos que conocerás hoy o mañana? ¿Por qué no preguntarles? Intenta no juzgarlos ni darles un sermón, sino que escucha y observa hacia dónde va la conversación.

MARZO

DÍA 13

Reflexiona

Los líderes de muchos países del mundo se llaman ministros. «Ministro» en realidad significa «siervo». Jesús dijo: «Si alguien desea ser el primero, será [...] el servidor de todos» (Mar. 9:35). Es por eso que el título de Rey Siervo no es un oxímoron. Estas dos palabras van juntas. De hecho, es cuando se separan que comienzan los problemas, ya que las personas empiezan a enseñorearse de los demás, y la naturaleza corruptora del poder humano se muestra en toda su fealdad.

Entonces, cuando cantamos sobre lo grande que es nuestro Dios, no estamos simplemente haciendo eco del grito del niño en el patio de la escuela: «¡Mi papá es más grande que tu papá!». La verdadera grandeza es mucho más sutil que eso. La grandeza tiene menos que ver con el poder bruto y más con el amor, que es precisamente lo que encontramos en el centro de un corazón de siervo.

Así es como debemos mostrar al mundo el poder y la misericordia de Dios, siendo como nuestro Maestro. Porque el poder y la misericordia están inextricablemente combinados en nuestro asombroso Dios, y se muestran gráficamente en Su Hijo Jesús, Aquel que lavó los pies de Sus discípulos (Juan 13:5), limpió a un leproso (Mat. 8:3) y dio Su vida por nosotros (1 Ped. 3:18).

Eso sí que es un Dios asombroso.

Ora

Señor, dame un corazón de siervo. Ayúdame a ver qué es lo mejor para las personas con las que interactúo y a servirlas sin hacer espectáculo ni alboroto.

Responde

Ve a un centro comercial o restaurante y observa a los camareros en acción. ¿Qué destaca a un buen servidor? Presta especial atención a sus acciones, su discurso, sus rostros, su estilo. Mientras observas, piensa en un simple acto de servicio que podrías realizar para alguien, tal vez en secreto.

MARZO

DÍA 14

Reflexiona

Uno de los mayores desafíos para el ateísmo radica en el canto de la creación. Si este planeta no estuviera tan sintonizado con la vida o tuviera sentido que un universo pudiera surgir de la nada, tal vez la voz del ateo se podría escuchar por encima de todo el canto. «Los cielos proclaman la gloria de Dios, y el firmamento anuncia la obra de Sus manos» (Sal. 19:1).

Y, como si eso no fuera suficiente, también está la canción de la redención. Porque el Eterno tenía un plan y vino a morir para revertir la maldición de la creación. La verdad es que hay un gemido en el canto de la creación. Estos dolores de parto de una era venidera (Rom. 8:21) nos hacen estremecernos cada vez que vemos las repercusiones de la maldición.

No es de extrañar que la creación anhele el regreso de Cristo. Porque entonces las armonías estarán completas, y los enfrentamientos resueltos. Estaremos listos para una canción completamente nueva: «Yo hago nuevas todas las cosas» (Apoc. 21:5).

Ora

Dios todopoderoso, nuestro Padre celestial, te alabamos por tu sabiduría, tu bondad y tu gloria. Gracias por el mundo que nos has provisto. Nos deja sin aliento… desde la escala cósmica más grande hasta el más mínimo detalle subatómico. «¡Oh Señor, Señor nuestro, cuán glorioso es Tu nombre en toda la tierra!» (Sal. 8:9).

Responde

Párate bajo los cielos y adora a Aquel que «hizo también las estrellas» (Gén. 1:16). Visita el sitio web de la NASA para obtener imágenes detalladas del espacio exterior. Luego, reduce la escala: lee un libro o visita un sitio que despliegue el funcionamiento del cuerpo humano, de las células vivas, de las partículas subatómicas. Asómbrate y adora a Aquel que es Señor de toda la creación.

Reflexiona

Todos necesitamos pertenecer. Es la forma en que estamos hechos, ya sea que seamos naturalmente sociables o que prefiramos nuestro espacio propio.

A veces, sin embargo, nuestro sentido de independencia supera nuestra necesidad de ser parte de algo más grande. Ahí es cuando podemos descubrir que nos hemos alejado del lugar donde se encuentra la seguridad.

Si eso sucede, debemos redescubrir adónde pertenecemos. Pero debemos tener cuidado de no buscar en los lugares equivocados. Si buscamos encontrar nuestro sentido de pertenencia ante todo en otras personas, nos decepcionaremos. Solo el conocimiento de Dios, como parte de Su pueblo, nos proporcionará nuestro mayor gozo.

Una vez que sabemos que somos de Él, tenemos las cosas en el camino correcto. Descubrimos que ser esclavo de Dios es ser libre (Rom. 6:22), libre del pecado, libre de su culpa y vergüenza. Cuando sabemos que Dios nos ama, somos libres de amarlo (1 Jn. 4:19).

Pero antes de que Dios pueda ser mío, yo debo ser suyo.

Ora

Señor soberano, con gusto digo que soy tuyo. Tienes el derecho y el poder de la vida y la muerte, y me someto voluntariamente a todos tus caminos mientras te adoro ahora.

Responde

Considera adónde perteneces como cristiano: tu comunidad de la iglesia o un grupo pequeño. Piensa en alguien que está al margen de ese grupo. ¿Cómo puedes incluirlo más?

DÍA 16

Reflexiona

A algunas personas les gusta el ruido; otras disfrutan del silencio. Algunos se gozan al sol, otros esperan el frescor de la lluvia. Algunos consideran que lo mejor es acurrucarse con un libro, mientras que otros prefieren ver una película. La diversidad es enriquecedora.

Cuando Jesús vino a este mundo, entró en esta diversidad, y probó tanto lo amargo como lo dulce. Varón de dolores (Isa. 53:3), conoció una gran alegría (Juan 17:13). De hecho, «por el gozo puesto delante de Él soportó la cruz» (Heb. 12:2), para que pudiéramos llevar una corona (1 Ped. 5:4).

Hoy no es diferente. Ya sea que nuestra vida esté en calma o que estemos pasando por una tormenta, lo encontraremos allí. Ya sea que nuestra necesidad en este momento sea de paz o de poder, Él tiene ambos.

Tal Salvador es capaz de salvar todos los extremos (Heb. 7:25) y es plenamente merecedor de nuestra alabanza (Apoc. 5:12).

Ora

Señor Jesús, te humillaste tan completamente (Fil. 2:8), permitiendo que los hombres pecadores te pusieran una cruel corona de espinas sobre la cabeza, porque sabías que estabas camino al trono del cielo (Apoc. 7:17). Ayúdame a no perder de vista el amanecer cuando todavía estoy en tinieblas, para que en todas las cosas pueda probar la perfecta voluntad del Padre (Rom. 12:2).

Responde

Como la vida es tan diversa, piensa en cambiar una de tus rutinas por un día. De esa manera, podrás enfocar tu mente en Dios de nuevo o aprender algo nuevo sobre Su mundo. Podrías cambiar la ruta de un viaje regular, apagar (o encender) la radio, reducir (o aumentar) la cantidad de televisión que ves durante una semana u omitir una de las comidas que sueles hacer en un día. Recuerda repasar tu experiencia con espíritu de oración.

MARZO

DÍA 17

Reflexiona

En la Biblia, la iglesia en su conjunto es llamada la «esposa» de Cristo (Apoc. 19:7). No es sorprendente, entonces, que algunos hayan comparado su relación con Cristo resucitado con el amor íntimo entre esposos.

Esta metáfora se reproduce en el Cantar de los Cantares. Sus palabras iniciales son deslumbrantes: «Que me bese con los besos de su boca» (Cant. 1:2). Salomón y su amada están enamorados y celebran su amor sin contenerse.

Desde entonces, los místicos cristianos y otros han dado testimonio de una comunión con el Señor tan dulce, tan arrebatadora, que solo las delicias del lecho matrimonial se acercan a captar algo de la intensidad de la experiencia.

En última instancia, se trata del final de la separación, cuando el velo se rompa en dos. De hecho, ningún niño, hombre o mujer tiene por qué sentir que Dios está distante. Puede que no siempre sintamos al Señor tan íntimamente, pero cada uno de nosotros puede conocer la mente de Cristo al leer Su Palabra, meditar en ella e ingerirla (Ezeq. 3:3), porque sí, comer es otra metáfora terrenal de la cercanía de nuestra unión con Él, una que encontró una expresión suprema cuando Jesús habló de la necesidad de que Su propia carne y sangre se conviertan en una fuerza vital dentro de nosotros (Juan 6:53).

Ora

Señor, gracias porque miras el corazón, no la expresión externa, pero aun así, ayúdame a expresar lo que tengo dentro.

Responde

Piensa en lo que sientes por el Señor. Tal vez te sientas cómodo con la idea de que nuestro amor por Él puede ser como el de una pareja enamorada, o puede resultarte extraño o incluso inapropiado. Pídele al Señor que te muestre por qué te sientes así. Y recuerda: ¡todos somos diferentes!

MARZO

DÍA 18

Reflexiona

No hay nada como estar parado en la orilla y mirar hacia el mar. El horizonte está intacto. El océano es vasto, se extiende fuera de la vista, insinuando las aguas profundas debajo. Tal grandeza nos abruma.

Ahora, volvamos a la cruz, y al drama asombroso de los eventos que se desarrollaron en ese primer fatídico Viernes Santo, el día de la pasión de Cristo.

Jesús es crucificado (Juan 19:18). Clavado en una cruz, lleva mi pecado (1:29) mientras los burladores disfrutan del momento: «Que baje ahora de la cruz» (Mat. 27:41-42). Él no baja. El día se convierte en noche prematura, cuando Jesús clama: «Dios mío, Dios mío, ¿por qué me has abandonado?» (Sal. 22:1). Al final, tienen que bajarlo, pero no antes de que todo esté consumado (Juan 19:30).

Unos pocos que lo aman están cerca (Juan 19:25). No hay nada que puedan hacer. Solo llorar. Todavía no llega la alegría del domingo. Todavía no está la llenura del Espíritu (Hech. 2:4), que recordará las cosas que Jesús enseñó y avivará el fuego de la reflexión teológica: no se trataba solo de la muerte de un hombre inocente; este fue el Cordero inmolado (Apoc. 5:12); este sacrificio fue de una vez por todas (Heb. 7:27); Sus heridas pagaron mi rescate (1 Tim. 2:6).

Debido a esta cruel muerte, viviré. Y esto lo sé con todo mi corazón.

Ora

Señor Jesucristo, las palabras no pueden expresar plenamente mis emociones al considerar ese día. El arrepentimiento y el alivio, la culpa y la gratitud se mezclan ante la perspectiva del Hijo de Dios muerto por nosotros, por mí. Gracias.

Responde

Lee las partes de Mateo 27, Marcos 15, Lucas 23 y Juan 19 que describen la crucifixión. Colócate en la escena. ¿Dónde estás parado? ¿Qué dices? ¿Dónde irás? ¿Con quién quieres estar? ¿Qué historia debes contar?

Reflexiona

Sí es una pequeña palabra poderosa. Cuando es la primera palabra en nuestra respuesta a una solicitud, abre puertas, apunta a posibilidades. Por el contrario, cuando comenzamos con un *no*, cerramos una puerta y tenemos que recuperar terreno si queremos avanzar en la relación.

Debido a Jesús, las promesas de Dios son un sí rotundo a nuestras peticiones más importantes (2 Cor. 1:20). Cuando le pido ayuda a Dios, Él está ansioso por dármela. Si me falta algo bueno, lo encuentro suplido al buscarlo (Sal. 34:10). Si camino a través de días oscuros, Él está allí a mi lado para darme el apoyo y la fuerza que necesito (Sal. 23:4).

Dios es un Dios de pactos, lo que significa que se ha unido a Su pueblo. Y Jesús es «el mediador del nuevo pacto» que nos lleva a un «reino [...] inconmovible» (Heb. 12:24, 28). Se debe confiar en Él sin reservas. Es tan bueno como Su Palabra.

Y a esto decimos: «Amén».

Ora

Padre celestial, no quiero dar por sentadas tus promesas y provisión. Gracias por comenzar nuestra relación de manera tan positiva y por nunca darte por vencido con nosotros. Ayúdame a mantener la fe en tu fidelidad.

Responde

Pídele a Dios que te dé la oportunidad hoy de decir que sí a la solicitud de ayuda de alguien.

MARZO

DÍA 20

Reflexiona

A algunas personas les encanta juzgar a los demás, pero cuando Jesús se enfrentó a las autoridades religiosas, demostró ser un blanco difícil. Parecía imposible acusarlo directamente sin decir mentiras. Así que emplearon a un viejo favorito de la cartera de acusadores y críticos: si no puedes encontrar fallas directas, persigue a las personas con las que se asocia.

Y Jesús, al parecer, era amigo de los pecadores. Allí estaba la mujer poco fiable de cabello largo, ungiendo Sus pies (Luc. 7:37-38). Vergonzoso. ¿Y no comía con recaudadores de impuestos y pecadores (Mat. 9:10-11)? Un escándalo. Además, bebía (Luc. 7:34). ¡Caso cerrado!

Gracias a Dios que Jesús no se dejó intimidar por las opiniones de Sus críticos. Si lo hubiera hecho, entonces tal vez habría dejado que lo alejen de las mismas personas a las que había venido a servir y a salvar (Mat. 9:12). Pero no lo hizo. Y nosotros tampoco deberíamos.

Ora

Señor, gracias por no permitir que la acusación de «culpable por asociación» te desvíe de aquellos que viniste a rescatar. Por favor, ayúdame a valorar a todos por igual, sin importar lo que hayan hecho, para que pueda dejar la puerta abierta entre ellos y tú.

Responde

Piensa en alguien a quien has juzgado negativamente por lo que otros han dicho sobre él. Puede ser alguien en los medios de comunicación o un conocido personal. Determina hoy no creer lo peor sin evidencia. Y si necesitas pedir perdón, no te demores.

MARZO

DÍA 21

Reflexiona

La belleza es algo maravilloso y preocupante.

Puede ser simplemente una puesta de sol que nos desvía del rumbo, mientras estacionamos en el área de descanso para contemplar esos muy pocos momentos de sutiles cambios de tono que se desarrollan ante nuestros ojos.

Pero también pueden ser esos ojos cautivadores los que nos desvían del rumbo (Prov. 6:25), llevándonos a acciones que engañan y destruyen.

Según algunas tradiciones, los ángeles que se rebelaron y cayeron de la gracia conservaron gran parte de su belleza, y la Biblia ciertamente nos advierte que Satanás «se disfraza como ángel de luz» (2 Cor. 11:14). La luz nos fascina y nos atrae.

Por todo esto, toda belleza terrenal —y también angelical— debe someterse a la belleza suprema, que es la gloria del Señor (Sal. 102:15). Su gloriosa majestad eclipsa al sol (Hech. 26:13) e incluso lo reemplazará algún día (Apoc. 21:23).

Cuando esta belleza me captura, soy paradójicamente libre. Libre para adorar en total pureza. Libre para adorar en la belleza de la santidad (Sal. 29:2).

Ora

Glorioso Señor, tú sabes que te amo. Perdóname cuando permito que mi mirada se desvíe y ayúdame a ver todas las cosas creadas como reflejos de tu mayor gloria.

Responde

Piensa en la temible belleza de los animales salvajes, las tormentas furiosas, las supernovas distantes y los virus microscópicos. Al meditar en la neutralidad moral de esa belleza, dirige tu atención a la belleza del Señor. Es posible que desees leer un pasaje de las Escrituras donde Dios o Su santo ángel se aparece en persona; por ejemplo, Josué 5:13-15; Isaías 6:1-7; Apocalipsis 1:12-18. Pídele a Dios que limpie y santifique tu capacidad de apreciar y disfrutar las cosas que Él ha hecho.

MARZO

DÍA 22

Reflexiona

Puede ser aterrador estar en una tormenta en campo abierto. Lo que puede parecer divertido al principio, cuando sopla una brisa fresca y comienzan a caer grandes gotas de lluvia, puede convertirse en una pesadilla. El cielo se oscurece, la lluvia cae a torrentes, los relámpagos destellan y los truenos responden con menos de un segundo de retraso.

La tormenta ha llegado.

Necesitas cubrirte. Revisas tus opciones. El suelo está húmedo y comienza a inundarse. Un árbol podría ser golpeado por un rayo e incendiarse. Entonces, ves la torre. Tal vez sea una insensatez construida hace mucho tiempo. Solo que ahora no es ninguna insensatez; es una torre de refugio de la tormenta. Estás seco. Dejas de tener frío. Estás a salvo.

«El nombre del Señor es torre fuerte, a ella corre el justo y está a salvo» (Prov. 18:10). Dios mismo es nuestra protección. Su mismo nombre es nuestro refugio. Y le ha dado ese nombre a Jesús: «Padre santo, guárdalos en Tu nombre, el nombre que me has dado» (Juan 17:11). La oración de Jesús es nuestro escudo contra los elementos, un escondite donde la oscuridad no se apodera de mí.

Cuando Jesús ora por nosotros, podemos confiar en que el cielo responderá, como los primeros rayos del sol que atraviesan las nubes, diciéndonos que hemos salido sanos y salvos de la tormenta.

Ora

Padre celestial, gracias por el poder de tu nombre. En tu nombre pondré mi confianza, en todo lo que eres y en todo lo que has prometido hacer.

Responder

¿Conoces a alguien que esté pasando por momentos tormentosos? Tal vez sean problemas económicos, dificultades emocionales o mala salud. Ora por ellos, para que en Jesús encuentren una torre fuerte hasta que pase la tormenta. ¿Hay algo que puedas hacer para ayudar?

MARZO

DÍA 23

Reflexiona

Jesús era madrugador. No solo se levantaba temprano para encontrar un lugar tranquilo donde orar, sino que lo hizo desde los inicios de Su ministerio (Mar. 1:35). Y continuó haciéndolo (Luc. 5:16).

¿Por qué sería diferente para nosotros? El día sigue teniendo veinticuatro horas, y aún necesitamos dormir algunas de ellas. Todavía hay personas que ver, reuniones a las que asistir, comidas que comer y lugares adonde ir.

Moisés dijo que encontraríamos al Señor si lo buscamos con todo nuestro corazón y toda nuestra alma (Deut. 4:29). Jesús dijo: «Busquen, y hallarán» (Luc. 11:9).

Pero toma tiempo.

Ora

Señor, estoy tan contento de tener este momento enfocado en ti. Ayúdame a aprovechar al máximo el tiempo que me has dado. Concédeme esos momentos a solas contigo que hacen que el resto del tiempo sea tanto mejor. Perdóname cuando doy por sentado el increíble privilegio de poder reunirme contigo.

Responde

Ya sabes lo que tienes que hacer. ¡Separa tiempo para buscar a Dios!

MARZO

DÍA 24

Reflexiona

Sin duda, el atletismo a campo traviesa y orientación no es cualquier deporte. Saltas sobre arroyos, te agachas esquivando ramas... ¡nunca sabes qué vendrá después para frenarte, hacerte perder el rumbo o tirarte al suelo!

Por eso, siempre es útil correr detrás de un profesional. Aún mejor si esa persona ayudó a diseñar el recorrido en primer lugar. Aún debes estar atento a esos obstáculos, pero ahora tienes un camino trazado y una dirección a seguir. Puede que no conozcas toda la ruta por delante, pero sabes a quién sigues. Puedes correr «la carrera que tenemos por delante» (Heb. 12:1).

Mantén tus ojos en el que va delante de ti. Él sabe adónde va.

Ora

Señor, confieso que a veces no te veo más adelante. Parece como si estuviera corriendo en el desierto y no pudiera ver qué camino tomar. Ayúdame a acercarme a ti, a leer tu Palabra para iluminar mi camino (Sal. 119:105), y a escuchar tu voz en oración.

Responde

Lleva a cabo una auditoría de tu vida de oración y hábitos de lectura de la Biblia. ¿Sigues en el buen camino? ¿Dónde crees que deberías estar para esta misma fecha el próximo año, y qué pasos necesitas dar para llegar allí? Ahora, da el primer paso.

MARZO

DÍA 25

Reflexiona

Imagina que estás en la corte porque cometiste un delito. Estás a punto de declararte culpable cuando oyes que el juicio no necesita continuar. ¿Se han retirado los cargos? No exactamente. Parece que el juez ha fallado a tu favor.

¿Cómo puede ser esto? ¿Cómo puedes recibir del tribunal cualquier otro veredicto que no sea culpable?

La obediencia de Jesús nos ha hecho justos. En esta frase inusual pero simple, se encuentra la maravilla de nuestra justificación. La justificación es más que misericordia; es gracia. Estoy justificado cuando se me encuentra en lo correcto. Soy contado en lo correcto cuando pongo mi fe en la obediencia del «Hijo de Dios, el cual me amó y se entregó a sí mismo por mí» (Gál. 2:20). Mi fe en la obra de Cristo es contada como justicia (Rom. 4:5). Asombroso.

Y así levantamos nuestras cabezas mientras Él llena nuestras bocas con palabras de alabanza (Sal. 81:10).

Su obediencia nos ha justificado.

Ora

Padre celestial, gracias por tu inescrutable sabiduría (Rom. 11:33), que de alguna manera me justificó a mí, un pecador, y anuló mi condena (Rom. 8:1). Jesús fue el único que no cargó con la culpa y, sin embargo, aquí estoy, parado ante ti como si nunca hubiera pecado.

Responde

Lee Romanos 3:20-28 y trata de escribir un resumen preciso o con viñetas en tus propias palabras. Usar una traducción moderna puede ayudar. Evita los términos técnicos siempre que sea posible y usa un lenguaje que alguien que no esté familiarizado con la Biblia pueda entender. Si te sientes realmente valiente, pruébalo con alguien que sabes que no es cristiano.

MARZO

DÍA 26

Reflexiona

En general, no es difícil recordar dónde conocimos a la persona que más amamos. Incluso si el encuentro no pareció tan dramático en ese momento, los eventos posteriores pronto lo grabaron profundamente en nuestra mente.

Hay momentos en la vida en los que tenemos que volver a la primera base, reavivar la llama que parpadea.

Hacia el final de la era apostólica, Jesús envió cartas desde el cielo a algunas de Sus iglesias, entregadas a través de Juan en el libro de Apocalipsis. Elogió a la iglesia de Éfeso por seguir adelante, por su «perseverancia» y por no desmayar. Solo había una cosa que lamentaba, y duele cuando la lees: «Has dejado tu primer amor» (Apoc. 2:2-4).

Qué sutil es esto. Creemos que lo estamos haciendo bien. Estamos marcando las casillas de la fidelidad, haciendo el trabajo y, en ciertos sentidos, todavía nos vemos tan frescos y entusiastas como el día en que comenzamos. Pero por dentro, algo ha muerto... esa necesidad tan importante de intimidad.

Necesitamos reunirnos de nuevo con el Señor que amamos, para poder hablar. Necesitamos el suave aliento de Su Espíritu... no un fuerte viento huracanado, ni siquiera una suave brisa, sino la suave caricia de un susurro.

Es imposible sentir el aliento de alguien sin acercarte.

Ora

Señor, ayúdame a recordar cuando mis ojos se abrieron por primera vez a la cruz. Sé que necesito pasar tiempo contigo y con tu Palabra. Acércame más, mientras te miro.

Responde

Lee Juan 11:1-45 lenta y reflexivamente. Presta atención a las palabras que Jesús habla a Sus discípulos, a Marta y a Lázaro. Considera Sus lágrimas y la autoridad de Su voz, incluso sobre la tumba. Por último, pregúntate qué vendas pueden estar obstaculizando tu propio caminar con Jesús. ¿Qué cambios necesitas hacer en tu vida a la luz de esto?

MARZO

DÍA 27

Reflexiona

El nacimiento de un hijo es algo único y trascendental para toda mujer que lo vive. Pero hay muchos otros que sienten el impacto; en especial, el padre del niño. Para él puede ser un momento definitorio.

Sin embargo, los padres humanos saben que no son todo lo que podrían ser. Parece que, para ser un buen padre, hay que tener algunas de las cualidades que el mismísimo Dios tiene. Porque es allí donde vemos al Padre que es sumamente fiel, a Aquel en quien podemos confiar plenamente para protección y provisión.

Puede ser que hayamos sido bendecidos con un padre maravilloso en nuestra propia vida familiar, o que hayamos sufrido terriblemente por los estragos del pecado y el fracaso. Pero, al mirar al Padre perfecto, «de quien recibe nombre toda familia en el cielo y en la tierra» (Ef. 3:15), cada uno de nosotros puede decir: «Tu misericordia levanta mi cabeza».

Este es el Padre que nunca nos abandonará. «Aunque mi padre y mi madre me hayan abandonado, el SEÑOR me recogerá» (Sal. 27:10). Con el rey David, podemos clamar: «Mi Padre eres Tú, mi Dios y la roca de mi salvación» (Sal. 89:26).

Ora

Dios fiel, gracias porque puedo levantar mi cabeza con confianza porque eres mi Padre. Gracias por el don del Espíritu de adopción (Rom. 8:15) que me da el derecho a ser llamado tu hijo (Juan 1:12). Ayúdame a honrar el nombre de la familia.

Responde

Reflexiona por unos momentos sobre la influencia que tus propios padres humanos han tenido sobre ti, ya sea por su presencia o ausencia, lealtad o irresponsabilidad. Ofrece todo esto a Dios y permite que Él forme en ti el concepto que necesitas de un buen padre.

MARZO

DÍA 28

Reflexiona

La especie humana parece ser la única en toda la naturaleza que busca un sentido de propósito. El significado es absolutamente esencial para la forma en que vivimos nuestras vidas, y cuando no podemos encontrarlo, sufrimos más de lo que creemos.

No es solo que busquemos significado en eventos individuales; tenemos esta necesidad de saber que nuestras vidas en general tienen significado. ¿Para qué estoy aquí? ¿Hay una buena manera de vivir, una que me dé un sentido de rectitud y profunda satisfacción?

El seguidor de Jesús puede decir: Vivo para adorar. Es por eso que estoy aquí: para dar gloria a Dios. La adoración del Dios vivo es la base de toda vida humana significativa. Una vez que me entrego en adoración, comprendo mi parte en el gran esquema de las cosas. No es solo que soy parte de algo más grande, sino que conozco a alguien más grande.

Y eso significa que, mientras le cuento al mundo del gran amor de Dios, tengo una historia que contar y una canción que cantar.

Ora

Gracias por la seguridad que hay en conocerte, Señor. Perdóname cuando pierdo de vista el panorama general, cuando me siento tentado a pensar que nada tiene sentido. Gracias porque no se trata solo de mí, y porque esta misma verdad me da la perspectiva más amplia que tan desesperadamente necesito.

Responde

Observa a un animal o insecto en el trabajo y reflexiona sobre el sentido limitado de propósito que probablemente tenga. Ahora, considera tu propio nivel de conciencia: de tu situación, de toda la vida y de tu propio sentido de ti mismo. Lleva esta autoconciencia a tu adoración del Padre, el Hijo y el Espíritu, y medita en el amor que existe entre ellos, y que incluso ahora te está atrayendo.

MARZO

DÍA 29

Reflexiona

Es curioso lo que sucede en el lugar secreto de la oración: puede encontrarnos tanto de noche como de día. Tal vez sea porque, en la noche, muchas distracciones desaparecen. Hay silencio, y nada más reclama nuestra atención… salvo las decenas de preocupaciones que emergen como corchos a la superficie de nuestra mente.

Muchos salmos hablan de buscar a Dios en las primeras horas de la madrugada (Sal. 63:6; 77:2; 119:55, 148). Ya sea que el desvelo sea por preocupación, o porque Dios quiere captar nuestra atención, podemos alegrarnos de que «jamás se adormecerá ni dormirá el que guarda a Israel» (Sal. 121:4), y está listo día y noche para conversar con nosotros.

Al final, ¿quién va a extrañar un poco de sueño? Vale la pena, para alcanzar siquiera un destello de Aquel que ilumina la noche más oscura, así como el día más apagado.

Ora

Jesús, te busco. Levanto mis ojos al cielo, con hambre de un destello de tu gloria. Señor, en tu misericordia, escucha mi oración.

Responde

Ten a mano un cuaderno y un bolígrafo junto a tu cama, y úsalos cada vez que el Señor te despierte.

MARZO

DÍA 30

Reflexiona

En la antigüedad, los soldados romanos a menudo se protegían a través de un muro de escudos montado rápidamente. Casi tan rápido como la siguiente flecha podía caer, los hombres se agachaban espalda con espalda, rodeados por todos lados y protegidos desde arriba por los escudos que habían llevado a la batalla.

En un antiguo himno, tradicionalmente atribuido a San Patricio, Cristo es visto como un escudo de protección por todos lados. Mucho más que la coraza del popular título del himno, Cristo brinda protección por todos lados, al igual que ese antiguo muro de escudos, o incluso más como los escudos futuristas de la ciencia ficción, el campo de fuerza que rodea cada parte de la nave estelar en la batalla.

Cristo está conmigo, a mi lado, como compañero y apoyo moral. Va delante de mí, recibiendo el calor del ataque del enemigo. Camina detrás de mí, una retaguardia siempre vigilante. Y vive en mí, dándome el vigor que necesito para la batalla.

Como escribió el salmista cuando consideró la asombrosa provisión del Señor: «Por detrás y por delante me has cercado, y Tu mano pusiste sobre mí. Tal conocimiento es demasiado maravilloso para mí» (Sal. 139:5-6).

Ora

Señor, gracias por estar conmigo. Hace toda la diferencia.

Responde

Piensa en lo que te espera y sabe que el Señor va delante. Considera el pasado que te persigue y encomiéndalo al Señor que sana. Recuerda a aquellos con quienes caminas en la vida y encomiéndalos al Señor. Finalmente, agradece a Dios por el Espíritu Santo y permítele que te transforme de adentro hacia afuera. A continuación, busca un compañero de milicia con el que puedas compartir esto. Será bueno para ti no cargar con las cosas solo, y podría ayudar a otros a verte vulnerable y confiando en Jesús.

Reflexiona

Un río puede fluir fácilmente por kilómetros antes de que una masa de tierra repentina interrumpa el flujo y haga que el agua se separe. Ha llegado a un punto de inflexión.

Hay momentos en la vida en los que simplemente sabemos que se está haciendo historia, es decir, nuestra historia. Sabemos que nunca olvidaremos este momento. Lo llamamos «definitorio», un punto de inflexión, porque sabemos que hemos sido cambiados para siempre por él. Hubo un antes, y ahora hay un después.

Es posible que no sepas cuándo creíste por primera vez; lo importante es saber que crees ahora. Pero, sin importar cuánto tiempo hayas estado siguiendo a Jesús, siempre puedes hacer una pausa para reflexionar sobre los cambios que Él ha traído a tu vida.

Gracias a Dios por esos momentos en los que nuestros ojos están abiertos de par en par a todo lo que Él ha logrado por nosotros, en nosotros y a través de nosotros.

Abraza el cambio.

Ora

Padre celestial, gracias por todo lo que has hecho por mí en el pasado y por todo lo que estás haciendo en lo profundo de mi corazón. Ayúdame a contarles a otros la historia que tú y yo compartimos ahora.

Responde

Escribe los puntos principales de tu travesía de fe, usando viñetas. Incluye un antes y un después, incluso si has sido cristiano desde que tienes memoria. El «antes» podría abordar opiniones y creencias que ya no tienes, mientras que el «después» hablará de la relación que tienes con el Señor ahora.

ABRIL

DÍA 1

Reflexiona

Ya viste esa película... el protagonista ha perdido por completo todas las señales de la chica; y ella ha perdido la paciencia con él. De repente, las cosas cambian. Un mundo completamente nuevo de amor y adoración mutua se abre ante ellos. Ella es lo más grande en su mundo, y él es lo mismo para ella. ¿Les importa que haya una multitud viéndolos caer en los brazos del otro, alentándolos, aplaudiendo su momento especial? De ninguna manera, ¡cuanto más público, mejor!

Es hora de decírselo al mundo. Podemos escuchar las verdades de nuestra salvación con tanta frecuencia que nos perdemos un hecho sorprendente: Dios ha sido bueno conmigo, personalmente. Con el tiempo, descubrimos que Él ha abierto mis ojos. Y cuando sucede, no te lo puedes perder. Ahí es cuando quieres bailar en la calle y gritar desde el techo.

¿Y por qué no lo harías?

Ora

Señor Jesús, gracias por abrirme los ojos al misterio de tu gracia. Sé que a veces lo pierdo de vista. Espero que sepas que no es porque no te amo. Emocióname de nuevo con tu amor para que sea tan abierto con la gente sobre nuestra relación como una pareja que camina de la mano por la calle.

Piensa

Piensa en las personas que puedes ver desde la «azotea» de tu mente, aquellas con las que tendrás contacto hoy. Trata de contarles a una o dos de ellas lo que significa para ti seguir a Jesús. No hace falta que prediques, solo que hables; sincera y abiertamente, como lo harías con cualquier otra pasión tuya. Pero si eso no es apropiado en este momento, ora para que tu entusiasmo por el Señor crezca hasta que se muestre en público.

ABRIL

DÍA 2

Reflexiona

Cuando quieres vender algo, encontrar tu mercado es la mitad de la batalla. No es suficiente tener algo que a la gente le gustaría comprar si tan solo lo conocieran... Si no hablas con ellos, seguirá siendo un secreto infeliz.

Lo más sorprendente, entonces, es que Dios decidió hacer un anuncio celestial en el campo por la noche (Luc. 2:8-12). Y eso no es todo. Le contó a la futura madre sobre su inminente parto en un encuentro angelical uno a uno y se comunicó con su esposo en sueños, lo que significa que la historia no salió a la luz durante una generación. No hay mucho menos público que eso.

¿Y su estrategia internacional? Nada más que llamar la atención de algunos astrónomos orientales a través de su arte esotérico. ¿Por qué? Porque este es un humilde regalo de amor. Esta es una narrativa cercana y personal llena de toques sutiles, como un establo para la fiesta de lanzamiento y mirra para el *baby shower*.

Qué misterio tan glorioso.

Ora

Padre celestial, gracias porque, aunque esta historia me resulta tan familiar, fue revolucionaria cuando llegó por primera vez a los pequeños titulares de la historia. Gracias por mostrarnos el sorprendente poder de la humildad y de los pequeños comienzos que conducen a la esperanza para cada nación.

Responde

Pídele a Dios una oportunidad para conectarte con alguien hoy. Tal vez sea una nota garabateada en lugar de un correo electrónico o un mensaje de texto, o una visita rápida para tomar una taza de café y charlar. ¿Quién sabe lo que puede surgir de algo personal como esto, en lugar de las comunicaciones más impersonales que usamos la mayor parte del tiempo?

Reflexiona

Está fuera de nuestro control. A menudo es esquivo, impredecible y nos deja en ridículo a todos. ¿Qué es? Tiene que ser el amor. Muchos de nosotros nos encontramos por primera vez con el amor en nuestros primeros años. Dependemos de él para la seguridad, para el afecto, para un sentido de nuestro propio valor.

Desarrollamos el amor de diferentes maneras. Encontramos intereses comunes con los demás y disfrutamos de su compañía. Descubrimos que no estamos solos. Damos y recibimos. Incluso podemos encontrar una pareja con quien compartir el viaje de la vida en los niveles más íntimos. Afecto. Amistad. Matrimonio. Tal vez el amor venga a nuestro camino. ¿Lo conocíamos ayer? ¿Hay esperanza para mañana?

Cualquiera sea el estado de nuestras relaciones en este momento, todos necesitamos el ancla de un Amor mayor. ¿Cómo sé que lo he encontrado? «En esto consiste el amor: no en que nosotros hayamos amado a Dios, sino en que Él nos amó a nosotros y envió a Su Hijo como propiciación por nuestros pecados» (1 Jn. 4:10).

Si el amor tuviera un nombre, sería Jesús.

Ora

Cuando pienso en lo que se ha perdido, confieso que a veces me resultan dolorosos los recuerdos del amor pasado. Y puedo tener miedo del futuro, sin saber si el amor volverá. Gracias, Señor, por tu amor constante, que nunca decepciona, «todo lo soporta [...] nunca deja de ser» (1 Cor. 13:7-8). Ayúdame a absorber más de tu amor, para que se desborde de mí a aquellos que lo necesitan tan desesperadamente.

Responde

Piensa en alguien que conozcas que esté experimentando dificultades en una relación. ¿Puedes comprometerte a orar por él durante las próximas 24 horas? Quizás también ayudaría ayunar.

ABRIL

Reflexiona

El secreto de gran parte de la vida es seguir adelante. El problema es que, sin algo que nos inspire o nos impulse, pronto nos encontramos sin fuerzas. Un tropiezo más y es difícil volver a levantarse y continuar.

Cuando se trata solo de ti y Dios y de una oración rota, es hora de unirte al salmista y pedirle a Dios que registre tu lamento, que tome nota de cada lágrima (Sal. 56:8). Este es el momento de saber qué es lo más importante: de saber que amas a Dios y que confías en Él. Y tal vez, a medida que decidas poner tu confianza en Él, la niebla se despejará y se formará una imagen... mientras ves al Señor esperando con los brazos abiertos, como el padre de la historia que corrió al encuentro de su hijo descarriado en el camino a casa (Luc. 15:20).

Es suficiente para levantarte de nuevo.

Ora

Estoy tan contento de poder ser auténtico contigo. Gracias porque conoces los sentimientos de este corazón inquieto, y porque no necesito fingir. Confieso que no siempre te siento a mi lado, pero confío en que tu Espíritu está conmigo, mientras tu viento sopla y me guía a los lugares que quieres que esté, hasta que finalmente nos encontremos cara a cara (1 Cor. 13:12).

Responde

Es posible que tengas que usar diferentes caras en diversas circunstancias —tal vez una imagen pública o un disfraz profesional—, pero piensa en alguien con quien puedas ser prácticamente tú mismo. ¿Están al día el uno con el otro? ¿Le has dado la oportunidad de ser sincero contigo? ¿Hay cosas sobre las que ambos necesitan abrirse? Tómense el tiempo para hablar y ser sinceros, abrirse y orar juntos.

ABRIL

DÍA 5

Reflexiona

¿Alguna vez caminaste durante una tormenta o un aguacero fuerte? Casi levantado del suelo, apenas puedes ver por dónde vas, mientras la lluvia, azotada por el viento, golpea implacablemente tu rostro. Desearías poder resguardarte, pero estás a la intemperie y tu destino está en dirección al viento. No queda otra que poner el rostro contra los elementos y seguir adelante.

En esos momentos, es difícil ser consciente de algo más que la lucha en la que estamos. Puede que no veas al compañero que camina silenciosamente a tu lado... y aun si lo hicieras, tal vez no lo reconocerías (Luc. 24:16). Pero Cristo está allí con Su mano tierna de misericordia, y Él conoce el camino mejor que tú.

¿Y Su promesa? Venir a ti (Juan 14:18) y estar siempre contigo (Mat. 28:20). Así como una vez, hace mucho tiempo, Jesús afirmó Su rostro hacia Su meta (Luc. 9:51), ahora fortalece la determinación del viajero cansado que lo sigue.

Ora

Señor Jesús, es tan bueno saber que has caminado por los mismos senderos que yo. Tuviste que perseverar frente a la decepción y la angustia (Luc. 22:44), y soportaste la oposición de aquellos que estaban empeñados en destruirte (Luc. 23:10). Gracias por caminar conmigo, especialmente cuando el camino es difícil.

Responde

Si conoces a alguien que está pasando por momentos difíciles, ¿por qué no te pones en contacto con él hoy mismo? Tal vez puedas compartirle una canción, o simplemente decirle que estás orando por él y que estás aquí si necesita alguien con quien hablar. Si tu propia vida es difícil, ¿por qué no te acercas a alguien en quien puedas confiar y le pides que te escuche y ore contigo?

ABRIL

DÍA 6

Reflexiona

Son algunas de las palabras más famosas que se escuchan en las bodas: «Si [...] no tengo amor, nada soy» (1 Cor. 13:2). Este himno al amor, que encontramos en el corazón de la primera carta de Pablo a la iglesia del primer siglo en Corinto, expresa mejor que cualquier otra cosa la profunda intuición que todos compartimos... que el amor da sentido a todo lo demás en la vida, e incluso las actividades más valiosas pierden su significado sin él.

Puedo entonar las canciones más devotas, pero todo se desinfla sin amor. Puedo entender las grandes verdades de Dios, pero sin amor, no marcan ninguna diferencia para nadie. ¿Qué pasa si profetizo o incluso uso mis dones para sanar a las personas que lo necesitan? Esto también obtiene su chispa de energía y vida del amor. Quita eso y abres una puerta a la manipulación o la dependencia.

Amar como Jesús amó... de ahí surge el verdadero ministerio cristiano, y lo valida como ninguna otra cosa puede hacerlo.

Ora

Señor Jesús, los Evangelios brillan con ejemplos de tu amor imparable por los seres humanos. Ahora veo que esto, por encima de todo, es la mecha que enciende tu pasión y sacrificio. No estabas haciendo las cosas por obligación; nos amaste y te entregaste por nosotros (Gál. 2:20). Por favor, lléname con esa misma actitud amorosa, para que todo lo que haga lleve ese sello tuyo.

Responde

Trata de hacer una lista de todas las cosas que haces, o las decisiones que has tomado en el pasado, en las que has intentado poner a Dios en primer lugar. Reflexiona sobre ello. ¿Necesitas volver a inspirarte? ¿Necesitas refrescarte? ¿Necesitas un cambio de actitud?

ABRIL

DÍA 7

Reflexiona

El escritor estadounidense del siglo XIX Henry David Thoreau describió la experiencia de vivir de manera diferente como escuchar el ritmo de un baterista distinto. Thoreau exploró esto durante sus dos años de soledad a orillas del Lago Walden.

Los cristianos escuchan, no al mundo, ni siquiera al bosque, sino a un Tamborilero completamente diferente, que no es de este mundo, porque Él hizo el mundo. Y cuando escuchamos el redoble de Su tambor, es como si cada latido de mi corazón estuviera manteniendo el ritmo del de Él.

Cuando caminamos de esta manera, anhelamos compartir cada aliento con Él. ¿Puede ser? Pablo afirmó con confianza que «tenemos la mente de Cristo» (1 Cor. 2:16); juntos podemos discernir lo que el Señor está pensando. Cuán vital es, entonces, que cada uno de nosotros cultive una relación profunda e íntima con nuestro Señor vivo. «Anhela mi alma [...] mi corazón y mi carne cantan con gozo al Dios vivo» (Sal. 84:2).

Acércate a Él.

Ora

Padre, anhelo que las palabras que hablo sean las palabras que dices. Ayúdame a acercarme a ti. Por favor, aliméntame con tu Palabra y refréscame con tu Espíritu, para que pueda pensar, hablar y actuar más como tú.

Responde

Lee el Salmo 84. Ten en cuenta que «Baca», en el versículo 6, probablemente se refiere a una tierra seca o un lugar de llanto. Sé sincero acerca del estado de tu propia relación con el Señor. ¿Ha sido mejor en el pasado? Dedica tiempo a pensar en el versículo 5 y a sacar fuerza de Él.

ABRIL

DÍA 8

Reflexiona

Si alguna vez has cargado un objeto pesado más de unos pocos pasos, conocerás la sensación de ligereza cuando finalmente puedes dejarlo. Por un momento, se siente como si tus brazos fueran a volar. Sin embargo, eso es un vago reflejo de la ligereza de espíritu que sentimos cuando nos damos cuenta de que Dios ha quitado el yugo que nos ataba a nuestra antigua forma de vivir. Rompió las ataduras cuando cubrió todos mis pecados, lo que significa que ahora realmente puedo comenzar a lidiar con mi antigua manera de ser.

Esto es tan trascendental que es como levantarse de la muerte. El Señor quitó la piedra que me tenía sepultado en una vida de pecado y muerte (Rom. 8:2). Su palabra vivificante era todo lo que se necesitaba, y penetró como un susurro en lo profundo de mi alma. Y, para escuchar el susurro de alguien, tienes que estar cerca. De hecho, solo a un suspiro de distancia.

Ora

Espíritu Santo, gracias por la paz que me otorgas. Sé que no la merezco, pero proviene de saber que mi Padre celestial realmente es el Dios de misericordia. Gracias por susurrar esa verdad en lo profundo de mi alma. Te alabo en el silencio.

Responde

¿Te estás aferrando a algo que necesitas soltar? ¿Podrías darle una mano a alguien que conoces que está luchando? ¿Recuerdas lo que se siente al detenerse, al dejar tus cargas en la cruz y sentir la ligereza de la libertad? Ya sea para ti o para un amigo, da los pasos que necesitas para acercarte a la cruz.

Reflexiona

Cada historia tiene un principio, un medio y un final. Y no es diferente para la gran historia de nuestra salvación. Comenzó hace mucho tiempo, cuando Jesús se convirtió en Hijo del hombre y se reveló la luz del mundo. También hay una historia de fondo, pero ese es un buen lugar para que comience nuestra historia de salvación.

Y ahora, estamos en medio de la historia. Al adorarlo hoy, en todo el mundo, vemos el reino de Dios en el amor que descendió del cielo y entró en la tierra. Cada paso de fe y obediencia, cada movimiento contra el mal y por la justicia acerca mucho más el reino de nuestro Dios a su cumplimiento.

Pero esta historia terminará con la luz del mundo venidero, cuando todos los ojos vean a Cristo (Apoc. 1:7) y todos finalmente admitan que Él es el Señor (Fil. 2:11).

Cuenta la historia.

Ora

Gracias, Padre, por tomar la iniciativa de enviar a tu Hijo a este mundo. Nos has dado una historia que contar y una canción que cantar. Ayúdanos a comunicarla claramente y sin miedo ni concesiones.

Responde

Quizás ya hayas escrito tu propio testimonio de fe, pero ¿y si elaboras un breve relato del evangelio, la gran historia de la oferta de salvación de Dios a la humanidad? Intenta escribir algo ahora. Dale un comienzo, cubriendo la primera venida de Cristo; un medio, que cubra lo que está sucediendo ahora con los cristianos en el mundo a nivel local, nacional o mundial; y un final, cuando Cristo venga de nuevo. A continuación, ora por la oportunidad de leérselo a alguien.

Reflexiona

Cuando se trata de grandes logros, la gente recuerda quién fue el primero, ya sea quién pisó la luna, quién escaló el Monte Everest o quién descubrió América. Y es una regla bien conocida del mercado que el primero en salir a la calle suele tener más éxito que cualquier competidor.

Como Creador del cosmos, Dios nunca se iba a preocupar por la competencia... Y lo mismo es cierto de nuestro Salvador y Señor, que vive en la historia. Él no solo estaba allí al principio de todo (Juan 1:2-3; Col. 1:15-17), sino que, como hombre, habiendo sido preeminente en compasión, dio Su vida para ser el primero en resucitar, «primogénito de los muertos» (Apoc. 1:5). Siempre por delante de nosotros, siempre a la cabeza, tomando la iniciativa, llamándonos a seguir adelante.

Ora

Señor Jesucristo, tu sabiduría es inescrutable, tu poder es ilimitado y tu amor, infinito. Me inspiras a seguirte. Por favor, ayúdame a mostrar alguna iniciativa propia, mientras me acerco a aquellos que pueden estar esperando para responder a una propuesta de amor.

Responde

Es hora de hacer algo nuevo. No tiene por qué ser grandioso ni ostentoso, ni siquiera particularmente ambicioso; solo tiene que ser la primera vez que lo haces. Tal vez sea orar de cierta manera o con alguien nuevo. Quizás sea ofrecer tu tiempo o talento como voluntario por primera vez. Puede significar hablar con alguien con quien aún no has hablado o dar el primer paso para sanar una relación rota. Sea lo que sea... sé el primero.

ABRIL

DÍA 11

Reflexiona

El deseo es una poderosa fuerza impulsora. Algunos lo ven como la voluntad de poder, otros como una forma de esclavitud. Pero la Biblia nos asegura que el deseo en sí mismo es neutral. Es el objeto de nuestro deseo, no el deseo en sí, lo que nos cautiva y nos impulsa, especialmente nuestros anhelos más fuertes y profundos. Sí, el deseo puede superar nuestra voluntad, incluso robarnos el autocontrol; pero un deseo sujeto a Dios, y centrado en Él, es un asunto muy diferente.

Por supuesto, tenemos muchos tipos diferentes de deseos. Pero generalmente hay una cosa que tiende a dominar, a atraer a todas las demás a medida que da forma a nuestras vidas y nos dirige hacia nuestro destino. «Una cosa he pedido al Señor, y esa buscaré: Que habite yo en la casa del Señor todos los días de mi vida, para contemplar la hermosura del Señor y para meditar en Su templo» (Sal. 27:4). ¿Cuál es tu única cosa?

Ora

Señor, eres perfecto en belleza. Solo la belleza de tu creación me dice eso. Y luego veo cómo salvaste y guiaste a un pueblo rebelde (Ex. 33:5), y cómo mostraste tu gracia y gloria supremamente a través del Señor Jesús (Juan 1:14). Cuando enfoco mi mente y mi corazón en ti, Señor, no puede haber rival para tu asombrosa gloria, y estoy verdaderamente dedicado a ti. Por favor, ayúdame a no desviarme de ti. Y, cuando mi carne me falle, gracias por tu gracia.

Responde

Encuentra a alguien en quien confíes y realicen juntos una auditoría de sus vidas. Haz una lista de las cosas que haces que te ayudan a acercarte a Dios, así como las cosas que parecen alejarte. ¿Cómo puedes vivir mejor?

ABRIL

DÍA 12

Reflexiona

Es reconfortante reflexionar en que, incluso nuestro deseo de ver la majestad de Dios y permanecer en Su gloria, viene solo a través de Su incomparable misericordia. Realmente no somos lo suficientemente inteligentes como para descubrirlo por nuestra cuenta.

Librados a nuestra propia voluntad, preferiríamos hacer nuestro propio camino en la vida. Podemos tener las aspiraciones más nobles: vivir en armonía con los demás, servir y no hacer daño, pero sin «el conocimiento de la salvación [...] por la entrañable misericordia de nuestro Dios» (Luc. 1:77-78), tarde o temprano nos desviamos del camino. Incapaces de cumplir incluso nuestras propias metas, mucho menos las de Dios, estamos destinados a la frustración.

Puede que estemos frustrados o no con otros, pero seguro estaremos frustrados con nosotros mismos. «¡Miserable de mí! ¿Quién me libertará de este cuerpo de muerte? Gracias a Dios, por Jesucristo Señor nuestro» (Rom. 7:24-25).

Ora

Dios santo, necesito morar en tu santuario. Padre justo, necesito probar tu pureza. Señor misericordioso, necesito tu misericordia incomparable.

Responde

Considera algunos de los planes que has esperado, pero que aún no has visto cobrar vida. Pregúntate esto: ¿qué se interpone en el camino? «Encomienda tus obras al SEÑOR, y tus propósitos se afianzarán» (Prov. 16:3).

ABRIL

DÍA 13

Reflexiona

Una de las cosas maravillosas de la adoración es este simple hecho: venimos como somos. No hay necesidad de fingir con Dios. De hecho, hacerlo establecería una barrera entre Él y nosotros. ¿Hemos visto batallas ganadas? Alabémoslo. ¿Seguimos en la lucha? Pidamos Su ayuda.

Cuando venimos al Señor, traemos lo que tenemos, nada menos y nada más. Nuestras manos pueden estar llenas o vacías; Su gracia es suficiente (2 Cor. 12:9). Qué reconfortante saber que, sin importar en qué condición o estado de ánimo me encuentre, Dios es Dios. Me corresponde a mí ponerme en sintonía con Él, no al revés. Cualquiera sea mi punto de partida, Él siempre está ahí para ser encontrado.

Ora

Padre celestial, te alabo por tu amor inquebrantable. Más allá de las sombras cambiantes de este mundo, tú nunca cambias. Me uno a los incontables millones que te adoran, y te han adorado, en todo el mundo: mi Dios, nuestro Dios... el que es todo en todo.

Responde

Dedica unos momentos a contarle a Dios sobre tus luchas y victorias actuales, escribiéndolas si eso ayuda. Luego, habiendo sido sincero con Él, determina ser lo más auténtico posible con aquellos que conozcas hoy, sin restar importancia a las bendiciones en tu vida, ni pasar por alto los problemas que permanecen sin resolver.

ABRIL

DÍA 14

Reflexiona

Cuando te acusan, quieres limpiar tu nombre. Puede que sepas que eres inocente, pero tienes que demostrárselos a los demás. Los tribunales de justicia existen para que se puedan presentar y considerar todas las pruebas relevantes antes de que se dicte una sentencia. El veredicto del tribunal es definitivo o, si está sujeto a apelación, el proceso continúa hasta que finalmente se llega a un veredicto.

Sabemos que, ante Dios, ninguno de nosotros es completamente inocente. Todos hemos pecado. Sin embargo, sorprendentemente, la gracia de Dios justifica de forma gratuita a los pecadores (Rom. 3:23-24). Eso significa que Jesús es ahora mi rectitud. Ahora, cuando el acusador, llamado Satanás, viene a litigar, tengo una defensa fuerte y perfecta, no porque no haya pecado (porque sí lo he hecho), ni porque tenga un caso (porque no lo tengo), sino porque tengo un abogado en el cielo que, incluso ahora, defiende mi causa.

Y cuando eso sucede, solo puede haber un veredicto.

Ora

Señor Dios, me sorprende que me consideres inocente, después de todo lo que he hecho. Gracias por amarme tanto, por encontrar una manera de liberarme sin comprometer tu justicia. Gracias por el Señor Jesús, por Su muerte por mí, por Su resurrección para vencer la muerte y el temor a la muerte, y por Sus oraciones, incluso ahora, por mí en el cielo (Heb. 7:25).

Responde

Examina tu conciencia. ¿Qué es lo primero que te viene a la mente? ¿Qué es lo que tu enemigo trae contra ti, tal vez repetidamente? Pídele a Dios el don del arrepentimiento. Ora por cualquier persona que conozcas que también necesite encontrar arrepentimiento y paz.

Reflexiona

Es bastante difícil para nosotros imaginar a aquellos con gran autoridad, como el presidente de los Estados Unidos o la reina de la Mancomunidad de Naciones, inclinándose ante una autoridad aún mayor. Por lo tanto, debe haber sido asombroso para Juan, el escritor de Apocalipsis, presenciar filas de criaturas poderosas y figuras de autoridad caer ante el trono eterno y el Cordero que fue inmolado.

Y no terminó ahí. Pronto, innumerables ángeles se unieron (Apoc. 5:8, 11). Imagina la escena, si puedes. Poderosas criaturas celestiales se postran delante el Cordero. Están acompañados por veinticuatro ancianos, figuras de autoridad, sí, pero cuyo poder se deriva de Dios y depende de Él. Estos probablemente representan a las doce tribus de Israel y a los doce apóstoles de Cristo, lo que indica que todo el pueblo de Dios está presente aquí, de todas las épocas y de todas las naciones.

Y eso te incluye a ti.

Ora

Dios todopoderoso, solo tú eres digno de nuestra adoración: Aquel que se sienta en el trono y el Señor Jesucristo, Cordero de Dios. Gracias por correr el velo y llevarnos a la adoración del cielo.

Responde

En la visión de Juan, las criaturas y los ancianos se postraron ante Dios. ¿Has adorado al Señor de esta manera? ¿Puedes hacerlo ahora? Si eres físicamente capaz, estírate en el suelo, boca abajo o inclínate muy bajo. Recuerda la escena de Apocalipsis 5 e imagínate ante el trono. Entonces, quita la atención de ti mismo, ya que desde abajo, adoras al Dios Altísimo.

ABRIL

DÍA 16

Reflexiona

No a todo el mundo le encantan las fiestas, pero eso se debe a que no siempre pueden determinar la lista de invitados, el lugar, la comida o el tipo de diversión que se puede tener. Pero incluso el alma más introvertida va a estar de fiesta en el día en que celebraremos la victoria de Jesús sobre la tumba y el comienzo de una creación completamente nueva.

¿Y quieres saber algo realmente increíble? El día en que Jesús dejó una tumba vacía y el día en que lo veamos cara a cara están íntimamente conectados. La nueva creación comenzó en el día más grande de la historia, cuando «el primogénito de los muertos» (Apoc. 1:5) puso las cosas en movimiento.

Ahora, nosotros, que «tenemos las primicias del Espíritu», estamos en camino hacia la libertad total, incluso en nuestra existencia física, mientras esperamos la redención de nuestros cuerpos (Rom. 8:23). Cristo ha comenzado un proceso que resultará en nada menos que la muerte de la muerte misma (1 Cor. 15:20-26). ¡Así que hagamos fiesta!

Ora

Una cruz vacía... una tumba vacía... acusaciones vacías... el fin del dolor. Señor, ¿qué puedo decir? Este tiene que ser el mayor motivo de celebración que jamás conoceré. ¡Aleluya!

Responde

Si fueras a organizar una fiesta que realmente celebrara la victoria de Jesús sobre el pecado y la muerte, ¿cómo sería? ¿Qué cantarías, comerías y beberías? ¿Cómo interactuarías los invitados? ¿De qué hablarías? La próxima vez que estés en la iglesia, trata de llevar algo de esa actitud contigo al servicio.

ABRIL

DÍA 17

Reflexiona

Una pared de agua se eleva en una gran curva, extendiéndose hacia abajo como una mano gigante, mientras el surfista se esfuerza con todo su cuerpo para montar la ola todo el tiempo que pueda. La mano desiste, pasando de amenaza a apoyo, y la pequeña figura se acelera hacia adelante para lograr el oleaje perfecto. Tal imagen es un recordatorio de que es posible quedar atrapado en una inundación y aun así mantenerse firme, arrastrado por la fuerza fenomenal del océano bajo nuestros pies. ¡Qué sensación! La pura energía del movimiento arremolinado, las olas agitadas y el aire que corre nos infunden la emoción de estar vivos.

¿Y nuestra tabla de surf? Nos paramos en la promesa de gracia eterna. Todo el amor de Dios, que se abalanza sobre mí, fluye sobre mí, me hace saltar hacia adelante, de modo que ahora todo mi amor fluye en respuesta. Quizás esto sea una muestra de la alegría que conoceré cuando me encuentre con Él cara a cara (1 Cor. 13:12). «Grande es Su misericordia para con nosotros, y la fidelidad del SEÑOR es eterna» (Sal. 117:2).

Ora

Señor, te doy todo mi amor como la única respuesta lógica a todo tu amor. Tu amor me abruma, feroz y poderoso, pero no me aplasta. Gracias por cada ola que me lleva, sano y salvo, hasta que nos encontremos a salvo en la orilla.

Responde

Está atento durante las próximas veinticuatro horas a las personas que se muestren amor, ya sea una pareja de adultos, adolescentes o un padre e hijo, o un niño con una mascota. Observa cómo interactúan, cómo se conectan sus movimientos. ¿Puedes poner esto en práctica tú mismo? ¿Puedes aplicarlo a tu propia vida y fe?

ABRIL

DÍA 18

Reflexiona

Las paradojas ayudan a que la vida sea interesante. Dos cosas que parecen contradecirse o cancelarse mutuamente nos sorprenden y deleitan al convivir en armonía, abriendo una ventana a una verdad profunda.

La Escritura contiene muchas paradojas maravillosas, no para estimular nuestro intelecto, sino para que se prueben en nuestra vida. Por eso, cuando morimos a nuestros propios deseos y entregamos nuestra vida en las manos del Señor, descubrimos que realmente estamos empezando a vivir (Mat. 16:25). Y cuando sentimos ganas de rendirnos, frustrados por nuestra debilidad, precisamente nuestra dependencia del Señor nos hace más fuertes (2 Cor. 12:10), y escapamos de nuestro orgullo, libres para descubrir cuánto le encanta al Señor exaltar a los humildes (Luc. 1:51-52).

Y no solo nuestra relación con el Señor es así; también se aplica cuando nos acercamos a los demás. ¿Cuántas veces descubrimos que, al dar a los necesitados, también recibimos? (Luc. 6:38). Realmente, somos ricos cuando somos pobres.

Abraza las paradojas.

Ora

Bendito seas, Señor, porque sigues sorprendiéndome al derribar mis queridos prejuicios e ideas preconcebidas. Rompe en mí todo lo que impide que tu poder transforme mi vida.

Responde

Lee cuidadosamente y con oración lo cuatro pasajes bíblicos citados arriba. Cuando los termines, cierra el libro y tus ojos, y medita sobre ellos unos minutos. Deja que las palabras destilen en tu mente. Luego, pregúntate: ¿hay alguien a quien puedas apoyar mientras permites que Dios tome el control sobre la paradoja que Él tiene en mente para esa persona... y para ti?

ABRIL

DÍA 19

Reflexiona

De una u otra manera, cada uno de nosotros puede decir: «Soy prisionero de mi historia». Las decisiones que hemos tomado, los hábitos y perspectivas que hemos desarrollado, nos ayudan a ser lo que somos. Cuando estos son negativos o destructivos, nos encontramos encarcelados.

Por eso, puede parecer que alguien ha abierto de par en par las puertas de la prisión y ha roto las cadenas (Hech. 16:26) cuando encontramos a Aquel que nos libera y comenzamos a sanar. Ahora, tanto en el ayuno de la negación personal como en el banquete de la celebración, Él está allí, listo para convertir nuestro «lamento en danza» mientras dejamos atrás la noche y nos regocijamos con la mañana (Sal. 30:5, 11).

Cada amanecer trae un día nuevo, donde la historia aún está por escribirse.

Ora

Señor, gracias porque me has ayudado a cambiar. Gracias por las segundas oportunidades, por la alegría nueva y el favor inesperado. Por favor, ayúdame a aprovechar al máximo el nuevo día que me has dado.

Responde

Así como las montañas se escalan con muchos pasos pequeños, la historia se hace a través de decisiones individuales que a menudo son bastante simples. ¿Qué decisiones vas a tomar en las próximas veinticuatro horas que puedan cambiar tu historia… o la de otra persona?

ABRIL

DÍA 20

Reflexiona

Si buscas renovación y restauración, difícilmente algo supere al agua. Cuando el sol es ardiente y te golpea directo, la sombra más bienvenida viene de un árbol cuyas ramas llevan agua hasta las hojas, no solo protegiéndote del sol, sino refrescando el aire sobre tu cabeza.

Y cuando realmente tienes sed, ¿qué mejor que el poder refrescante del agua pura y fría que brota directamente de la tierra? Tus pies están cansados y doloridos mientras caminas por senderos empinados y pedregosos, pero pronto te relajas en un baño profundo y refrescante, y el dolor se va rápidamente.

Lo que es cierto en la naturaleza también es cierto en nuestra experiencia espiritual. El Señor es nuestro refugio, y Él es quien refresca. El calor abrasador de las tentaciones y el camino empinado de la dificultad y la condenación pueden llevarnos a la desesperación… o pueden llevarnos al Señor, que espera con los brazos abiertos, y las heridas en Sus manos como un doloroso pero esperanzador recordatorio de que nuestra batalla ya ha sido ganada y que hay fuerza para continuar.

«El Señor es tu sombra […]. El sol no te herirá» (Sal. 121:5-6).

Ora

Señor Jesucristo, estoy tan agradecido por el agua viva de tu Espíritu, que brota en mí para vida eterna (Juan 4:14). Señor, tú eres mi sanidad, mi perdón y refrescas mi alma.

Responde

Sírvete un vaso de agua. Obsérvalo. Tócalo. Prueba su sabor. Agradece a Dios por su poder misterioso para hacer posible toda vida, y agradécele por su sabor y su poder incomparable para refrescar. ¿Cómo puedes refrescar o restaurar a las personas que te rodean?

ABRIL

DÍA 21

Reflexiona

Es una sensación maravillosa cuando, después de luchar por subir una colina a través de un denso bosque, de repente te encuentras con un claro en los árboles con una vista del valle de abajo. Puede dejarte sin aliento.

De manera similar, de vez en cuando, mientras lees el Antiguo Testamento, te encuentras con una promesa o una profecía que te deja atónito con su impresionante grandeza o sus sorprendentes implicaciones. Una de ellas es Isaías 9:6. En medio de «tribulación y tinieblas, lo sombrío de la angustia» (Isa. 8:22), brilla una luz, mientras el profeta espera la venida del Mesías. Esta maravillosa figura será un Consejero, allí para ayudar a Su pueblo a encontrar el camino a seguir. Él será el Príncipe de Paz, porque el descanso duradero de la culpa y el temor vendrá solo al conocerlo.

Pero, lo más asombroso de todo, el profeta lo identifica como el Dios poderoso en persona, uno que encarnaría el amor del Padre eterno por el mundo que creó. Ahora bien, eso supera cualquier punto de vista, mientras nos elevamos por encima de los valles de la desesperación y la duda.

Ora

Padre, gracias por esta asombrosa profecía de tu siervo Isaías. Incluso antes de que tu pueblo pudiera entenderlo completamente, antes de conocer al Señor Jesús, deben haber sentido una promesa incomparable de tu presencia con nosotros. Gracias por Jesús, nuestro Emmanuel (Isa. 7:14).

Responde

Haz un estudio bíblico sobre las promesas mesiánicas en el Antiguo Testamento y descubre más sobre la asombrosa persona y obra de nuestro Salvador. Es posible que desees comenzar con Génesis 3:15; 14:18-20; Números 21:8; Salmo 110; Isaías 7:14; 9:6; Daniel 7:13-14; Mateo 1:23; Juan 3:14-15 y Hebreos 7:1-3.

ABRIL

DÍA 22

Reflexiona

A veces, descubrimos que las cosas que nos hacen sentir cómodos pueden ser las mismas que nos asfixian. Lo que era sólido y confiable se convierte en terreno cambiante a medida que todos nuestros viejos pilares nos abandonan. Estamos desorientados. Tenemos que reconfigurar nuestras vidas, descubrir dónde está nuestro tesoro e ir a Aquel que nos conoce mejor de lo que nos conocemos a nosotros mismos.

Cuando Jacob estaba al borde de una nueva vida, participó en un curioso combate nocturno de lucha libre con un misterioso extraño. Aunque su oponente logró dislocarle la cadera con un toque (Gén. 32:25), Jacob se negó a soltarlo hasta que fue bendecido. Como resultado, descubrió su nueva identidad, como Israel, el que había luchado con Dios el luchador, y se había sobrepuesto lo suficiente como para seguir adelante.

Que así sea para cada uno de nosotros, mientras luchamos por respirar y por hallar un nuevo sentido de dirección.

Ora

Señor misericordioso, gracias por encontrarnos donde estamos y por amarnos demasiado como para dejarnos tambaleantes. Ayúdame a aferrarme a ti y a tus promesas, y a no renunciar a un problema hasta que haya encontrado el camino hacia delante.

Responde

Tómate un tiempo ahora para desahogarte delante del Señor. Grita como un loco si es necesario, pero luego quédate quieto ante Él, mientras Él comienza a cumplir Su promesa de que cualquiera que llame a Su puerta la verá abrirse (Mat. 7:7).

ABRIL

DÍA 23

Reflexiona

¿Alguna vez fuiste uno de esos niños en clase a los que se les dice que presten atención? Estabas teniendo un sueño particularmente fructífero, planeando lo que podrías hacer después de que terminara la escuela, cuando de repente, tu maestro tuvo el descaro de interrumpirte.

Contrasta eso con el tipo de maestro que te mantiene atrapado desde principio a fin de su clase. Tu concentración alcanza un nivel completamente nuevo, porque esto es interesante, es importante y no querrías estar en ningún otro lugar.

Incluso el resumen más breve de las cualidades de nuestro Dios no nos deja ninguna duda: solo el segundo de estos dos escenarios es apropiado para Él. Maestro… sanador… fortalecedor… libertador… refugio… líder… ¿Cómo no prestarle toda nuestra atención?

Ora

Perdóname, Señor, cuando me permito distraerme de ti y de tu Palabra. Me doy cuenta de que solo me estoy negando los beneficios de prestarte toda mi atención. Por favor, ayúdame a concentrarme, mientras me dispongo a buscarte.

Responde

Hazte la pregunta al final de la reflexión anterior y fíjate si puedes identificar alguna distracción que te esté alejando de una vida atenta. ¿Cómo la combatirás? ¿Qué cambios puedes hacer para eliminar las distracciones y acercarte a Dios con oídos y ojos nuevos?

ABRIL

DÍA 24

Reflexiona

Jesús lo identificó como el mandamiento más importante. «Amarás al Señor tu Dios con todo tu corazón, con toda tu alma y con toda tu fuerza» (Mar. 12:30; Deut. 6:5), con «amarás a tu prójimo como a ti mismo» en segundo lugar (Mar. 12:31; Lev. 19:18).

Si lo piensas, no podría ser de otra manera. Dios es infinitamente bueno, amoroso y sabio, por lo que solo un compromiso total de nuestro corazón, mente y fuerza tiene sentido como respuesta. Él no es marginal, es central. No es uno entre muchos; es el primero y sin igual.

Es por eso que cantamos nuestras canciones de salvación, no solo porque estamos felices de que Él nos haya salvado, sino porque hemos descubierto que amar a Dios nos ha llenado de amor por los demás.

Así que llénate.

Ora

Padre celestial, mereces todo lo que soy. Un día, cada corazón cantará tus alabanzas, pero ahora mismo te doy todo mi corazón en la adoración que solo tú mereces.

Responde

Cuando hablamos de «corazones que cantan», no es lo mismo que cuando nuestras voces hacen ruido. ¿Qué tipo de acciones, hechos o comportamientos puedes poner en práctica en este momento que demuestren de alguna manera cómo tu corazón canta alabanzas?

ABRIL

DÍA 25

Reflexiona

La gente siempre ha estado cautivada por la belleza. Por supuesto, cuando dices «belleza» suena a algo bastante abstracto, etéreo, incluso espiritual. Pero podría ser más exacto decir que la gente está cautivada por las «cosas bellas».

Al mirar la historia, vemos que las cosas pueden tener el poder de atraernos e inculcarnos un profundo sentido de aprecio... y anhelo. Y no son solo los objetos físicos los que evocan tal reacción. Encontramos que las realidades abstractas, como la amistad, los gestos, las acciones o el carácter, pueden ser «hermosas». No a todos nos resultan hermosas las mismas cosas, pero todos encontramos algunas cosas hermosas. ¿Por qué? Seguramente, nunca sabremos la respuesta a menos que nos atrevamos a contemplar la belleza de Aquel que hizo todas las cosas, incluso a nosotros.

Esa es Su gloria.

Ora

Señor, ¿abrirías mis ojos para ver tu gloria? Sé que no puedo hacerlo solo. Emocióname con maravillas de tu Palabra; abre mi mente y los ojos de mi corazón mientras busco no solo tu mano sino también tu rostro. Sé que nunca seré el mismo, Señor, incluso con solo un vistazo.

Responde

Tómate un tiempo ahora para meditar en que Dios hizo todas las cosas y ama todo lo que ha hecho, y pídele humildemente que revele algo de sí mismo. A medida que avanza el día, piensa en formas en las que puedes desarrollar un aprecio por las personas, no solo por lo que hacen, sino por quiénes son.

ABRIL

DÍA 26

Reflexiona

Las guerras cambian a las personas. También cambian el mundo… seguramente nunca más que entre 1914 y 1918, cuando millones de personas reevaluaron toda la vida mientras luchaban por aceptar uno de los conflictos más sangrientos, dolorosos, sucios y terribles de la historia humana.

Bájalo a la escala personal: todos tenemos tiempos oscuros que nos remodelan. Es posible que no podamos pensar con claridad mientras atravesamos esos momentos, pero qué importante es reevaluar las cosas después. Porque no podemos confiar realmente en Dios hasta que comencemos a aceptar que Él realmente estuvo allí con nosotros en medio de todo.

Deja que tu ayer sea usado por el Señor para darle forma a tu mañana.

Ora

Padre, por favor ayúdame a mirar atrás en las luchas del pasado y verte allí en la lucha. Ayúdame a ver cualquier horror a la luz de tu gracia soberana, para que pueda ir al futuro mejor preparado para lo que sea que este me depare.

Responde

Al revisar cualquier cosa en tu vida que todavía tenga el poder de intimidarte o incluso paralizarte, pídele al Señor que te guíe a alguien en quien puedas confiar, alguien que ore amorosamente contigo. Luego, confía en Dios a medida que avanzas.

ABRIL

DÍA 27

Reflexiona

Considerando lo lejos que muchos de nosotros nos sentimos de Dios la mayor parte del tiempo; y teniendo en cuenta que la gran mayoría de las personas con las que nos relacionamos ni siquiera afirmarían conocer a Dios personalmente; es sorprendente la facilidad con la que nos atrevemos a hablar en Su nombre.

¿Y yo? ¿Hablo sobre cuestiones morales complejas como si tuviera todas las respuestas? ¿Cito mis versículos favoritos para apoyar una posición mal fundamentada y poco reflexionada? ¿Apunto con el dedo antes de que mi corazón se quebrante?

«"Porque Mis pensamientos no son los pensamientos de ustedes, ni sus caminos son Mis caminos", declara el Señor» (Isa. 55:8). Es desde ahí que debemos empezar. Para conocer realmente lo que Dios piensa, para sentir Su corazón, debemos reconocer la distancia que hay entre nosotros y pedirle que la acorte.

Y la buena noticia es que Él ya está en camino, con un abrazo acogedor (Luc. 15:20).

Ora

Gentil Señor, vuelvo a ver cómo tu corazón se rompe por aquellos que están lejos de ti. Ayúdame a ser sincero acerca de mi propia distancia de ti y a cerrar la brecha. Y por favor, ayúdame a llegar a otros que pueden haberse descarriado, de tal manera que te represente con humildad y claridad.

Responde

¿Conoces a alguien que esté lejos del Señor, quizás más lejos hoy de lo que ha estado en el pasado? ¿Qué puedes hacer para mostrarle amor? Recuerda, no puedes obligar a nadie a cambiar de dirección, pero puedes pararte en la brecha entre ellos y el Señor, y orar. Puedes mostrarles que, al igual que en la parábola, el Padre corre hacia Sus hijos perdidos.

ABRIL

DÍA 28

Reflexiona

Jesús dijo: «El cielo y la tierra pasarán, pero Mis palabras no pasarán» (Mat. 24:35). Muchas son las promesas de Su Palabra, tanto de Sus propios labios como del resto de las Escrituras (Mat. 5:18; 1 Ped. 1:25; 2 Ped. 1:21). Considera algunas ahora.

¿Te está abrumando la condenación? «Vengan a Mí, todos los que están cansados y cargados, y Yo los haré descansar» (Mat. 11:28). ¿Me enfrento a una elección angustiosa? «Mis ovejas oyen Mi voz; Yo las conozco y me siguen» (Juan 10:27). ¿Estoy frustrado por la lentitud de mi propio crecimiento espiritual? «El que comenzó en ustedes la buena obra, la perfeccionará hasta el día de Cristo Jesús» (Fil. 1:6). ¿He permitido que el miedo obstaculice mi caminar con Él? «El perfecto amor echa fuera el temor» (1 Jn. 4:18).

Ora

Padre celestial, gracias porque puedo descansar en la convicción de que el Consolador ha venido (Juan 14:16; 15:26; Hech. 2:33) y que tu gracia es siempre suficiente para mis necesidades (2 Cor. 12:9). Ayúdame a leer las promesas de tu Palabra en contexto y con fe.

Responde

Memoriza uno de los versículos anteriores, u otro que evidentemente se aplique a todos los cristianos de todas las épocas. Escríbelo ahora y luego sigue recordándolo y meditando en él en los próximos días.

ABRIL

DÍA 29

Reflexiona

Somos criaturas de hábitos. Día tras día, tomamos las mismas rutas, vemos las mismas escenas, saludamos a las mismas personas. Y así, las historias que tenemos se desarrollan en el día a día. No hay nada de malo en eso. Pero, a veces, ¿no quisieras mirar más allá del horizonte, para dirigir deliberadamente tu atención a lugares y personas que no ocupan tu mundo inmediato?

Cada vez que miramos al Señor, nos abrimos a nuevas perspectivas y a nuevas aventuras. A medida que se desarrolla nuestra visión, descubrimos que somos parte de un pueblo que abarca las edades y todo el mundo.

Levanta la mirada.

Ora

Padre celestial, no permitas que dé por sentado que estoy en contacto contigo. Gracias porque, a través de ti, estoy conectado con tantos otros creyentes pasados y presentes. Ayúdame a aprovechar al máximo los nuevos horizontes que has puesto ante mí.

Responde

¿Hay alguna zona cerca de ti que necesite ver a Dios magnificado? Podría ser un lugar de pobreza. Averigua si ya hay cristianos ayudando y decide cómo puedes apoyarlos. Podría ser un regalo único o un acto de servicio, pero tal vez Dios tenga otros planes.

ABRIL

DÍA 30

Reflexiona

Elías fue uno de los profetas más grandes que jamás haya existido. Irrumpiendo en escena cuando Israel estaba en su punto más bajo con el reinado de Acab y Jezabel, se enfrentó valientemente a estos líderes impíos y avergonzó y derrotó a los profetas del dios falso Baal en un enfrentamiento dramático (1 Rey. 18).

Jezabel estaba furiosa. Y Elías, como era de carne y hueso, después de tanto esfuerzo y de obtener una victoria tan contundente, «tuvo miedo, y se levantó y se fue para salvar su vida» (1 Rey. 19:3). Necesitaba al Señor. Al parecer, no precisaba el viento, el terremoto o el fuego de una visita del Todopoderoso, sino una voz suave y apacible, «el susurro de una brisa apacible» (1 Rey. 19:11-12) que se abriría paso a través de sus ansiedades y su actitud defensiva (1 Rey. 19:10, 14), llamándolo al siguiente paso en su viaje.

Nosotros necesitamos lo mismo.

Ora

Señor misericordioso, eres tan paciente con nosotros, tal como lo fuiste con Elías. Incluso cuando hemos hecho grandes cosas por ti en el pasado, no nos consientes, dejándonos revolcarnos en un mar de autojustificación. Gracias por la forma en que restauras nuestras almas y nos mueves suavemente.

Responde

Dile al Señor cómo te sientes acerca de los logros y decepciones recientes. Repasa estas cosas a la luz de la historia de Elías. ¿Hay alguien que conozcas que necesite un oído atento y el «el susurro de una brisa apacible» de la voz vivificante de Dios? Ora por esa persona ahora. ¿Hay algo que puedas hacer para ayudar?

MAYO

DÍA 1

Reflexiona

A veces, todos quedamos atrapados en nuestro propio pequeño mundo. Por eso es bueno recordar que somos parte de algo mucho más grande, algo que es genuinamente global. El Señor Jesús les dejó a Sus seguidores una comisión, así como Su Espíritu. Gracias a esto último, lograron lo primero.

«Vayan, pues, y hagan discípulos de todas las naciones» (Mat. 28:19) pronto fue seguido por «recibirán poder cuando el Espíritu Santo venga sobre ustedes» (Hech. 1:8), y en cuestión de días, habían comenzado la Gran Comisión de Jesús de no dejar ningún rincón del mundo sin llevar las buenas nuevas de la asombrosa gracia de Dios.

La próxima vez que sientas que los que están en contra de nosotros son más que los que están con nosotros, recuerda el llamado a «todas las naciones» que finalmente se manifestó en la visión de Juan de personas de «todas las naciones» clamando a Dios en alabanza (Apoc. 7:9).

Hay una canción que cantar.

Ora

Señor Jesús, gracias por derramar tu Espíritu sobre tus discípulos y sobre personas que representan a «todas las naciones» (Hech. 2:5). Gracias porque soy tu discípulo. Ayúdame a cumplir mi papel: ir adonde tú envíes, quedarme donde tú digas, para que la visión de todas las naciones que vienen a adorar se vuelva realidad lo antes posible (2 Ped. 3:12).

Responde

Consigue una guía internacional de oración, como Operation World, y encuentra al menos una nación que no sea la tuya que te toque el corazón. Comienza a orar y recluta a otros para que oren contigo por ese lugar.

Reflexiona

Hace cien años, éramos conscientes de solo una fracción de lo que ahora sabemos sobre el universo que Dios ha creado. Hoy vemos un cosmos en expansión que se extiende a distancias inimaginables. A medida que construimos telescopios ópticos y de radio más potentes, y a medida que enviamos sondas más profundas en el espacio, encontramos maravillas que realmente están a la altura de ese nombre: hacen que los científicos se pregunten cómo llegaron allí.

Para que Dios haya hecho las estrellas y galaxias que vemos, nos damos cuenta de cuán inmenso debe ser Su poder. Y cuando profundizamos en el tejido mismo del espacio, ¿qué encontramos? Ahora podemos detectar las partículas más pequeñas, aparentemente moviéndose dentro y fuera del continuo espacio-tiempo de manera que desafían a las mentes más matemáticas a encontrar explicaciones que tengan sentido.

Parece que, cuanto más descubrimos, más debemos ampliar nuestra propia comprensión de lo que significa para Dios ser el Creador de todas las cosas.

Ora

Señor, el universo que has hecho es aún más asombroso de lo que pensábamos. ¿Qué dice eso sobre ti? Qué grande eres, y sin embargo aquí estoy, hablando contigo. Me hiciste tener comunión contigo. Gracias por darnos mentes para interpretar las cosas que has hecho, y así honrarte aún más.

Responde

Descubre algo asombroso sobre nuestro universo y deslízalo en tus conversaciones hoy. Fíjate adónde conduce. Ora para que las maravillas de la creación apunten a la maravilla del Creador (Rom. 1:20).

Reflexiona

Hay muchas maneras de decir 'Te amo'. Algunos lo dicen con flores; otros han aprendido que los chocolates pueden ser aún más preciosos... Algunos muestran su consideración al proporcionar alivio o apoyo práctico. Muchos son los lenguajes del amor. Y luego están los poetas, aquellos que nos brindan palabras que brillan con significado y resuenan con amor, expresando pensamientos profundos de una manera que penetra en el corazón. Porque a veces... no tenemos las palabras. Tal vez debamos dejar eso a aquellos que son más elocuentes, mientras nos expresamos a través de nuestras acciones, que es donde realmente brilla el amor. Es a través de la voluntad que se muestra el amor, ya que las decisiones dan fruto y caminamos por la vida que Dios ha planeado para nosotros (Ef. 2:10). Muéstrale que lo amas de la manera que Él ama más: en obras que son agradables y en formas que son puras.

Ora

Señor, tú sabes que mi vida no siempre cuadra con lo que sale de mis labios. Líbrame de la hipocresía... te encomiendo los planes de mi corazón (Prov. 16:3).

Responde

¿Qué puedes hacer hoy para demostrarle a Dios que lo amas? Él conoce tu corazón, por supuesto, pero es en acción que el corazón se revela, a nosotros mismos y a los demás. No tiene que ser algo especialmente difícil, pero sí tiene que tomar algo de tu tiempo y esfuerzo. Considera lo que Él ama: puedes comenzar con el desafío de Miqueas de «practicar la justicia, amar la misericordia, y andar humildemente con tu Dios» (Miq. 6:8). ¿Cómo podría ser diferente tu vida hoy si trataras de seguir cada uno de esos tres mandamientos?

MAYO

DÍA 4

Reflexiona

Es importante recordar que, cuando se trata de nuestro pecado y la respuesta de Dios, Dios estaría plenamente justificado al condenarnos. «Contra Ti, contra Ti solo he pecado, [...]. De manera que eres [...] sin reproche cuando juzgas» (Sal. 51:4). Y, sin embargo, en una pieza sin precedentes de sabiduría (1 Cor. 1:21), Él le da la vuelta a todo y declara que nosotros somos los justificados.

¿Cómo puede ser? La respuesta es tan simple como aleccionadora. Somos «justificados gratuitamente por Su gracia» (Rom. 3:24). Aquí no hay lugar para jactarse (Rom. 3:27); es un momento para el quebrantamiento.

Y, como Dios nos concede la capacidad de arrepentirnos a través de la «tristeza que es conforme a la voluntad de Dios» (2 Cor. 7:10), podemos seguir adelante.

Que el Señor llene nuestro corazón de gozo de nuevo. «Haz que se regocijen los huesos que has quebrantado» (Sal. 51:8).

Ora

Señor misericordioso, es asombroso pensar que perdonas a los que han pecado contra tu perfecta santidad. Pero cuando sigo considerando que realmente nos acreditas tu justicia y nos llamas justificados solo porque confiamos en ti (Rom. 4:24), realmente no puedo entenderlo. Lo cual es magnífico, porque significa que nunca llegaré al fondo del asunto.

Responde

Nosotros mismos no estamos en posición de acreditarle justicia a nadie, pero estamos destinados a perdonar a las personas si nos han hecho daño. Esto no es para perdonar su pecado, por supuesto, sino para liberarnos del proceso de juicio. ¿Hay alguien a quien necesites perdonar, en tu corazón, ahora mismo?

MAYO

DÍA 5

Reflexiona

A veces, parece que solo hay una delgada línea entre «humilde» y «humillado», pero de todos modos, es una línea importante para trazar. La humillación trae consigo la pérdida de la dignidad y, con ello, la pérdida del respeto. Por lo general, el respeto por uno mismo también desaparece.

En cambio, ser humilde simplemente significa ser bajado... literalmente, hacia el «humus» de la tierra. La cuestión de la pérdida de respeto queda abierta. Y si te humillas, entonces está sucediendo algo completamente diferente.

Eso fue lo que hizo Jesús. Eligió libremente un nivel inferior, para bajar al nuestro. En esto demostró una gran nobleza, y a pesar de todos los intentos de Sus oponentes de humillarlo, Su dignidad —y, sí, Su majestad— brillaron aún más. «Por lo cual Dios también lo exaltó hasta lo sumo» (Fil. 2:9), de modo que ahora no tiene igual, Rey de reyes y Señor de señores (Apoc. 19:16).

Ora

Señor Jesús, estoy muy agradecido por tu decisión de bajar a nuestro nivel, de servir, buscar y salvar a los perdidos (Mat. 20:28; Luc. 19:10). Señor, concédeme tu paz, para que no sienta la necesidad de probar mi valor todo el tiempo, sino que permanezca contento de servir con humildad.

Responde

Piensa en dónde trabajas, adoras, compras o llevas a cabo cualquier actividad regular. ¿Qué acto de servicio invisible podrías hacer la próxima vez que vayas? ¿Qué es lo más ambicioso que podrías intentar, sin que nadie se entere?

Reflexiona

Cuando Cristo vino a la tierra, reveló la gloria del Padre en sí mismo, una gloria que había conocido desde «antes que el mundo existiera» (Juan 17:5). Esto es parte del misterio y la maravilla de la encarnación. Pero hay más en este misterio, y nos involucra. Pablo escribe sobre un «misterio que ha estado oculto desde los siglos y generaciones», que es nada menos que «Cristo en ustedes, la esperanza de la gloria» (Col. 1:26-27).

Y en otra parte, al contrastar el ministerio del antiguo pacto con el nuestro, hace esta asombrosa afirmación: «nosotros, con el rostro descubierto, contemplando como en un espejo la gloria del Señor, estamos siendo transformados en la misma imagen de gloria en gloria» (2 Cor. 3:18).

Esa palabra *gloria* debería asombrarnos. Porque el Señor fue el que declaró: «Mi gloria a otro no daré» (Isa. 42:8). El resto de ese versículo deja en claro que lo dice en el contexto de la adoración. Todos los demás son ídolos y no tienen la gloria del Señor. Entonces, ¿qué es lo que tenemos? Tenemos «gloria reflejada».

Estamos aquí para glorificar a Dios.

Ora

Espíritu Santo, gracias por tu increíble obra de establecer la gloria del Padre en nosotros. Confieso que me siento intimidado y pequeño ante eso. Por favor, haz tu voluntad en mí. Pule mi espejo, Señor, para que refleje al Señor Jesús con mayor claridad.

Responde

Considera algunas de las cualidades del carácter de Dios, como Su bondad, Su amor, Su paciencia, Su deleite en todo lo que ha hecho. Recuerda el fruto del Espíritu en Gálatas 5:22-23. ¿Cuál de estos aspectos del fruto crees que puedes ver en tu propia vida? ¿De cuál necesitas más?

MAYO

DÍA 7

Reflexiona

Algunas cosas en la vida es mejor olvidarlas. Ojalá no hubieran sucedido, o no las hubiéramos hecho. ¡Cuánto nos alegramos, entonces, de que no se lleve ningún registro de nuestras faltas, porque Dios «no [recuerda] tus pecados» (Isa. 43:25). Aunque somos responsables de toda palabra vana (Mat. 12:36), y aunque las cuentas se abrirán en el día del juicio (Apoc. 20:12), Dios nos asegura que «no hay condenación para los que están en Cristo Jesús» (Rom. 8:1).

Si Dios se complace en «olvidar» nuestros pecados de esta manera, sin tenerlos en nuestra contra, necesitamos vivir a la luz de tal misericordia y gracia en cada momento de vigilia. Y no debemos olvidar Sus ricas promesas de amor, misericordia y perdón cuando nos encontramos en la oscuridad.

Aquellos que se olvidan de confiar en Su amor pronto olvidan perdonar también a los demás (Mat. 18:28). No lo olvides.

Ora

Señor celestial, gracias porque, aunque sabes todo sobre mí (Sal. 139:1-4), me perdonas cuando te decepciono. Ayúdame a mantener tu amor y tus promesas en mi corazón, para que informen mis acciones y mis palabras… e incluso mis pensamientos descuidados.

Responde

Hace años, tal vez hacías un nudo en un pañuelo para ayudar a tu memoria, pero ahora tenemos notas adhesivas, mensajes enviados a ti mismo, llamadas de alarma y recordatorios electrónicos. Usa una de estas cosas para traer a tu memoria alguna promesa de Dios en uno o dos días.

MAYO

DÍA 8

Reflexiona

A menudo, pensamos en la muerte de Jesús como separada de Su resurrección. Pero la Biblia presenta el Viernes Santo y el Domingo de Pascua como dos lados de un solo gran evento.

Son un solo acto de salvación; ambos por amor. Fue el amor el que fue al jardín de sangre, sudor y lágrimas (Luc. 22:44). Fue el amor el que aceptó la cruel corona (Juan 19:2). Y fue el amor el que salió airoso del dominio de la muerte que no pudo retenerlo (Hech. 2:24).

Una única motivación: el amor.

Ora

Señor amoroso, gracias porque tu único propósito durante ese tiempo oscuro fue ganar para nosotros una gran salvación (Heb. 2:3) porque nos amaste, entregándote voluntariamente por nosotros (Gál. 2:20). No puedo pretender entender cómo te enfocaste tan claramente en aquellos que ni siquiera existían en ese momento, pero sé que lo hiciste (Juan 17:20), y que completarás tu obra en mí, incluso mientras resuelvo mi propia respuesta a tu asombroso amor (Fil. 1:6; 2:12-13).

Responde

Tratar de averiguar cómo responder a este amor te llevará el resto de tu vida. Aun así, dedica algunos momentos ahora a meditar en el amor de Jesús esa primera Pascua. Únete a José y Nicodemo mientras preparan Su cuerpo y lo colocan cuidadosamente en la tumba, ungido y preparado con cuidado. Lee Juan 19:38-42 y camina con ellos, atrapados aquí entre los dos lados del gran evento de salvación. Regresa a estos pensamientos tanto como puedas durante las próximas 24 horas.

MAYO

DÍA 9

Lo llaman «pericorésis». ¿Quiénes? Los teólogos, y pericorésis es la palabra que usan cuando intentan describir la interacción intensamente personal, delicada y dinámica entre Dios Padre, Dios Hijo y Dios Espíritu Santo. No se trata solo de cómo se relacionan entre sí, sino de algo en el núcleo mismo de la existencia.

Divide la palabra griega complicada en sus partes, y obtendrás «moverse de aquí para allá», lo cual suena un poco extraño (es traducción del griego). Pero la Biblia no revela este tipo de cosas para enredar nuestra mente, sino porque estamos invitados a unirnos. No es un baile formal, sino más bien una fiesta donde puedes unirte fácilmente al círculo y moverte entre los otros bailarines.

Y no termina ahí. No somos los únicos bienvenidos e incluidos. Al encontrar nuestro lugar y sentir Su compasión y gracia, también descubrimos la misión del Padre: hay más personas para traer a la danza, no menos «los pobres, los mancos, los ciegos y los cojos» (Luc. 14:21).

Ora

Dios Altísimo, Padre, Hijo, Espíritu... gracias por la energía, la alegría y la vitalidad de la danza divina. Mientras me haces girar, Señor, que pueda agarrar a aquellos a quienes aún estás llamando a ti.

Responde

En algo parecido a un baile campestre, no siempre sabes con quién vas a bailar a continuación. Ora pidiéndole a Dios que te guíe a alguien que esté buscando encontrar la vida eterna. Después, prepárate a recibir la pregunta o muestra de interés inesperados.

MAYO

DÍA 10

Reflexiona

Bajo el sol de verano, sentimos el calor de los días largos y perezosos, el zumbido de las abejas y el sonido de los niños jugando. Con la lluvia de primavera, llega el aroma de la vida en toda su variedad, mientras la flor cobra vida y los prados explotan de color.

¿Y qué puede ser más suave que la caricia de una brisa, trayendo vida al aire como un toque del cielo? Todas estas cosas, y muchas más, son símbolos del amor y el cuidado del Creador.

Pero, como cualquier símbolo, apuntan a una realidad mucho más profunda de lo que vemos ahora, mucho más alta de lo que nuestros ojos pueden divisar. Porque sabemos que, si Dios no escatimó a Su propio Hijo para ponernos en relación con Él, entonces, a Su debido tiempo, «nos dará también junto con Él todas las cosas» (Rom. 8:32). No careceremos de bien alguno (Sal. 34:10).

Ora

Señor, tu amor y generosidad se desbordan hacia mí y hacia muchos a través de tu abundante provisión. Y en estos maravillosos toques de belleza y significado, nos has dado mucho más que nuestras necesidades básicas. Por favor, ayúdame a compartir estas riquezas con aquellos a quienes se les niega el acceso a ellas o no pueden apreciarlas debido a la forma en que la vida se ha vuelto en su contra.

Responde

Piensa en alguien que conozcas que no haya tenido una vida fácil, y trata de averiguar qué cosas naturales le levantan el ánimo. Luego, tal vez con otros, organiza alguna ocasión para que disfrute de una de estas cosas. Puede ser tan simple como un paseo por el parque o algo más ambicioso, como una actividad especial.

MAYO

DÍA 11

Reflexiona

El oro ha sido considerado durante mucho tiempo uno de los metales más preciosos debido a su suavidad y maleabilidad, lo que permite que su hermoso color se convierta en todo tipo de joyas exquisitas. Pero quizás su característica más preciada es su pureza: se funde solo a temperaturas muy altas e incluso sobrevive a la «prueba de ácido» que quema otros metales, incluida la plata.

Algo similar sucede con nosotros. El horno de las dificultades y las pruebas puede traer calor, pero también revela la verdadera naturaleza de nuestros corazones (Prov. 17:3) y nuestra obra (1 Cor. 3:13). Pero las recompensas son grandes, sobre todo la entrada consciente en la presencia del Santo, ya que Él trae fuego santo a nuestros labios y nos asegura los pecados perdonados (Isa. 6:7). Naturalmente, huimos del fuego... Pero no te pierdas este.

Ora

Santo Señor, eres tan puro, y yo no soy digno de estar en tu presencia. Al igual que Isaías, siento que mis labios están sucios. Pero tú eres el mismo Señor cuya naturaleza es siempre tener misericordia.

Gracias porque el Señor Jesús pasó por el sufrimiento para salvarme (Heb. 5:8-9). Por favor, ayúdame a soportar lo que sea necesario para ser la persona que quieres que sea.

Responde

¿Hay alguien a quien puedas animar hoy que necesite saber que su sufrimiento puede ser usado por Dios para refinarlo? Si lo hay, ora para que puedas compartir esto con sensibilidad y humildad, como un metal precioso compañero en el crisol de Dios. O tal vez esa persona que necesita aliento eres tú. ¿Qué necesitas escuchar de Dios, o de uno de Sus hijos, hoy?

MAYO

DÍA 12

Reflexiona

El mundo es un lugar asombroso para explorar, y desde las nubes hasta lo profundo, nunca llegaremos al final de sus secretos. Y es totalmente apropiado permitir que nuestro sentido de asombro ante la creación provoque en nuestra mente el intento de entender el misterio de su Creador (Rom. 1:20).

Pero cuanto más exploramos este camino, más perplejos quedamos (Sal. 139:6), mientras luchamos por formar una imagen del «Padre de las luces», la fuente de «toda buena dádiva y todo don perfecto» (Sant. 1:17). Nuestro sentido de maravilla ante Su magnificencia se ve acosado por la vergüenza que espera en las sombras, lista para acusar.

Por eso necesitamos al Señor Jesús, el rostro humano de Dios, aquel «por medio de quien también hemos obtenido entrada por la fe a esta gracia en la cual estamos firmes», junto con el «Espíritu Santo que nos fue dado» (Rom. 5:2, 5).

Ahora, el camino está abierto para que exploremos el misterio que es nuestro Dios, de corazón a corazón, mientras seguimos nuestra inquietud adondequiera que nos lleve.

Ora

Señor misericordioso, gracias por tu Espíritu Santo. Abre mis ojos para verte dentro y más allá de las maravillas que has hecho. Como dijo tan sucintamente tu siervo Agustín, mi corazón está inquieto hasta que encuentre su descanso en ti. Guíame, te lo ruego.

Responde

Piensa en lo que te inquieta. Puede ser una condición con la que vives, falta de información, una relación o simplemente un malestar general. En lugar de centrarte en cómo te limita, trata de pensar en maneras en las que puedas empezar a usar este sentimiento para fomentar tu crecimiento espiritual (2 Cor. 12:9).

MAYO

DÍA 13

Reflexiona

«Estas son algunas de mis cosas favoritas». Así dice la canción de *La novicia rebelde*. Las personas persiguen muchas cosas en su búsqueda de la felicidad: la fama y la fortuna suelen estar en la cima de la lista. Algunos buscan la pareja perfecta, el mejor trabajo, el auto más rápido... cualquier cosa que indique estatus y éxito. Otros buscan una vida tranquila, las comodidades del hogar, la jubilación anticipada, las recompensas de la vida familiar.

Jesús dijo: «Donde esté tu tesoro, allí estará también tu corazón» (Mat. 6:21). Nuestras prioridades se manifiestan según la dirección de nuestras energías. La búsqueda revela dónde está el corazón.

¿Qué estás persiguiendo?

Ora

Señor, ayúdame a buscarte con todo lo que tengo, a «buscar primero» tu reino, sabiendo que tantas otras cosas vendrán a su debido tiempo (Mat. 6:33). Ayúdame a mantenerme en el camino, a conservar mi corazón puro, para que viva una vida que bendiga tu corazón.

Responde

Haz una lista de tus cosas favoritas —tanto las actividades que más tiempo ocupan como las posesiones que tienes— y ofrécelas al Señor. Pídele que las bendiga y que las coloque en el lugar correcto en tu vida. ¿Podrías compartir tu lista y tus oraciones con un amigo de confianza?

Reflexiona

Una palabra puede hacer una gran diferencia. La palabra correcta en el momento justo puede distender una situación complicada, mientras que una palabra mal dicha o falsa puede fácilmente desinflar, desalentar o engañar (Prov. 15:1, 4).

Dado el poder de nuestras propias palabras, no es de sorprender que el poder de la Palabra viva de Dios esté por encima de toda medida. «La voz del Señor resuena sobre la superficie del mar [...]. La voz del Señor es potente» (Sal. 29:3-4. NTV).

En Jesús, vemos a Aquel que «sostiene todas las cosas por la palabra de Su poder» (Heb. 1:3). Esto no es nada menos que la energía creativa de Dios mismo.

Por eso, cuando nos disponemos a escuchar Su voz, venimos como aquellos que están listos para ser transformados. Queremos recibir Su palabra profundamente dentro de nosotros, y eso significa humildad y estar dispuestos a cambiar.

Y los cambios vendrán, porque la Palabra de Dios nunca es infructuosa (Isa. 55:11). Nuestra vida inevitablemente estará marcada por obras de fe. Y, cuando escuchamos a Dios hablar, tenemos algo para decir.

Ora

Señor soberano, gracias por ser un Dios que habla, por comunicarte con aquellos que has creado. Que tu verdad prevalezca sobre la incredulidad mientras abrazo tus promesas y obedezco tus mandamientos. «Habla, Señor, que tu siervo escucha» (1 Sam. 3:9).

Responde

Piensa en una situación complicada en la que estés involucrado actualmente, y pide a Dios una «palabra de sabiduría» (1 Cor. 12:8) que desbloquee las cosas de manera positiva. Escríbela y pégala en un lugar donde la veas a menudo.

MAYO

DÍA 15

Reflexiona

Vivimos en una época en la que podemos ver el sufrimiento de otros casi en tiempo real, en casi cualquier lugar del mundo. Y estamos cansados de las noticias. Un periódico sucede al otro, y van contando sobre distintas guerras, hambrunas y desastres. Los periódicos siguen adelante, pero quienes sufren a menudo no. Para ellos, esto no es una noticia; es la vida... por un tiempo.

Claro que hay cosas que podemos hacer, pero no muchas. Tenemos poco dinero, poco tiempo, poca energía, comparado con la montaña de necesidades. Parece que somos casi tan impotentes como ellos.

La oración enfrenta estos dos problemas directamente: apuntando a su dolor y temores, y también a nuestra propia frustración. Al orar, venimos a derribar la puerta del cielo, solo para descubrir que ya está abierta. Dios está esperando guiarnos hacia necesidades específicas que podemos atender; el resto lo entregamos de todo corazón a Él.

«¿No es este el ayuno que Yo escogí...? [...] Entonces invocarás, y el SEÑOR responderá» (Isa. 58:6, 9).

Ora

Dios de misericordia, escucha mi clamor. Sabes, Señor, cuán impotente me siento al ver la inhumanidad del hombre hacia el hombre; cuando la ayuda se desperdicia o se roba; cuando los gemidos de la naturaleza (Rom. 8:22) quitan más vidas y aún más medios de subsistencia. Ayúdame a usar bien los recursos que tengo. Y por cada alma que sufre, oro para que les des fortaleza.

Responde

Si aún no lo has hecho, revisa tus ofrendas caritativas. Investiga la idea de crear una «cuenta de donaciones benéficas» (busca en Google si no sabes qué es). También, piensa qué puedes hacer cara a cara en tu pequeño rincón del mundo.

MAYO

DÍA 16

Reflexiona

Algunas palabras recorren el mundo sin sucumbir al proceso de traducción. Así que no necesitas ser italiano para decir «*Ciao*» (se pronuncia «Chau») cuando te despides, y no solo los franceses experimentan el «*déjà vu*». Mientras tanto, los romanos han tenido mucho éxito: el latín reina cada vez que tomamos una decisión «*ad hoc*» o pagamos a alguien «*pro rata*», y así sucesivamente.

Pero hay una palabra que domina todas, no tanto por la cantidad de usuarios, sino por el profundo significado de su sentido. Y por esta palabra debemos agradecer a los hebreos. *Aleluya* es un grito para «alabar al Señor». Es una palabra dinámica, un grito, una exaltación, un recordatorio insistente de nuestro principal propósito en la vida: enaltecer el nombre del único Dios verdadero.

Cada vez que la usamos, nos humillamos, declaramos la guerra a los enemigos del cielo y damos gloria a Dios.

Alelu- (alaben a) *ya* (Yahvéh, el Señor, Padre de nuestro Señor Jesucristo).

Ora

Padre, gracias por esta palabra y por su poder. Gracias porque es un llamado a alabarte sin importar qué suceda. Porque eres alto y sublime, y solo tú eres digno de nuestra alabanza.

Responde

Si conoces a alguien de otra nacionalidad, pregúntale cómo alaban a Dios en su idioma. Si no, investiga y disfruta la rica diversidad que existe. Si puedes hablar siquiera unas pocas palabras en otro idioma, aprende cómo decir el Padre Nuestro (Mat 6:9-13) y luego usa esas palabras cuando ores al Padre de todos.

MAYO

DÍA 17

Reflexiona

El niño ama a su madre, y es una locura pensar que algún día se avergonzaría de ella. Pero, ¡por favor, que no lo tome de la mano cuando llegue a la escuela!

¿Qué nos hace separarnos de un padre, aunque lo amemos mucho? Probablemente crecer y volvernos independientes. Pero, qué fácil es tratar a Dios de la misma manera: dejarlo en casa o al menos soltar Su mano en público.

Cuando Saulo de Tarso, perseguidor de la iglesia, se convirtió en Pablo, apóstol de Cristo, tuvo que decidir sobre su nueva y vergonzosa lealtad. Por eso escribió: «No me avergüenzo del evangelio, pues es el poder de Dios para la salvación de todo el que cree» (Rom. 1:16).

Es maravilloso conocer tiempos de intimidad especial con el Señor, aunque no siempre podamos hablar de ellos con otros. Pero, ¿qué les decimos sobre Él? ¿Cómo se entrelaza nuestra historia con la de Él?

A veces, simplemente tienes que decirle a la gente que amas a Dios.

Ora

Señor, eres mi amigo y hermano. Me has traído a tu familia. Perdóname por las veces en que he intentado ocultar mi relación contigo. Ayúdame a honrar el nombre de la familia, siempre que sea necesario.

Responde

Tal vez uses prendedores, pegatinas en el auto o carteles en la pared, pero considera algunas maneras en que la Biblia nos manda a exhibir el nombre de Dios: «practicar la justicia, amar la misericordia, y andar humildemente» con Él (Miq. 6:8); dejar brillar nuestra «luz [...] delante de los hombres, para que vean sus buenas acciones y glorifiquen a su Padre que está en los cielos» (Mat 5:16); y estar «siempre preparados para presentar defensa ante todo el que les demande razón de la esperanza que hay en [nosotros]» (1 Ped. 3:15). Eso es «siempre» y «todo».

MAYO

DÍA 18

Reflexiona

Cuando un maestro artesano hace algo, quiere cuidarlo. Quiere mantenerlo a salvo de daños. Y si lo peor sucede, es el primero en intervenir y restaurarlo a su estado original. ¿Por qué? No solo porque tiene el conocimiento detallado necesario, sino porque ama lo que ha hecho.

Dios creó el mundo (Gén. 1:1). Él lo sostiene (Col. 1:17; Heb. 1:3). Cuando todo comenzó a desfigurarse con el pecado y la muerte, Él lo salvó. Porque es así. No abandona lo que ha comenzado.

Y nosotros tampoco deberíamos hacerlo.

Ora

Dios soberano, Creador todopoderoso, Padre misericordioso, Salvador amoroso, Redentor bendito, Palabra viva, Señor eterno... te adoro.

Responde

Intenta crear algo, aunque no te consideres hábil o artístico. Tal vez quieras encontrar a un niño que te ayude. Mientras inviertes tu tiempo en tu creación, medita en la inversión de Dios en el mundo y en las personas que ha hecho. ¿Puedes ahora encontrar tiempo en tu día para dedicarle atención a alguien?

MAYO

DÍA 19

Reflexiona

Muchas veces, en el libro de los Salmos, el poderoso y majestuoso Dios se compara con aspectos dramáticos de la naturaleza, como tormentas, terremotos, inundaciones y mares tempestuosos (por ejemplo, Sal. 18, 29, 68, 104). Desde tiempos antiguos, el hombre ha temido estos fenómenos, incluso llegando a deificarlos o idolatrarlos. Pero estos fenómenos no son más que heraldos de Su grandeza, pequeños frente a Su gloria no creada.

Cuando Elías enfrentó la tormenta, el terremoto y el fuego, no fue en estas potencias donde encontró al Dios vivo, sino en el «susurro de una brisa apacible» que vino después (1 Rey. 19:11-13). Cuando Job finalmente se encontró con el Señor después de sus pruebas, lo encontró desde el torbellino(Job 38:1).

El Señor continuó asombrando a Job con un catálogo sin igual de obras creativas que no solo abarcan la tierra sino el universo entero (Job 38:31-33). No es de extrañar que las colinas y los árboles prorrumpan en gritos de júbilo y aplaudan con sus palmas (Isa. 55:12).

Ora

Señor, me encanta poder temerte y adorarte al mismo tiempo. Con Job, digo: «sé que Tú puedes hacer todas las cosas» (Job 42:2) y, con Jeremías, afirmo que «no hay nadie como Tú, oh Señor» (Jer. 10:6). Alabo tu nombre grande y glorioso.

Responde

La próxima vez que llueva o haya un viento fuerte, atrévete a salir a caminar. Si el clima se pone difícil, antes de correr hacia casa, haz esto: adora al Señor, cuya majestad y poder son infinitamente mayores que el clima.

MAYO

DÍA 20

Reflexiona

«Alcen sus ojos y vean los campos» dijo Jesús, señalando que estaban listos para la cosecha (Juan 4:35). Luego, dejó claro que no hablaba de agricultura. Estaba convencido de que las personas estaban listas para recibir el evangelio, la buena noticia de que Dios estaba haciendo «un camino nuevo y vivo» para vivir libres de culpa y miedo (Heb. 10:20).

La obra se realizó en Jerusalén, en el Gólgota, en un lugar y tiempo específicos. Pero el mensaje debía difundirse como el viento, desde Jerusalén a Judea, por Samaria, y más allá, hasta los confines de la tierra (Hech. 1:7).

Intentaron apagarlo, pero nadie pudo detenerlo. Pronto se dijo que quienes llevaban el mensaje habían «trastornado al mundo» (Hech. 17:6). ¿Una revolución? En cierto sentido, sí.

Así se extendió por Europa, Asia, África, y finalmente América y Australasia. Ahora, más naciones pueden ver este fuego que arde en nuestra tierra que aquellas que aún no han dejado que penetre sus fronteras.

Parece que el Espíritu de Dios está viniendo a esta tierra.

Ora

Señor, es asombroso ver el impulso con que tu evangelio se ha difundido como incendio forestal por todo el mundo en estos últimos dos mil años. Y pensar que hay más personas vivas ahora que llevan el nombre de Cristo que en todos los años anteriores... Gracias porque tengo mi pequeño papel que desempeñar en esta gran cadena de eventos e historias humanas.

Responde

Si el Espíritu de Dios realmente viene a esta tierra, ¿cómo sería tu barrio, tu familia o tu lugar de trabajo si desaparecieras? ¿Cuánto permites que el Espíritu de Dios obre a través de ti? ¿Cómo puedes quitar toda traba y permitir que ocurran cosas mayores?

MAYO

DÍA 21

Reflexiona

Se ha dicho que el mensaje de los Salmos, y quizás de toda la Escritura, es que Dios es bueno y la vida es dura.

No tiene sentido negar que la vida es difícil, y quienes lo hacen suelen estar en algún tipo de autoengaño. «Aquí en el mundo tendrán muchas pruebas y tristezas», prometió Jesús (Juan 16:33, NTV). Podemos ver esto como una de Sus promesas menos agradables, pero en realidad, debió haber ayudado enormemente a los primeros discípulos cuando enfrentaron problemas o cuando los problemas los alcanzaron. Ya habían sido advertidos. Nada le era desconocido a Jesús.

Pero eso no fue todo lo que dijo. El resto del versículo apunta al otro extremo del balancín entre la dureza de la vida y la bondad de Dios: «pero anímense, porque yo he vencido al mundo».

Somos aquellos que tienen la esperanza del cielo y de una tierra nueva y completa donde el sufrimiento terminará (Apoc. 21:1-4). «Porque en esperanza hemos sido salvados, pero la esperanza que se ve no es esperanza, pues, ¿por qué esperar lo que uno ve? Pero si esperamos lo que no vemos, con paciencia lo aguardamos» (Rom. 8:24-25).

Que esta esperanza arda en tu corazón.

Ora

Señor, gracias por caminar conmigo a través de las pruebas que enfrento. No sé si podría hacerlo sin ti. Por favor, levanta mi cabeza cansada con la promesa de tu victoria definitiva sobre la muerte y el dolor.

Responde

Lee las palabras de esta canción y nota la increíble cantidad de verdades positivas que celebra. Ahora, armado con estas verdades, permite que la forma en que hablas, reacciones y te comportas dé vida a las personas que conoces.

MAYO

DÍA 22

Reflexiona

En el clímax de su estupenda visión, mientras las páginas de la Biblia llegan a su fin, Juan registra que vio una «nueva Jerusalén» descendiendo de un «cielo nuevo» (Apoc. 21:1-3).

Y cuando Juan quiso expresar algo de cómo este lugar «resplandecía de la gloria de Dios» (Apoc. 21:11, NTV), ideó una lista de los minerales más finos que pudo imaginar: oro, zafiro y esmeralda, amatista y perla y muchos más, todos evocadores de los colores deslumbrantes y el esplendor impresionante del lugar. Lo más espectacular que podamos imaginar.

Sin embargo, en medio de este festín visual, Juan oyó una voz que tocaba una nota de ternura, anunciando que Dios «enjugará toda lágrima de sus ojos» (Apoc. 21:4). Porque esta no es una visión del cielo para alimentar nuestro escapismo, sino para conectarnos en medio de nuestras pruebas con la gloria que está por venir. Solo necesitamos levantar la vista.

Ora

Padre celestial, gracias por tu Palabra, con su promesa de cosas venideras, casi demasiado maravillosas para ponerlas en palabras. Por favor, ayúdame a aferrarme a estas verdades mientras paso por los altibajos cotidianos de la vida.

Responde

Observa la luz del sol o de la luna sobre el agua; examina la claridad perfecta de un cristal; mira los colores cambiantes de un cielo sin nubes antes del atardecer. Mientras haces esto, adora a aquel que hizo todas las cosas y que Él mismo será el objeto de nuestra atención en la era venidera. Recuerda tu lugar en esto; creado, amado, perdonado.

DÍA 23

Reflexiona

Hay muchas cosas hermosas en este mundo. Desde pianos de cola hasta nietos, desde el amanecer hasta el atardecer... nunca nos cansamos de mirarlas y de estar con ellas.

Cuando vemos por primera vez algo que nos resulta hermoso, puede ser como un despertar, como si esta cosa simple hubiera abierto nuestros ojos. Si miramos más de cerca, y más profundo, y nuestro aprecio crece, aprendemos a adorar, y en un abrir y cerrar de ojos, nuestros corazones quedan cautivados. Dios es hermoso y puede producir todo esto y más en nosotros. Irónicamente, no podemos verlo, porque nadie ha visto a Dios (Juan 1:18).

Sin embargo, a través de la venida de Cristo, el don del Espíritu Santo, y la provisión de las Escrituras, tenemos una revelación que realmente puede cautivarnos. «"Cosas que ojo no vio, ni oído oyó, ni han entrado al corazón del hombre, son las cosas que Dios ha preparado para los que lo aman". Pero Dios nos las reveló por medio del Espíritu» (1 Cor. 2:9-10).

Y si la belleza de Dios nos cautiva, Su gloria significará más para nosotros que cualquier otra cosa.

Ora

Padre, abre mis ojos a la belleza de tu bondad y sabiduría. Y concédeme «el adorno incorruptible de un espíritu tierno y sereno» (1 Ped. 3:4), para tu gloria.

Responde

Encuentra una situación que se haya vuelto fea por el pecado. Puede ser abuso, persecución, privación o devastación. Ora por los afectados y pide a Dios que saque algo bello del horror. Ora también por quienes han torcido o dañado lo que Dios hizo, para que sus ojos se abran a una nueva belleza. Ora por la sabiduría y el valor para actuar y cambiar las cosas.

MAYO

DÍA 24

Reflexiona

Vivimos en un mundo marcado por la guerra y el abuso, con el movimiento de personas a nivel mundial en una escala sin precedentes. Las víctimas de la trata se suman a los innumerables refugiados de la violencia, el conflicto civil y el desastre ecológico. La palabra que mejor describe todo esto es *desgarrador*, y cualquiera que se comprometa a seguir al «Padre de los huérfanos y defensor de las viudas» (Sal. 68:5) experimentará el desconsuelo.

Y si aún se necesitara prueba del amor de Dios que se duele por los heridos, incluso después del testimonio de los salmistas y profetas, Jesús vino para mostrarlo con creces. Su amor era ciego a las distinciones de raza, color y credo. Por eso, cuando sanó a diez leprosos, el que volvió para darle gracias no fue un creyente judío, sino un samaritano (Luc. 17:18).

Sigue caminando en el sendero de Cristo.

Ora

Señor Jesús, gracias por no dejarnos ninguna duda de que los pobres están cerca de tu corazón. Por favor, lléname de tu Espíritu, para que pueda desempeñar mi papel en vendar a los quebrantados y liberar a los oprimidos (Isa. 61:1; Luc. 4:18).

Responde

Hay muchos programas disponibles para ayudarnos a desempeñar nuestro papel. ¿Por qué no probar un programa de patrocinio infantil, escribir a presos o apoyar un comedor popular o un ministerio para personas sin hogar? Y recuerda, no tienes que hacer esto solo. Es parte del ministerio de todo el cuerpo de Cristo.

MAYO

DÍA 25

Reflexiona

La gente a menudo construye fortalezas sobre la roca. Los materiales que usan son sólidos y lo suficientemente fuertes, y sin embargo, incluso estos parecen endebles frente al acantilado escarpado sobre el que se levantan. Porque las rocas como el granito tienen sus raíces profundas en la tierra, proporcionando la base más fuerte así como la defensa más segura.

Dios es la Roca sobre la que me sostengo. Nunca puedo estar más seguro que cuando confío en Él. Incluso si me siento vulnerable y mis defensas están bajas, al entregar toda mi necesitad a Él, estoy sobre el cimiento más firme que puede haber.

«Echando toda su ansiedad sobre Él, porque Él tiene cuidado de ustedes» (1 Ped. 5:7).

Ora

Señor, tú sabes las cosas por las que me preocupo, las cargas que llevo conmigo como si fueran equipaje sobre mi espalda. Por favor, ayúdame a confiar en tu amor infalible mientras te dejo asentar «mis pies sobre una roca y [afirmar mis pasos» (Sal. 40:2).

Responde

Lee 1 Corintios 10:1-13. Haz una lista de las cosas que actualmente te preocupan o te causan estrés. Considera cada una con cuidado mientras las llevas, en tu mente, hacia la Roca que es Cristo, y bebe del Espíritu Santo al entregar cada preocupación a Él. Comparte tu lista con alguien, ora y da el siguiente paso.

MAYO

DÍA 26

Reflexiona

Fue el místico judío Martin Buber quien caracterizó famosamente nuestra relación más central como «yo-tú». Si vamos a conocer a Dios, será a través de la segunda persona de la Trinidad, Jesucristo. Pero también debe ser en segunda persona, como «tú» y no solo como «Él».

Durante uno de Sus enfrentamientos con las autoridades judías de Su tiempo, Jesús hizo esta curiosa e inflamatoria declaración: «Antes que Abraham naciera, Yo soy» (Juan 8:58). No solo era una forma inusual de afirmar ser el Mesías que Abraham había anticipado, sino una afirmación escandalosa de ser uno y el mismo Dios, quien se había revelado a Moisés como «YO SOY EL QUE SOY» (Ex. 3:14).

Qué asombroso que, gracias a Jesús, podamos dirigirnos al YO SOY tal como somos.

Ora

Señor soberano, es casi increíble que pueda dirigirme a ti directamente, en canción, en oración y en el silencio de mi corazón. Señor, tú fuiste, eres y vendrás (Apoc. 4:8). Acepta la adoración de mi corazón, ahora y por toda la eternidad.

Responde

¿Hay alguien en los márgenes de tu círculo social a quien sientas que deberías conocer más directamente, alguien que necesite conocer al Señor de manera directa? Intenta involucrarlo en algo que ya haces con un amigo, o ponlo en contacto con alguien con quien creas que podría conectar, y ora para que se abra una puerta para ellos hacia la relación más importante que jamás tendrán.

MAYO

DÍA 27

Reflexiona

A los seguidores de Cristo siempre les ha gustado cantar, exaltar al Único a quien aman y siguen en este mundo. Pero mientras muchos han respondido llamando a las naciones, otros lamentablemente se han vuelto, por miedo o enojo, contra el mismo mensaje que debería darles vida.

La intimidación y la persecución toman muchas formas. Puede que estemos cantando con todo el corazón en un tiempo de adoración, solo para quedarnos sin palabras cuando colegas autoritarios se burlan sin piedad. Puede que llevemos nuestro negocio con principios cristianos, solo para descubrir que estamos fuera de sintonía con las leyes actuales del país.

Hay momentos en que sabemos que nada en este mundo podría impedirnos adorar al Señor, pero eso no significa que no enfrentemos tentaciones.

Estemos preparados.

Ora

Señor, oro por aquellos que sufren persecución en este momento, y te pido que pongas una canción en sus corazones, incluso cuando el enemigo trate de detener sus bocas. Por favor, dales valentía y ayúdalos a mantenerse fieles a ti y a tus caminos, sin importar qué pase. Y, si llega mi momento, ayúdame a hacer lo mismo.

Responde

Averigua dónde hay persecución en el mundo ahora mismo, a través de agencias como Barnabas Fund, Open Doors o Christian Solidarity Worldwide, y usa la información que proporcionan para orar por tus hermanos en Cristo. Suscríbete a sus boletines y no olvides orar por quienes trabajan por la causa de la justicia, y animarlos como puedas.

MAYO

DÍA 28

Reflexiona

Cada vez que nos acercamos a alguien, corremos un riesgo. ¿Y si rechaza nuestra muestra de amistad o ignora la atención que le prestamos? Es fácil desanimarse cuando alguien no quiere conocernos. A veces podemos sentir que no vale la pena insistir, pero cuando sabes que tienes lo que la persona necesita, sientes que debes continuar.

Por eso, cuando se trata de la búsqueda de Dios por la humanidad perdida, cada creyente puede hablar de un amor que llegó hasta él. Dios no se rindió con nosotros, a pesar de tener motivos para hacerlo. Él conocía nuestras necesidades y tenía lo necesario para resolver los problemas que no podíamos solucionar por nosotros mismos.

Realmente no podía ganar este amor, pero cuando Jesús pagó el precio por mí, eso dejó de ser un problema.

Ora

Padre celestial, gracias por no rendirte conmigo. Enviaste a tu Hijo para morir por mí. Y aún no te rindes. Gracias por tu Espíritu Santo y por tu compromiso de completar en mí lo que has comenzado (Fil. 1:6).

Responde

¿Hay alguien a quien te has acercado solo para ser rechazado? Pon a esa persona en oración y pídele a Dios una nueva oportunidad, a Su tiempo y a Su manera. ¿Cómo sería para ti confiar plenamente en Dios para el resultado?

MAYO

DÍA 29

Reflexiona

Cuando los astrónomos nos hablan de los miles de millones de estrellas en nuestra galaxia, y de los miles de millones de galaxias que ahora parecen llenar el universo, y de las distancias asombrosas entre ellas, qué pequeña parece la raza humana.

Mucho antes de que supiéramos que había algo más que las estrellas que vemos con nuestros propios ojos, el salmista lo resumió en perfecta poesía: «Cuando veo Tus cielos, obra de Tus dedos, la luna y las estrellas que Tú has establecido, digo: ¿Qué es el hombre para que te acuerdes de él, y el hijo del hombre para que lo cuides?» (Sal. 8:3-4).

Él es un Dios asombroso. Pero, para algunos, es demasiado asombroso. Por eso tenemos que enfrentarnos a la verdad incómoda de que hay quienes niegan Su gloria, quienes «cambiaron la gloria del Dios incorruptible» por imágenes hechas por el hombre (Rom. 1:23). Nuestros gustos pueden haber evolucionado a través de los siglos, pero el negocio de los fabricantes de ídolos nunca ha estado mejor.

Quizás necesitemos compartir nuestro sentido de maravilla con esas personas, una maravilla que va más allá de lo creado hacia el Creador.

Ora

Señor, cuando pienso en el tamaño asombroso del universo presentado por la cosmología moderna, comprendo por qué algunos creen que no podemos importarte. Ayúdame a compartir tu amor, persona a persona, para que las distancias astronómicas del espacio no oculten cuán cerca puede estar tu Espíritu.

Responde

¿Hay otras personas con quienes puedas unirte para organizar una exposición que celebre las maravillas del universo en el contexto del poder creativo y amoroso de Dios? Intenta reunir a la mayor cantidad de gente posible y realiza algo que evite controversias, pero que suavemente acerque a las personas a la maravilla de todo esto.

MAYO

DÍA 30

Reflexiona

Antes de Cristo, Moisés se acercó a Dios más que nadie, lo que lo convirtió en el hombre más humilde sobre la tierra (Núm. 12:3). Después de sus asombrosos encuentros, como en el Monte Sinaí cuando recibió la Ley, él salía con el rostro radiante; tanto que tuvo que ponerse un velo para aliviar el temor del pueblo (Ex. 34:29-35).

El pueblo se sentía condenado por la ley, que les parecía tan perfecta que era inalcanzable. Pero ahora, mientras caminamos y oramos, lo hacemos con una oración para que la gloria de Dios repose sobre nosotros, no para traer condena, sino para compartir el mensaje de justicia mediante la fe en Cristo (2 Cor. 3:9).

La verdad asombrosa es que todos nosotros «podemos ver y reflejar la gloria del Señor» (2 Cor. 3:18, NTV). No es nuestra gloria, ¡es la de Él! «Tenemos este tesoro en vasos de barro» (2 Cor. 4:7), y lo llevamos a las calles y los hogares de la ciudad.

Deja que la gloria haga su obra.

Ora

Señor glorioso, gracias por confiarnos la tarea de llevar tu gloria a las personas que nos rodean. Ayúdanos a despertar fe, no condena, mientras vamos a compartir tu mensaje.

Responde

Reflexiona sobre cómo hablas del Señor o cómo expresas tus puntos de vista como cristiano, y pregúntate dónde es más probable que provoques condena en lugar de fe. ¿Podrías pedirle a un amigo no creyente que te diga qué piensa sobre la forma en que comunicas tu fe, tanto en palabras como en acciones? Si ya has escrito una versión breve del evangelio, revísala desde esta perspectiva.

DÍA 31

Reflexiona

La Biblia es un libro largo, lleno de perspectivas desafiantes y verdades reconfortantes, que abarca la historia, la política, la moral y la espiritualidad, todo desde el lienzo más amplio hasta el detalle más personal.

Qué fácil es, entonces, si no tenemos cuidado, hacer que la salvación parezca complicada. Pero cuando se reduce todo a lo esencial —y a veces hay que hacerlo— se resume en esto: Jesús vino, cargó con mi vergüenza, murió y resucitó... y ahora reina.

Es así de simple.

Ora

Señor Jesús, gracias por dar tu vida para liberarme. Ahora mismo quiero dejar de lado las controversias teológicas y las sutilezas de la doctrina. Tú eres mi Señor y te adoro.

Responde

Lee las palabras de esta canción de nuevo, despacio y meditativamente. Cántalas si puedes, solo tú y Jesús juntos. A veces, la respuesta más grande es el silencio.

JUNIO

Reflexiona

Si eres cristiano, estás en una batalla. A veces, puedes sentir que «no te apuntaste para esto», pero la verdad es ineludible: solo será cuestión de tiempo antes de que te encuentres con resistencia.

Hubo épocas en el pasado en que los israelitas se alejaron de Dios, atrayendo el sufrimiento sobre sus cabezas. Pero cuando «en su angustia clamaron al Señor», Él respondió derribando «las puertas de bronce» y rompiendo «las barras de hierro» para liberarlos (Sal. 107:13, 16).

La imagen del salmista es la de una puerta de prisión excepcionalmente fuerte, donde en lugar de madera, el enemigo ha usado bronce (el metal más resistente de la época), colgando las pesadas puertas de barras de hierro. La implicación es clara: solo una fuerza sobrenatural podrá vencerlos. Dios debe luchar por Su pueblo.

Y todavía lo hace. Cristo, nuestro Capitán, está listo para guiarnos a través de cualquier batalla que debamos librar, hasta que la guerra termine y lleguemos al banquete de los vencedores.

Ora

Señor, te doy gracias porque, cuando me encuentro con una fuerza aparentemente irresistible, tú tienes el poder de vencerla. Tu cruz ha desmentido lo que el mundo considera fortaleza. Ayúdame a confiar en ti, y así experimentar tu poder para superar las dificultades cuando yo mismo no tengo fuerzas (2 Cor. 12:10).

Responde

Piensa en una situación en la que necesitas un gran avance. Ora al respecto. Llévala al Señor en oración constante, y quizás con ayuno, hasta que sientas que las barras de hierro de la resistencia comienzan a debilitarse y las «puertas de bronce» se desprenden de sus goznes. Sigue adelante. Y recuerda, puede que necesites la ayuda de otros para manejar el ariete de la oración.

JUNIO

DÍA 2

Reflexiona

En años pasados, si querías agradecer a alguien su ayuda, podías decir que estabas «en deuda» con esa persona. Hoy en día, diríamos: «¡Te debo una!».

No se trata de una carga impuesta, sino de un favor devuelto. Decir: «Te devuelvo la vida que te debo» es reconocer abierta y libremente ante Dios que le debemos todo, y que con gusto sometemos nuestras vidas a Él. Nos ha dado la vida dos veces: una vez en la creación y otra en la salvación. «El que no negó ni a Su propio Hijo, sino que lo entregó por todos nosotros, ¿cómo no nos dará también junto con Él todas las cosas?» (Rom. 8:32).

Adora a Dios de la única manera que tiene sentido: devuelve el favor y entrega tu vida completamente a su cuidado.

Ora

Padre celestial, te debo todo. Gracias porque no estoy endeudado, sino agradecido; no agobiado, sino favorecido. Me ofrezco a ti por entero, cuerpo y alma, como sacrificio vivo (Rom. 12:1). Es lo máximo que puedo hacer, aunque sé que, en términos de mi obligación, es lo mínimo que puedo hacer.

Responde

¿Le has dicho a alguien algo parecido a «Te debo una»? Quizás no puedas devolver el favor exactamente, pero ¿hay alguna manera en que puedas bendecirlo con un acto de bondad, una ayuda o una invitación?

Reflexiona

Normalmente, no se ve a los pobres recompensados. Quizás reciben un poco de caridad, una ayuda para salir de una situación difícil, algo que los ayude a construir una vida mejor, pero ¿recompensados? Es raro.

Para muchos de nosotros, la necesidad siempre parece mucho mayor que los recursos que tenemos para ayudar. La justicia, y quizás incluso la verdad, suelen ser una cuestión de compromiso, ya que buscamos lo mejor dentro de una mala situación con las herramientas que tenemos a nuestra disposición.

No ocurre lo mismo con Dios. Con Él, todos los sedientos quedan saciados, los hambrientos colmados de bienes (Luc. 1:53). No necesitas dinero (Isa. 55:1), porque Él ya pagó el precio.

¿Cómo lo hace? El Dador es también el Don. El mismo que brilla sobre ti es también la recompensa, Aquel por quien quedamos satisfechos. Simplemente, necesitamos identificar nuestra sed y buscar la manera correcta —la única manera— de saciarla.

Porque, cuando Él es nuestro mayor deseo, la satisfacción está totalmente garantizada.

Ora

Santo Señor, tú mereces todo el honor que pueda darte. No es de extrañar que los ángeles te adoren. Tú eres «el Primero y el Último, y el que vive», y si pudiera ver tu rostro ahora, sé que sería «como el sol cuando brilla con toda su fuerza» (Apoc. 1:16-18). Gracias, Señor, por iluminarme; ayúdame a brillar para ti.

Responde

Piensa en alguien que conozcas que muestre señales de sed espiritual, pero que aún no haya encontrado dónde buscar agua. O quizás se trate de alguien que sí lo sabía y parece haberse desorientado. Ora para que despierte a su realidad y reviva espiritualmente, permitiendo que la gracia y la paz lleguen hasta lo más profundo de su alma. Prepárate para ayudarlo en su viaje.

JUNIO

DÍA 4

Reflexiona

A lo largo de los siglos, una de las mayores distinciones por valentía o servicio ha sido el nombramiento como caballero del reino. Normalmente, el rey o la reina le toca los hombros a la persona con la hoja plana de una espada. El término técnico para esto es un *espaldarazo*.

Por eso ahora usamos esta palabra para expresar el mayor *elogio* a alguien que ha demostrado ser digno de él. En esto, nuestro Dios sobresale. Incluso si descontamos que Él creó todo en primer lugar, ha probado Su valor una y otra vez a lo largo de la historia. Perdonó a la raza humana después de su rebelión y su caída en la depravación (Gén. 6:5-8); hizo pactos con Abraham (Gén. 17:7) y Moisés (Ex. 31:18) para asegurar que Sus santos caminos fueran conocidos en la tierra; envió a Su Hijo para lograr nuestra salvación (Hech. 4:12); y derramó Su Espíritu para vivificar Su santidad en los seres humanos y no tomar en cuenta sus pecados (Hech. 2:33; Heb. 10:15-17).

Siempre nos asombraremos de Él. Es digno por encima de todos los demás.

Ora

Señor, solo tú eres digno de nuestra más alta alabanza; no hay nadie que se te compare. Gracias por tu generosa provisión a tu pueblo a lo largo de los siglos, incluyéndome a mí.

Responde

Piensa en alguien que conozcas que haya actuado con honor o amabilidad, y demuéstrale tu agradecimiento.

JUNIO

DÍA 5

Reflexiona

Hay todo tipo de razones por las que Dios a veces parece distante para nosotros. Fue Juan de la Cruz quien, en el siglo XVI, acuñó la frase «la noche oscura del alma». Con esto no se refería a una «sequía espiritual» —y ciertamente no a un período de rebelión en el que nos alejamos de Dios— sino a una experiencia que Dios mismo concede a aquellos a quienes ama.

¿Por qué hace esto? Si lo piensas bien, Él comenzó el proceso desde el principio. Al colocar al hombre y a la mujer en un jardín, donde Él podía estar lejos de ellos y luego visitarlos (Gén. 3:8), les dio un espacio en el cual crecer. Con amabilidad, caminó con ellos, pero siempre se reservó el derecho de mantener cierta distancia, de dejarles dar sus propios pasos en su camino hacia la madurez.

Estos momentos en que parece «ausente» son oportunidades para que demostremos a nosotros mismos qué tan en serio queremos vivir para Él y con Él.

Ora

Bendito seas, Señor, por la manera en que diriges nuestra relación. Ayúdame a mantener mi fe en ti, incluso en los momentos en que permites que caiga la oscuridad.

Responde

Déjale claro a alguien que conoces bien que está bien que sea sincero sobre su relación con Dios, especialmente sobre lo cerca o lejos que se siente de Él. Si está abierto a ello, hablen del tema con toda confianza.

JUNIO

DÍA 6

Reflexiona

Las relaciones son dinámicas. Sin cambio, se estancan, pero si esperamos cambiar a medida que nos conocemos mejor, entonces se abren todo tipo de posibilidades.

Ciertamente, no es diferente en nuestra relación con el Señor. Como la amada novia del Cantar de los Cantares, nuestros ojos están puestos en nuestro Amado, y lo buscamos incansablemente cuando está fuera de nuestra vista (Cant. 3:1-2). Cada día trae nuevas revelaciones de nuestra necesidad de Él, de nuestra fragilidad, mientras que Su grandeza nos proporciona cada vez más la energía que necesitamos para seguir adelante.

Dios está comprometido con nuestra relación, y esa es la razón por la que podemos esperar conocerlo... no solo ahora, sino para siempre.

Ora

Señor, estoy tan agradecido de que tu amor perdure para siempre (Sal. 136). Gracias por guiar nuestra relación; por favor, ayúdame a seguir confiando en ti mientras avanzamos juntos.

Responde

¿Hay alguna relación que esté pasando por un mal momento o que necesite una nueva inversión de tiempo y atención? Si es así, ¿qué enfoque o actitud necesitas cambiar en ti mismo para que las cosas mejoren un poco? Encomienda el asunto a la oración.

Reflexiona

A todos nos encantan las buenas historias, y más aún aquellas que narran el ascenso de alguien de la oscuridad a la fama y la fortuna. Quizás sentimos que podría ocurrirnos a nosotros; tal vez no. De cualquier manera, nos sentimos atraídos por el dulce aroma del éxito.

Esto también se manifiesta en nuestra salvación, aunque en el reino a menudo hay una evaluación diferente de lo que constituye el éxito. En la escala de Dios de la movilidad ascendente, es totalmente posible pasar de la fama al olvido (Santiago 4:14) Los harapos espirituales pueden tomar la forma de obras realizadas en nuestra propia justicia (Isa. 64:6), mientras que estar literalmente «mal vestidos» podría ser la señal de un apóstol incansable (1 Cor. 4:11).

Necesitamos aprender a interpretar nuestra cuenta bancaria celestial.

Ora

Señor, te doy gracias por todo lo que me has provisto, aunque no puedo gloriarme en las riquezas terrenales. *Eres mi verdadera gloria y alegría (2 Cor. 10:17).*

Responde

Es hora de hacer un rápido inventario de tus bienes espirituales: ¿qué tienes en tu haber que sea valioso en el reino de Dios, y qué es pura basura (Fil. 3:8)? Por un lado, considera aspectos como la paciencia, la humildad, la gratitud y un corazón de servicio; y por el otro, enfrenta con sinceridad cosas como los chismes y las quejas, el cinismo y los prejuicios. Ora por estas cosas.

Reflexiona

La gente necesita dar las gracias. Industrias enteras se basan en este simple hecho. Ya sea con flores, una tarjeta o un regalo, cuando queremos dar las gracias de una manera especial buscamos algo que nos ayude a expresar los sentimientos que llevamos dentro.

Cuando se trata de agradecer a nuestro Salvador, ¿adónde acudimos? Cuanto más reflexionamos sobre la misericordia y la gracia que hemos recibido, más nos quedamos sin palabras. En verdad, no tenemos palabras.

Necesitamos averiguar «qué es lo que agrada al Señor» (Ef. 5:10).

Ora

Señor, cuando doy las gracias a la gente, me gusta que se sientan más felices. Ayúdame a vivir una vida que te agrade, como mi manera de agradecerte por amarme y darte a ti mismo por mí (Gál. 2:20).

Responde

Mira tu agenda para los próximos días. ¿Qué puedes hacer como agradecimiento al Señor, algo que solo Él sepa? Podría ser un momento de oración silenciosa o de culto privado; o podría ser un regalo secreto para alguien necesitado. Es entre tú y Él.

JUNIO

DÍA 9

Reflexionar

Es increíble cómo cambian los sabores cuando uno tiene mucha hambre o sed. Un vaso de agua del grifo puede superar a la bebida más refinada y cara en un caluroso día de verano, especialmente después de una larga caminata. La privación que hemos sufrido revela la verdadera y refrescante naturaleza del agua simple y pura.

Así que no debería sorprendernos que Dios haya organizado el mundo espiritual de manera similar. Es cuando tenemos sed y anhelamos, sufrimos y deseamos Su presencia con todo nuestro ser, que Él nos reconforta de maneras que de otro modo no podríamos apreciar.

«Todos los sedientos, vengan a las aguas» (Isa. 55:1)

Ora

Padre celestial, gracias por tu promesa de derramar «agua sobre la tierra sedienta» por medio de tu Espíritu (Isa. 44:3). Sabes, oh Dios, cuánto anhelo más de ti, tu sanidad y tu purificación. Que la fuente de tu Espíritu brote en mí (Juan 4:14) cada vez con más fuerza, te lo ruego.

Responde

Mucha gente lleva una botella de agua consigo cuando sale, especialmente en climas secos. ¿Por qué no llevar una Biblia contigo hoy o mañana y encontrar un «punto de descanso» en medio del ajetreo del día?

JUNIO

DÍA 10

Reflexiona

Cuando el rey David recibió el mensaje del profeta Natán de que su casa sería la línea a través de la cual se establecería el reino eterno de Dios, se postró «delante del Señor» y lo adoró. Le dijo que no había Dios fuera de Él, nadie que hubiera realizado grandes y asombrosas maravillas para Su pueblo (2 Sam. 7:11, 18, 23).

Cuando los primeros discípulos se reunían para orar, pedían a Dios que hiciera más milagros. ¡El hecho de que el lugar temblara después de que oraron sugiere que estaban pidiendo algo posible (Hech. 4:30-31)!

A Dios le encanta hacer maravillas, no para entretenernos, sino, como dijo David, «a fin de [darse] un nombre». Porque nada debería significar más para la humanidad que la fama y la gloria de Dios.

Como David, vayamos «delante del Señor» y veamos lo que Él hará.

Ora

Gracias, Señor, porque eres el Dios de lo imposible. Ayúdame a confiar en ti, y así darte espacio para que realices tus maravillas.

Responde

Dedica un tiempo a la quietud «delante del Señor», consciente de Su presencia y dispuesto a Su acción. Quizás deberías hablar con tus compañeros creyentes sobre la posibilidad de reservar tiempo para esto en las reuniones de culto.

JUNIO

DÍA 11

Reflexiona

Cuando el apóstol Pedro escribió su primera carta general, comenzó refiriéndose a sus compañeros cristianos como «los elegidos por Dios» (NTV), y mostró cómo toda la Trinidad estaba profundamente involucrada en la obra de la salvación. Dijo que la resurrección de Cristo les daba motivos para una «esperanza viva», y que el sufrimiento que afrontaban «por un poco de tiempo» no impediría su herencia (1 Ped. 1:1-7).

Pedro continuó explicando que los profetas habían investigado «diligentemente» el tiempo en que la salvación llegaría a través del Siervo sufriente de Dios. ¡Había llegado el momento! Esta fue la era de las «glorias»: acontecimientos tan extraordinarios que aun «los ángeles anhelan mirar» (1 Ped. 1:10-12).

Este último pensamiento pone nuestras vidas cristianas en una perspectiva completamente nueva. La sabiduría de Dios no solo está más allá de la comprensión humana (1 Cor. 2:7), sino que parece que incluso los ángeles se quedan perplejos.

Ora

Señor, gracias por ser el fin y el principio de mi salvación. Me siento honrado por la herencia que me has legado. No es de extrañar que incluso los ángeles se asombren de tal amor.

Responde

Imprime o copia 1 Pedro 1:1-9 y resalta estas palabras: «Padre, Espíritu, Jesucristo, misericordia, nacer de nuevo, esperanza viva, resurrección, herencia, fe, regocijan, afligidos, probado por fuego, gloria, salvación». Mientras tus ojos saltan de una palabra a la siguiente, considera la línea de pensamiento del apóstol, siguiendo el desarrollo del plan de Dios desde el consejo de la Trinidad hasta el ministerio de Cristo y la obra del Espíritu en nuestras vidas. ¿Qué palabras te sorprenden y te revelan algo nuevo?

Reflexiona

La historia de la humanidad está plagada de valores cambiantes. Lo que una época valora, la siguiente lo desprecia. Ya sea en el mobiliario o la moda, el arte o incluso la moral, los gustos cambian.

Esa es la gran escala. Pero, por supuesto, también ocurre a escala individual. A veces, solo se necesita un acontecimiento para que reevaluemos lo que más importa en la vida.

Cuando Saulo de Tarso se convirtió en el camino a Damasco, y sus ojos se abrieron al exaltado Señor Jesús, pasó rápidamente de perseguidor a predicador. Las cosas que antes consideraba ganancias en la contabilidad de su vida, ahora las veía como pérdidas (Fil. 3:7). El mensaje de su vida había cambiado hasta ser irreconocible. Ahora todo giraba en torno a una nueva justicia, que emanaba de una nueva fe, prometiendo la resurrección completa al final (Fil. 3:14).

¿Qué mayor alegría podría haber en este mundo?

Ora

Espíritu Santo de Dios, gracias por abrir mis ojos a las cosas que más importan. Señor, quiero obtener lo que es puro: el conocimiento de ti.

Responder

Recuerda una época en la que valorabas cosas que ahora podrías cuestionar, o incluso descartar por completo. Podría ser una posesión personal, un lugar que frecuentabas o algo que solías hacer. ¿Qué te hizo cambiar de opinión? ¿Y cómo encajan las cosas que más te importan ahora con el objetivo de conocer mejor a Dios?

JUNIO

DÍA 13

Reflexiona

El mundo está tan lleno de conflictos y luchas que es fácil desanimarse. De hecho, en el pasado, Dios mismo se sintió tan agraviado por haber creado a la raza humana, y Su corazón se llenó de tanto dolor, que consideró seriamente exterminarnos a todos (Gén. 6:6-7).

Pero «donde el pecado abundó, sobreabundó la gracia» (Rom. 5:20).

Aunque la tierra estaba «llena de violencia», un hombre «andaba con Dios» (Gén. 6:9, 11). Y así Dios hizo un pacto con Noé, para salvar tanto a su familia como a la fauna que lo rodeaba, a pesar de la devastadora catástrofe que se avecinaba sobre todo el medio ambiente.

El mundo se había desfigurado por el dolor y los problemas, el odio y el pecado. Sin embargo, Dios encontró la manera de traer un futuro positivo de una situación desesperada (Jer. 29:11).

Todavía lo hace.

Ora

Señor misericordioso, bendito seas por encontrar la manera de bendecirnos, en medio mismo de nuestra rebeldía. Gracias por Noé, Abraham y Moisés; por su obediencia a ti y su fe en tu gracia. Y gracias por Jesús, Aquel a quien ellos anticiparon y a quien nosotros ahora seguimos. En Él puedo permanecer y soy salvo.

Responde

Piensa en una situación que parezca desesperada; quizás una en la que estés involucrado, o algo más lejano. ¿Puedes identificar en ella algún «Noé», algún factor sorpresa que Dios pueda usar para empezar a desbloquear las cosas? Ora específicamente por eso.

JUNIO

DÍA 14

Reflexiona

«Ven a Cristo y todos tus problemas se resolverán».

Eso es cierto... siempre y cuando no se interprete como que las soluciones llegarán instantáneamente y sin ningún sufrimiento de tu parte. Sí, Dios realmente quiere sacarnos de los problemas; solo que, la mayoría de las veces, primero nos hace pasar por ellos.

Habrá cargas que llevar, pero la carga de seguirlo será ligera (Mat. 11:30). Puede que tenga que sortear una tormenta, pero Él estará conmigo en la barca (Mat. 8:23-26). Puedo enfrentar obstáculos e incluso oposición, pero al Señor le encanta pelear por mí (Deut. 1:30).

Parece que Dios prefiere equiparnos para la lucha que sacarnos de ella. Después de todo, ¿cómo podríamos conocer Su consuelo y Su fortaleza de otra manera?

Ora

Padre celestial, te doy gracias por la forma en que me cuidas, protegiéndome con el escudo de tu amor cuando es necesario, pero también proveyendo todo lo que necesito para crecer en gracia mientras enfrento los problemas de mi vida.

Responde

Piensa en los problemas a los que te enfrentas ahora mismo. Probablemente abarcan desde asuntos considerados triviales, como arreglar algo, hasta cuestiones más importantes como los desafíos de la crianza, el cuidado de un familiar o la lucha contra la tentación. Decide qué cargas puedes llevar solo y cuáles necesitan la ayuda de alguien. Pide a Dios que te muestre quién puede ayudarte, recordando que Él no permitirá que seas probado más allá de tus capacidades (1 Cor. 10:13).

JUNIO

DÍA 15

Reflexiona

En una ocasión, cuando Jesús fue llamado «Maestro bueno», señaló que nadie es bueno «sino solo uno, Dios» (Mar. 10:17-18). Si buscamos una expresión completa de la bondad total y perfecta, debemos dirigirnos a Dios. Y Él es Aquel de quien procede todo lo bueno.

Por eso hay tanto que agradecerle. Él es el *Señor de la vida*, y todo lo bueno que encontramos en esta vida se lo debemos a Él. Cada provisión de alimento, vestido y abrigo, cada acto de bondad, cada pensamiento noble, cada palabra de bendición abre una ventana a Su bondad.

Incluso quienes no lo conocen dan testimonio de Su bondad. Por eso, *toda criatura* debería, por derecho propio, cantar Sus alabanzas, y lo haría si tan solo comprendiera verdaderamente Su bondad inmensa.

«Todo lo que respira alabe al Señor» (Sal. 150:6).

Ora

Padre, tú eres el Señor soberano, y mereces toda mi veneración. Ayúdame a reflejar mejor tu bondad.

Responde

¿Qué bien podrías aportar al mundo en las próximas veinticuatro horas? Quizás sea una buena noticia para compartir, un beneficio práctico para alguien, o simplemente buenos pensamientos dirigidos a una persona o situación difícil. De una forma u otra, pídele a Dios que te permita recibir un poco más de Su pura bondad.

Reflexiona

Suele ser bastante difícil estar alegre en días fríos y húmedos. Se necesita una celebración especial para disipar la tristeza y arrojar algo de luz sobre una escena que de otro modo sería gris.

«El pueblo que andaba en tinieblas ha visto gran luz». ¿Por qué? Porque Dios ha «[aumentado] su alegría» mediante la promesa de un Salvador (Isa. 9:2-7). Es fácil olvidar lo asombroso que es el amor de Dios cuando irrumpe en la noche más larga, pero hay muchos que aún no lo han descubierto por sí mismos.

Jesús dijo que Él era la Luz del mundo; no solo una luz para contemplar, sino una luz que seguir, para que cada uno de nosotros pueda llevar «la Luz de la vida» (Juan 8:12).

Ora

Señor, nos encanta cuando el sol rompe las nubes, iluminando todo y extendiendo su calor. Cuánto anhelo que el Hijo también irrumpa en las vidas de las personas que conozco, así como lo hizo en la mía. Ahora elevo ante ti a aquellos que necesitan una abertura en las nubes que los cubren...

Responde

¿Alguna vez le has dicho a alguien que no es cristiano que has orado por él? ¿Qué tal si lo intentamos esta semana?

Reflexiona

Cuando los imperios están en ascenso, parecen imparables. Los egipcios, los asirios, los babilonios, los persas, los griegos, los romanos, los británicos… cada reino pensó que podría hacer que vastas regiones del mundo conocido se conformaran a su imagen. Y, sin embargo, cada uno entró en declive tarde o temprano.

Excepto uno. Jesús dijo: «Mi reino no es de este mundo», sino de otro lugar (Juan 18:36). Este «reino de los cielos» no pertenece a los poderosos, sino a los mansos (Mat. 5:3-5). Pero eso no significa que sea fácil de someter. Muy al contrario, porque al levantar a los humildes, Dios quitó «a los poderosos de sus tronos» (Luc. 1:52). Hay un aspecto subversivo en este reino que no tendrá fin.

En tiempos pasados, Dios liberó a Su pueblo políticamente del opresor (Isa. 9:4). Ahora le gusta «proclamar libertad a los cautivos» de una manera completamente nueva, rompiendo nuestro yugo de tristeza (Isa. 61:1; Luc. 4:18).

No importa a qué imperio terrenal pertenezcamos, Jesús es nuestro soberano Rey, y Él tiene derecho a nuestra lealtad.

Ora

Señor soberano, Dios todopoderoso, gracias por darnos un Hijo y por inaugurar el reino que no tendrá fin (Luc. 1:33).

Responde

Piensa en algún aspecto de la cultura que das por sentado, como la educación gratuita para los jóvenes, el acceso a los políticos, medios de comunicación libres, libertad de expresión, oportunidades de empleo, o algo más que para ti sea muy valioso. Imagina si esto llegara a su fin. Ora para que Dios lo proteja, pero también alábalo porque nada puede detener el avance de Su reino.

JUNIO

DÍA 18

Reflexiona

La preocupación es un estado mental curioso, que se debe tanto a sentimientos internos de inseguridad como a circunstancias externas. Si alguna vez consigues convencer a una persona con ansiedad crónica de que deje de preocuparse, aunque sea por un día, ¡probablemente pronto empezará a preocuparse por no tener preocupaciones!

La preocupación es un hábito; probablemente por eso Pablo dijo que las preocupaciones deben convertirse en peticiones y luego presentarse a Dios de esa forma (Fil. 4:6). Básicamente, deberíamos pedirle cosas a Dios. Y deberíamos hacerlo «con acción de gracias». Tanto la falta de petición como la falta de gratitud son síntomas de un corazón orgulloso que no busca a Dios para sus necesidades.

Pedro lo expresó así: «[Echen] toda su ansiedad sobre Él, porque Él tiene cuidado de ustedes» (1 Ped. 5:7). Al parecer, no tenemos derecho a guardarnos todo. Al fin y al cabo, Dios no se verá abrumado, y nosotros tampoco, si seguimos el propio calendario de Jesús sobre la preocupación: un día a la vez (Mat. 6:34).

Ora

Padre celestial, ayúdame a llevarte mis preocupaciones… no a enterrarlas, ni a dejar que me entierren a mí; sino a sacarlas a la luz donde puedas ayudarme a verlas correctamente y convertirlas en peticiones. Entonces, ayúdame a confiar en ti para obtener las respuestas.

Responde

Cuenta con una mano —o mejor aún, anota en un papel— hasta cinco cosas que te preocupen en este momento. Dilas en voz alta. Sé específico e intenta identificar la causa real de la ansiedad en cada caso. Pide a Dios que atienda esa causa y que te ayude a continuar la guerra contra la preocupación que forma parte de tu vida de oración.

Reflexiona

Cuando los problemas nos abruman, no es difícil pensar que a Dios realmente no le importa. Podemos luchar con tesón y determinación, pero en nuestro interior dejamos que la semilla de la duda eche raíces. Y cuanto más luchamos con nuestras propias fuerzas, más regamos esa semilla. En poco tiempo, ya no estamos seguros del amor de Dios ni de Su deseo de bendecirnos.

Nos volvemos orgullosos. Puede que no seamos responsables de los problemas que inicialmente nos afectaron, pero la forma en que los manejamos ahora depende en gran medida de nosotros.

Es entonces cuando debemos recordar al Señor como nuestro amigo. Llorará por mi dolor, aceptándome tal como soy, pero amándome demasiado como para dejarme en el pecado o en la desesperación.

Ora

Amado Señor, Amigo y Hermano, gracias por caminar conmigo a través de las pruebas de la vida. Evítame confiar tanto en mí mismo que olvide que tú estás conmigo.

Responde

Piensa en aquellos a quienes llamarías tus amigos. ¿Necesita alguno de ellos un compañero de viaje? Intenta empezar a caminar con ellos hoy.

JUNIO

DÍA 20

Reflexiona

Pocas ocasiones son más especiales que cuando nos reunimos con nuestros hermanos en la fe para recordar el sacrificio del Señor por nosotros. Adoramos a Aquel que llevó nuestros pecados. Volvemos a ver las heridas que cicatrizan. Y nos levantamos para responder mientras nos disponemos a seguir los pasos de Cristo.

Y sería fácil detenerse ahí. He recordado, he adorado, he decidido. Pero en la Última Cena, había más de dos personas. Doce discípulos comieron con el Señor. Por mucho que queramos reducirlo todo a «Él y yo», no podemos pasar por alto a la persona que tenemos al lado en la mesa. Porque *todos* participamos del pan y de lo que este significa.

El apóstol Pablo tuvo que escribir palabras contundentes a una iglesia que participaba del pan y de la copa «sin discernir correctamente el cuerpo del Señor» (1 Cor. 11:29). Podemos discutir sobre cuán «presente» está el Señor en el pan y el vino, pero si no discernimos Su cuerpo en nuestros hermanos creyentes, ya hemos perdido el sentido de todo.

Estamos juntos en esto.

Ora

Señor Jesucristo, gracias por soportar la tortura y la muerte para salvarme... y no solo a mí, sino también a mis hermanos en Cristo. Te ruego que nos unas más a través de tu amor.

Responde

La próxima vez que salgas de ese estado de asombro, amor y alabanza, asegúrate de no ignorar a tus compañeros de culto. Pregúntales cómo se sienten y si el Señor les ha hablado.

JUNIO

DÍA 21

Reflexiona

Es asombroso descubrir dónde puede arraigar la vida e incluso prosperar en este planeta. El desierto más árido, abrasado por el sol y helado por la noche, alberga plantas y criaturas adaptadas a la vida extrema. Se han encontrado bacterias vivas en cuevas de hielo. El lecho de un wadi, agrietado y seco, cambia repentinamente cuando las inundaciones crecen y el río renace.

Dios lo sabe todo sobre el agua en el desierto y la bendición en el valle de sombra de muerte (Sal. 23:4). En Sus manos están la vida y la muerte (Juan 5:29; Apoc. 1:18), de modo que incluso las cosas que nos asustan pueden convertirse en fuente de vida y bendición.

Todo esto, claro, si esperamos en Él.

Ora

Señor, perdóname por haber pensado alguna vez que la bendición llegaba sin dolor; pero gracias por la promesa de que cualquiera que tenga sed de ti conocerá «ríos de agua viva» que brotan de su interior (Juan 7:38).

Responde

Dirígete a una zona de hormigón o asfalto y observa las sorprendentes señales de vida que allí hay. Busca plantas o insectos. Dale gracias a Dios por Su gracia incontenible en medio de la adversidad, y comprométete a encontrar señales de vida en los desafíos que enfrentas.

JUNIO

DÍA 22

Reflexiona

Después de que Juan el Bautista identificara públicamente a Jesús como el Mesías (Juan 1:29), continuó con su propio ministerio, paralelo al de Jesús, hasta que fue arrestado por los soldados de Herodes. Después de un tiempo, parece que necesitó alguna confirmación de que había estado en lo cierto sobre Jesús, así que envió a un par de sus propios discípulos para que lo comprobaran.

En respuesta, Jesús señaló el fruto de su ministerio: «los ciegos reciben la vista, los cojos andan, [...] y los sordos oyen, los muertos son resucitados y a los pobres se les anuncia el evangelio» (Luc. 7:22). Quería que Juan no tuviera ninguna duda y viera que la esperanza estaba despertando y los corazones volviendo a Dios, tal como el mismo Juan lo había previsto.

Y así es hoy. La obra de Jesús para recomponer vidas rotas no ha cesado.

Ora

Señor Jesús, gracias por despertar en mí la sed de tu gracia salvadora. Ayúdame a desempeñar mi papel en transformar vidas, para tu gloria.

Responde

Piensa en algunas de las personas que conoces cuyas vidas podrían calificarse de «rotas». Puede ser angustia emocional, dificultades económicas o necesidad de salud y sanación. Ora por ellas, y si alguna no es cristiana, ore para que se les predique la buena nueva, no solo con palabras, sino también con compasión.

JUNIO

DÍA 23

Reflexiona

Un biólogo no considerará algo como «vivo» a menos que exhiba varias características, incluida la capacidad de responder a un estímulo, crecer y reproducirse.

Jesús dijo: «Yo he venido para que tengan vida, y para que la tengan en abundancia» (Juan 10:10). Podemos dar por sentado que Él esperaba que respondiéramos al estímulo de Su Espíritu, que creciéramos en nuestra fe y que transmitiéramos a otros algo de la vida que disfrutamos. Pero ¿qué es la vida en toda su plenitud?

Ciertamente, «esta es la vida eterna», definida como conocer al «único Dios verdadero, y a Jesucristo, a quien has enviado» (Juan 17:3). Conocer al Creador del universo en la persona de Jesús nos permite ver la vida humana tal como debe ser vivida. En Jesús, vemos una vida de alegría frente a la adversidad, plenitud en medio del dolor, confianza ante la oposición, compasión por los pobres. Y vemos un compromiso con la relación humana en los niveles más profundos.

¿Estás dispuesto a dar tu vida?

Ora

Señor Jesús, prometiste que «el que pierda su vida por causa de Mí, ese la salvará» (Luc. 9:24). Ayúdame a entregarte la vida que te debo, para poder vivirla plenamente.

Responder

A veces, es bueno comprobar si las cosas en las que estamos involucrados, especialmente en el nombre de Jesús, realmente muestran señales de vida. Intenta aplicar los criterios a algunos de los proyectos o grupos en los que participas actualmente. ¿Son adaptables y capaces de crecer? ¿Podrían dar lugar a nuevas expresiones? Y, sobre todo, ¿fomentan un conocimiento cada vez mayor de Dios en Jesucristo?

JUNIO

DÍA 24

Reflexiona

Hoy en día, la profesión jurídica atiende a más demandantes que nunca. Basta con que se nos caiga algo que se rompa, o que nos arañemos una rodilla, para que presentemos un reclamo de indemnización. Parece que, en algún momento, los derechos han eclipsado las responsabilidades.

¡Qué diferentes son las cosas en el reino de Dios! Aquí, *nuestro único reclamo* está en Jesús, pues depositamos toda nuestra esperanza en Él y en Su sacrificio por nuestros pecados. Sin Él, estamos condenados. Es nuestra única esperanza. Le estamos diciendo a Dios que, sin Cristo, no tendríamos dónde apoyarnos.

Pero con Cristo... Dios es «fiel y justo para perdonarnos los pecados» (1 Jn. 1:9). Ha prometido perdón a todos los que confían en Su Hijo, y con Él, no hay acepción de personas (Rom. 2:11).

No hemos sido agraviados, hemos sido *perdonados*.

Ora

Gracias por tu misericordia, Señor, y por la justicia con que nos tratas a cada uno de nosotros. Gracias porque no tenemos que probar nada ante ti, sino simplemente confiar en Jesús, quien ha ganado para nosotros todos los derechos y privilegios de tu reino del revés.

Responde

Piensa en una disputa en la que estés involucrado, o en una diferencia de opinión. ¿Hay alguna manera de desbloquear la situación renunciando deliberadamente a tus derechos? Si ese no es tu caso ahora mismo, ora por alguien que sí esté en esa situación.

JUNIO

DÍA 25

Reflexiona

La gente no siempre está segura de que le guste la idea de vivir para siempre. ¿No nos aburriremos? Y si Dios es «inmutable», ¿cómo puede estar realmente vivo? La vida es dinámica; tenemos que adaptarnos, desarrollarnos y mejorar. Vivimos en un mundo de cambio, y sin él, morimos. Estamos en un viaje.

Lo que es cierto para nosotros en esta vida no lo es para Dios en la eternidad. Él contiene todo el viaje; no necesita madurar ni crecer, porque es perfecto. Mientras nosotros avanzamos hacia la madurez y la perfección, Él ya lo ha alcanzado todo.

Sin embargo, su vida dista mucho de ser estática o aburrida. En Él mismo existe una relación continua entre el Padre, el Hijo y el Espíritu Santo; una dinámica de la que también participamos al conocerlo.

En Su vida y creatividad siempre es nuevo; en Su amor y misericordia siempre permanecerá igual.

Ora

Dios todopoderoso, Señor soberano, eres hermoso en santidad, y solo puedo adorarte mientras intento comprender la profundidad de tu amor y bondad. Gracias, Señor, porque puedo confiar en que no cambias ni te alteras (Mal. 3:6), sino que permaneces constante en misericordia y fidelidad (Lam. 3:22).

Responde

Si bien es importante que nos desarrollemos como seres humanos, hay algunos ámbitos en los que debemos mostrar constancia, sobre todo en el cumplimiento de las promesas y en demostrar fiabilidad. Recuerda algunas de las promesas que has hecho a la gente, ya sea explícita o implícitamente, y pide a Dios que te ayude a honrar esos compromisos y así darle gloria a Él.

DÍA 26

Reflexiona

Cuando Isaías tuvo un vistazo del Santo de Israel, no se sintió perturbado, sino «perdido». La majestad divina era tan grande que «la orla de Su manto llenaba el templo» (Isa. 6:1, 5).

Contrasta la grandeza y la majestuosidad de esa escena con el íntimo abrazo del amante: «Que su izquierda esté bajo mi cabeza y su derecha me abrace» (Cant. 2:6).

¿Cómo pasamos de uno a otro? A través de Cristo el Rey, quien encarna la pureza y santidad del Señor, y al mismo tiempo ama profundamente y con pasión a Su esposa, la iglesia (Ef. 5:25).

La majestad y la intimidad... ambas son para que las conozcamos.

Ora

Dios santo, Padre y Rey, gracias por Jesús, el fiel Esposo que entregó Su vida por la iglesia. Gracias porque eso me incluye a mí.

Responde

Intenta proclamar a Dios esta semana tanto como un Señor majestuoso como un Amante tierno, honrándolo por Sus poderosas obras, pero también hablando de manera sencilla sobre Su cuidado íntimo por cada uno de Sus hijos.

DÍA 27

Reflexiona

Hace años, la evidencia forense se limitaba a los pocos detalles que un investigador cuidadoso podía reunir en la escena del crimen: quizás un mechón de pelo, una marca o una huella, que pudieran señalar a una persona en particular. Pero hoy en día, las pruebas de ADN y el análisis microscópico pueden proporcionarnos información precisa sobre quién estuvo en la escena, y a veces incluso cuándo. En verdad, los testigos silenciosos hablan más alto que nunca.

No es diferente cuando se trata de dar testimonio de la gloria de Dios. La multitud de estrellas siempre ha hecho reflexionar a la gente, y a veces agradecer a Dios Su obra; el clima y el paisaje han sido igual de elocuentes (Sal. 19:1-2; 148:7-9). Y ahora, las maravillas que vemos a nivel molecular, al leer genomas e interpretar instrucciones genéticas, claman aún más alto.

La pregunta es: ¿tenemos oídos para oír?

Ora

Padre celestial, te doy gracias por infundir con tu gloria todo lo que has creado. Danos ojos para ver con más claridad, mientras exploramos la obra de tus manos con asombro cada vez mayor.

Responde

Busca un libro o realiza una investigación en internet sobre la estructura de la célula o el funcionamiento del ADN. Luego, lee el Salmo 104 de manera reflexiva y en oración. Recuerda que esto fue escrito en una época en la que solo podíamos observar el mundo a gran escala; pero, mientras lees, ten en cuenta las realidades microscópicas que desde entonces han salido a la luz.

JUNIO

DÍA 28

Reflexiona

Ver cualquier deporte supone un desafío constante a nuestra lealtad y admiración. Vemos surgir una nueva estrella: un jugador con una habilidad inigualable, un equipo sin rival en la liga; y en poco tiempo, no esperamos nada menos que lo mejor, en cada partido, en cada ocasión.

Pero sabemos que, al menos en el mundo humano, toda estrella que asciende, tarde o temprano vuelve a descender. Nadie puede mantener el nivel de juego necesario para mantenerse en la cima, e incluso los mejores equipos pueden tener grandes jugadores y malas temporadas.

Pero hay Uno que nunca dejará de ser el más alto y el más grande. Y un día, toda lengua confesará que es verdad (Fil. 2:11), cuando todas las naciones, junto con millones de ángeles, entonen el nuevo canto eterno (Apoc. 5:11-13).

No hay una multitud en ningún estadio que siquiera se acerque.

Ora

Señor de la gloria, te adoro con cantos de alabanza eterna. Gracias porque mi voz se unirá a la de incontables otros, mientras juntos comenzamos a exaltarte y reconocerte como Señor de todo.

Responde

Piensa en los factores que admiras en un héroe o artista deportivo. Habrá habilidad, por supuesto, pero a menudo también hay una gran actitud, lo cual resulta especialmente atractivo de ver. Determinación, concentración, autodisciplina, cortesía... ruega que estas cualidades crezcan en tu vida mientras buscas ofrecerle lo mejor.

JUNIO

DÍA 29

Reflexiona

En los días en que Acab y Jezabel dieron cabida a los profetas del falso dios Baal, Elías obtuvo una gran victoria sobre ellos, victoria que Dios honró poniendo fin a la sequía y al hambre que habían asolado la tierra. Comenzó con una pequeña nube, no más grande que la mano de un hombre, pero, tan cierto como que Dios es fiel, siguió una «fuerte lluvia» (1 Rey. 18:44-45).

Dios había dicho que así sería. Años antes, en la consagración del templo bajo el reinado de Salomón, Dios había hecho esta asombrosa promesa: «[Si] se humilla Mi pueblo sobre el cual es invocado Mi nombre, y oran, buscan Mi rostro y se vuelven de sus malos caminos, entonces Yo oiré desde los cielos, perdonaré su pecado y sanaré su tierra» (2 Crón. 7:14).

Los «cristianos» son llamados por el nombre de Dios. Así que oremos para que llueva.

Ora

Padre celestial, vivimos en una tierra tan seca y sedienta. Derrama, por favor, el agua de tu Espíritu Santo (Isa. 44:3) y así reaviva a tu pueblo y sana la tierra del pecado que tan a menudo la asola sin control.

Responde

Toma un periódico, o visita un sitio web de noticias, y busca artículos que ilustren la enfermedad espiritual de nuestra nación. Confiesa los pecados de tus conciudadanos a Dios, identificándote con ellos pero también «poniéndote en la brecha» e intercediendo por ellos (ver Ezeq. 22:24, 30).

JUNIO

DÍA 30

Reflexiona

Cuando crecemos como niños, no siempre podemos distinguir entre una innovación reciente y lo que siempre ha sido así. Todo es «antes de mi tiempo».

Dios es consciente de esto, por supuesto, y ha provisto las Escrituras para darnos un punto de contacto con quienes nos precedieron. La verdad escrita dura más que la palabra hablada y ofrece un estándar contra el cual medir. La Escritura habla de edad en edad y se transmite de generación en generación, trascendiendo culturas y sin miedo a desafiar las modas.

A través de los escritores bíblicos, sabemos mucho: que Dios hizo todo, que Él caminó entre nosotros en Jesús, que nos acepta por Cristo, que Su Espíritu está disponible para nosotros por medio de Jesús y que Jesús volverá a esta tierra.

Así, la palabra da testimonio de la Palabra con promesas que nunca fallarán.

Ora

Gracias, Señor, por tu Palabra que nunca falla y que se transmite «por todas las generaciones» (Sal. 119:89-90). Ayúdame a hacer mi parte para transmitirla, y así ver cómo tu Palabra viva, Jesús, llega a nuevas vidas en este día y en esta era.

Responde

Infórmate sobre diversas sociedades bíblicas y organizaciones de distribución y ora por su obra. Si necesitan nuevos representantes, ora para que Dios provea. ¿Estás listo para ser parte de la respuesta a tu propia oración?

Reflexiona

Si has estado en un estadio para un concierto o un partido, y llegaste unos minutos antes de que empezara el evento, quizás recuerdes el momento en que entraste. Un mar de sonido se fue desglosando en diferentes voces: las personas más cercanas, un grupo un poco más lejos, los vendedores de programas cerrando sus ventas de último minuto, los megáfonos emitiendo los inevitables avisos de seguridad.

En Apocalipsis, a Juan se le muestra parte de un acontecimiento en el que «todas las naciones, tribus, pueblos, y lenguas» (Apoc. 7:9) están reunidos con un propósito: ver al Rey. Hay miradas atentas, esperando incluso un atisbo de Él en Su gloria. Y entonces, Él llega… una oportunidad para que el público descubra realmente lo que conmueve el alma.

Y pronto, todos entonan el mismo tema, el himno del Rey. Y aquí se parece menos a un partido deportivo y mucho más al concierto supremo, con muchas tribus diferentes representadas, pero sin una pizca de competencia. Todos están concentrados en un solo punto: el Cordero sobre el trono. Todos los corazones esperan al Rey, mirando en la misma dirección, cantando la misma canción.

Así que hoy, aquí tienes tu desafío: ¿puedes elevar tu corazón y unirte a la canción?

Ora

Cuánto anhelo verte, Señor, en toda tu gloria, y unirme a otros mientras echamos nuestras coronas ante tu trono (Apoc. 4:10). Por favor, ayúdame a mantener mis ojos y mis oídos centrados en ti, especialmente cuando otras imágenes y sonidos compiten por mi atención.

Responde

La próxima vez que vayas a un gran espacio público, como un centro comercial o una calle concurrida, escucha las distintas voces. ¿Puedes oír más de un idioma? ¿Qué emociones se están expresando? En silencio, eleva a Dios a cada persona que escuches y a cada situación que observes.

JULIO

DÍA 2

Reflexiona

Cuando piensas en la cantidad de estrellas que hay en el cielo, es abrumador. A simple vista, en una noche despejada, se pueden ver varios cientos extendidos por el cielo. Con un telescopio promedio, ese número aumenta considerablemente a medida que se observa el espacio más profundo. Pero las grandes matrices y los equipos en órbita utilizados por profesionales observan a miles de millones de años luz. Aunque se vuelva imposible ver estrellas individuales a estas distancias, los cielos ahora se muestran poblados por un número asombroso de galaxias, cada una con miles de millones de estrellas. En este nivel, el número probable de estrellas en el universo se convierte en... bueno, algo astronómico.

Cada estrella en el cielo vive para brillar para ti. Las estrellas que vemos son solo una pequeña proporción de los miles de millones que han brillado durante incontables años. Ni lo imaginábamos. Pero Dios conoce a cada una de ellas.

«¿Dónde está el camino a la morada de la luz? [...] ¿Puedes tú atar las cadenas de estrellas de las Pléyades, o desatar las cuerdas de la constelación Orión?» (Job 38:19, 31). Estas fueron solo algunas de las preguntas retóricas que Dios le planteó a Job cuando quería que viera lo inmenso que era el universo. ¿Por qué? Para que pudiera ver cuán infinitamente grande es Dios.

¿Quién más podría siquiera acercarse?

Ora

Dios todopoderoso y eterno, te adoro, porque no hay nadie como tú. Sé la canción en mi corazón este día, y por toda la eternidad.

Responde

Ponte bajo un cielo abierto por la noche, o contempla algunas de las imágenes del espacio profundo de la NASA. Mientras consideras el vasto universo que permanece en gran parte desconocido para nosotros, a pesar de toda nuestra tecnología, permanece en silencio ante el Señor, y permite que te hable.

Reflexiona

Hablamos mucho. Cierto, algunos somos más elocuentes que otros. Algunos carecen de confianza, al menos en público. Pero la mayoría de nosotros tenemos un lugar donde podemos «ser nosotros mismos» y simplemente decir lo que pensamos. Tenemos una opinión sobre casi todo. Nos gusta hablar.

Algunos de los mejores oradores son aquellos que prosperan en este mundo y ascienden a puestos de poder. El don de la palabra les permite ganarse los corazones y extender su influencia cada vez más. A menudo, esto es algo bueno, pero sabemos que tiene su lado oscuro, cuando la gente ensalza a aquellos que «les digan lo que sus oídos se mueren por oír» (2 Tim. 4:3, NTV).

Qué bueno es saber, entonces, que algún día los gobernantes callarán. Se acerca un día en el que los más elocuentes entre nosotros, los oradores más hábiles y los líderes más persuasivos estarán quietos y sabrán que Él es Dios, ya que «quiebra el arco, parte la lanza» (Sal. 46:9-10). Toda rodilla se doblará y toda lengua confesará que Jesús es Señor de señores (Fil. 2:10-11).

Ten eso presente la próxima vez que escuches un discurso conmovedor.

Ora

Te alabamos, Señor, porque tú tendrás la última palabra en la historia de la humanidad. Ayúdame a reconocer tu voz por encima de todas las demás, y a representar fielmente tu Palabra cuando hable.

Responde

¿Qué tan bueno eres escuchando a los demás? ¿Te encuentras a menudo interrumpiendo con tus propias opiniones cuando la otra persona aún está hablando? Pregúntale a alguien hoy cómo está... y espera a que te responda.

Reflexiona

El orgullo es algo resbaladizo. Reconocemos que es correcto «enorgullecernos» de nuestro trabajo o nuestra apariencia, pero todos sabemos que hay un orgullo al que le gusta presumir. Se infla como un globo: grande y brillante por fuera, pero vacío por dentro, una «vanagloria» sin sustancia (Fil. 2:3).

Por eso, el apóstol Pablo dijo que reservaría la jactancia para lo que Jesús había hecho en Su vida... incluso frente a su propia debilidad (2 Cor. 10:17; 11:30). En este sentido, podemos enorgullecernos libremente de aquellas áreas donde vemos la mano del Señor obrando, donde gradualmente somos conformados más a la semejanza de Jesús y menos a la semejanza del mundo (Rom. 8:29; 12:2). Este es un «orgullo» que reconoce su deuda con la sabiduría y la obra de Dios. Lo fundamental es mirar al Señor —el autor de la vida y la fuente de cada hora— como nuestro Creador. Dependemos completamente de Él. Como es nuestro Redentor y Aquel que nos ha rescatado, lo transformamos en nuestro único motivo de orgullo, ya que, igualmente, nuestra salvación fue idea de Él.

Ora

Señor, ayúdame a gloriarme en ti. Mientras hablo de la diferencia que has hecho en mi carácter, mantente humilde y ayúdame a hablar claramente de ti como el principal motor de cambio en mi vida.

Responde

Piensa en algo que puedas considerar un logro, quizás un título académico, un puesto de trabajo o el éxito en el hogar. Ahora, piensa en el papel de Dios en todo esto, y agradécele por Su provisión, Su protección y Su presencia contigo al haber llegado a este lugar. Si no se te ocurre nada, pídele que te muestre lo que le agrada en tu vida.

JULIO

DÍA 5

Reflexiona

Todos hemos estado ahí: hemos visto la película, leído el libro o escuchado la historia que nos inspira con su historia de heroísmo. Y así, decidimos salir y cambiar el mundo. A partir de hoy. Ardemos de pasión... pero, tarde o temprano —en general, más temprano que tarde, para ser sinceros— descubrimos que todo se reduce a buenas intenciones y que carecemos del poder para lograr un cambio real.

Es hora de volver a la base, de recordar quién está al mando de nuestras vidas y de reabrirle la puerta de nuestro corazón (Apoc. 3:20) para que todo lo que emprendamos se haga en el poder del Espíritu (Luc. 4:18) y se construya para perdurar (1 Cor. 3:12-14). Que la sal vuelva a ser salada y que tu luz brille (Mat. 5:13, 16). Él te dio esa luz, así que recibirá toda la gloria.

Ora

Padre celestial, tú sabes cuánto anhelo servirte. Lamento esos momentos que deben ser más frustrantes para ti de lo que me fastidian a mí, cuando salgo corriendo solo para tropezar y caer. Haz un milagro en mi corazón, te lo ruego, para que mi adoración te sea agradable (Rom. 12:1).

Responde

Piensa en una buena acción (Mat. 5:16) para aquellos que la necesitan, algo que hayas decidido hacer, pero que aún no hayas llevado a cabo. ¿Cuál es el siguiente paso que debes dar en las próximas 24 horas para lograrlo? Encomiéndalo ahora al Señor y busca Su ayuda.

JULIO

DÍA 6

Reflexiona

La felicidad puede ser esquiva. La buscamos en todo tipo de lugares, la perseguimos a lo largo de los años, pero una y otra vez, descubrimos que las cosas en este mundo rara vez vienen envueltas en sentimientos de felicidad.

Estar «contento» tiene que ver con lo que «acontece»; las dos palabras están relacionadas. Si lo que me acontece es agradable, estoy contento. Si no lo es, no estoy contento. Así que la pregunta es: ¿me ha «acontecido» el Señor? ¿Tengo una historia que contar sobre cómo cambió mi vida? ¿O mi alegría está tan escondida dentro de mí que ni siquiera puedo encontrarla ya?

«Si Dios está por nosotros, ¿quién estará contra nosotros?». El apóstol Pablo escribió esas palabras al enfrentarse a «tribulación», «persecución» y «peligro» (Rom. 8:31, 35).

Permite que la verdad de la victoria de Dios en tu vida te traiga una felicidad que no se evapore con el desafío más reciente.

Ora

Señor, has sido tan bueno conmigo, y cuando celebro con tu pueblo me siento realmente reconfortado. Ayúdame a comprender que estás a mi favor y no en mi contra, para que mi gozo permanezca, e incluso salga a la superficie, sin importar lo que el mundo me arroje.

Responde

¿Puedes contribuir a la felicidad de alguien hoy? Puede ser algo sencillo, como acompañarlo a algún lugar o escucharlo atentamente; pero intenta que tus acciones (más que tus palabras) le recuerden con amor que Dios le sonríe.

JULIO

DÍA 7

Reflexiona

La imaginación humana nos ha brindado una rica colección de tesoros: obras de arte, elegantes teorías científicas, poesía evocadora, ficción que nos adentra en mundos extraños y nuevos mientras que, al mismo tiempo, nos hace ver nuestro propio mundo de manera diferente. Seríamos más pobres sin ello.

Pero todos sabemos que la imaginación humana tiene su lado más oscuro, y no solo en el ámbito público, sino en lo profundo de nuestro ser. Si nuestro corazón se desvía, la imaginación lo alimenta. Así como necesitamos comer para vivir físicamente, nuestras mentes también exigen mantenerse activas para mantenerse con vida. La pregunta es: ¿cómo es mi dieta?

Cuando alimentamos nuestras mentes con la verdad de la Palabra de Dios, sentimos una plenitud y una salubridad que purifica nuestro sistema tan a fondo como cualquier desintoxicación física o plan dietético.

Nuestra conciencia se libera cuando se deja sin espacio para respirar a toxinas como la amargura y la falta de perdón, y así se marchitan y mueren.

« ¡Cuán dulces son a mi paladar Tus palabras!, Sí, más que la miel a mi boca. De Tus preceptos recibo entendimiento» (Sal. 119:103-4).

Así que hoy... come bien.

Ora

Espíritu Santo, por favor, ven y llena mi mente de cosas buenas, para que «todo lo que es verdadero, todo lo digno, todo lo justo, todo lo puro, todo lo amable, todo lo honorable» (Fil. 4:8) sea el combustible que encienda mi imaginación. En tu presencia, oh Señor, abre mi corazón a tu amor.

Responde

¿Qué dedicas tu tiempo a leer, escuchar o ver? Elabora un «plan de imaginación» que dé prioridad a la Palabra de Dios. Explora el mundo de la literatura y la música cristiana, y permite que agudice tu mente para leer otras perspectivas con una mirada más perspicaz y crítica.

Reflexionar

Algunas cosas en la vida prometen mucho, pero luego decepcionan. Puede ser un proyecto que hayamos emprendido, una nueva relación, o simplemente que la vida ha perdido su brillo. De una forma u otra, el terreno que nos atrajo se ha convertido en desierto a nuestra llegada. Engañados por los espejismos de nuestros sueños y ambiciones, nos encontramos cansados y sedientos. Hemos llegado al límite.

Y entonces, en Su misericordia, Dios convierte nuestra propia falta de profundidad en aguas que prometen algo más profundo o costas más seguras por delante. Al acercarnos a Él, y echar las coronas de nuestra propia autoridad y logros delante de Su trono (Apoc. 4:10), levantamos nuestros rostros para sentir la lluvia que refrescará y el fuego que purificará. Su promesa es suficiente.

Ora

Amado Señor, anhelo tu toque para poder descansar en ti. Al ofrecerme a ti nuevamente, ayúdame a convertir mi vida en la gratitud que tú mereces.

Responde

Considera tus metas y ambiciones. ¿Cuál te acerca más al tipo de persona Dios quiere que seas? ¿Cuál te lleva más lejos? Pídele que te muestre lo que es importante.

JULIO

DÍA 9

Reflexiona

No sabemos quién escribió la Epístola a los Hebreos que aparece hacia el final de la Biblia. Pero, quienquiera que fuera, claramente sabía mucho sobre el sacerdocio. Desde la época de Aarón, el sumo sacerdote había ofrecido sacrificios a Dios de manera más o menos constante por los pecados de su pueblo.

Pero el escritor también sabía que Jesús había llevado todo eso a una conclusión de una manera única y maravillosa. «Porque no tenemos un Sumo Sacerdote que no pueda compadecerse de nuestras flaquezas, sino Uno que ha sido tentado en todo como nosotros, pero sin pecado. Por tanto, acerquémonos con confianza al trono de la gracia para que recibamos misericordia, y hallemos gracia para la ayuda oportuna» (Heb. 4:15-16).

Confianza para acercarnos a Dios. Provisión para nuestras necesidades. Gracia para hacer Su voluntad. ¿Qué más podríamos pedir?

Ora

Padre celestial, te doy gracias por proveer el único y perfecto sacrificio por el pecado en la sangre del Señor Jesús, abriendo así el camino para que nos acerquemos a ti con libertad y confianza, a medida que ponemos nuestra fe en Él (Ef. 3:12). Mientras me inclino y te exalto, por favor, envíame a resplandecer para ti en los lugares donde esté y ante la gente que vea.

Responde

Piensa en las personas con las que te encuentras habitualmente, ya sea que hables en profundidad o tan solo las saludes, y ora para que las próximas palabras que les digas sean algo que necesiten, incluso una palabra de sabiduría. Luego, busca una oportunidad y confía en que el Espíritu Santo te inspire y te guíe.

JULIO

DÍA 10

Reflexiona

Hay muchas curas y consuelos que se pueden encontrar en este mundo. Para nosotros, puede ser la paz en un jardín, o el sonido de un arroyo; nuestra alma puede ser reconfortada por la música, o simplemente podemos redescubrir un ritmo natural en nuestro sueño y alimentación. Esto no debería sorprendernos, ya que Dios es un amoroso Creador que «nos da abundantemente todas las cosas para que las disfrutemos» (1 Tim. 6:17). Y sin embargo, tarde o temprano, descubrimos que ninguna de estas cosas, por buena que sea, puede realmente completarnos. Puede que nos ayuden, pero no nos hacen plenos.

«En paz me acostaré y así también dormiré, porque solo Tú, Señor, me haces vivir seguro» (Sal. 4:8). Cuando vemos que el Rey de la tierra es también nuestro Padre y Salvador, comenzamos a comprender el lugar único que Él tiene en nuestras vidas: no solo es nuestro Sanador, sino también nuestra sanidad.

Ora

Padre celestial, tu amor es asombroso, y tu misericordia, abrumadora. Por favor, transforma mi corazón en una morada de tu amor, para que pueda dar a otros algo de lo que tú me has dado.

Responde

¿Puedes pensar en alguien que se sienta decepcionado en este momento, que tal vez esté luchando con decepción o incluso desesperación? Pídele al Señor que te dé una oportunidad para demostrarle que estás para apoyarlo, y luego aprovecha el momento cuando llegue.

Reflexiona

No siempre nos resulta fácil pensar positivamente sobre los padres, pero es hermoso ver a un hombre dándoles a sus hijos estabilidad, atención y afecto. Ahora, piensa en un padre que también es un líder, gobernante, y aún disfruta de pasar tiempo en familia con sus hijos. Solo esto bastaría para llamar nuestra atención. Pero lo asombroso es que el Creador de todo el universo, que dispone de todo el tiempo del mundo, «está cerca de los que confían en él». (Nah. 1:7).

Cuando Jesús contó una historia para ilustrar la disposición de Dios a acoger al penitente, representó a Dios como un padre amoroso y deseoso de celebrar el regreso de Su hijo pródigo (Luc. 15:11-32). Este es el Padre que se deleita en cantar sobre sus hijos (Sof. 3:17), y es el Rey del universo. Nuestro Rey. Nuestro Padre.

Ora

Señor soberano, Padre amoroso, Rey celestial… Tan a menudo vengo a ti lleno de canciones, y eso está bien. Pero ahora quiero calmar mi corazón y retomar la melodía perfecta de la canción que estás cantando sobre mí. Estoy asombrado y conmovido por la profundidad de tu amor, Señor. Por favor, perdóname cuando lo doy por sentado, y ayúdame a valorarlo por encima de todas las cosas.

Responde

Lee la parábola del hijo pródigo (Luc. 15:11-32). ¿Con quién te identificas más hoy? ¿Con el padre, el hijo pródigo o el hermano mayor? Piensa en las razones de tu respuesta y pídele a Dios que cultive en ti niveles más profundos de amor, misericordia y perdón. Sé sincero sobre cualquier resentimiento que tal vez albergues en tu interior, y pídele a Dios que te ayude a identificar sus causas y a superarlo. ¿Tienes algún amigo con quien puedas hablar de esto?

JULIO

DÍA 12

Reflexiona

Hay tanto en la vida por lo que estar agradecido; entre estas cosas, el don de la vida misma. Nuestras vidas son muy diversas, pero a todos se nos brinda la oportunidad de vivir lo mejor que podamos, con las cartas que nos han tocado.

Muchos son los héroes anónimos que conviven con una discapacidad física. Otros comienzan la vida desfavorecidos por su condición social. Pero el amor es un brote que puede surgir en cualquier lugar, desde pueblos hasta bloques de apartamentos, desde urbanizaciones destartaladas hasta suburbios frondosos.

No importa si soy pobre o rico a los ojos de este mundo, en el centro de la adoración está la decisión de rendir todo a Dios. La pobreza puede minar mi esperanza, la riqueza puede agotar mi satisfacción. Pero cuando lo único que deseo es el Señor, entonces estoy verdaderamente vivo.

«Sé vivir en pobreza, y sé vivir en prosperidad. En todo y por todo he aprendido el secreto tanto de estar saciado como de tener hambre, de tener abundancia como de sufrir necesidad». ¿Cuál era el secreto de Pablo? «Todo lo puedo en Cristo que me fortalece» (Fil. 4:12-13).

Transforma a Cristo en tu todo y comparte el secreto.

Ora

Señor, paso mucho tiempo lamentándome de lo que me falta. Pero la verdad es que lo único que necesito eres tú. Ayúdame a buscar en ti la satisfacción de mi alma, y a confiar en que tú proveerás «todas las cosas» (Rom. 8:32).

Responde

Enumera las cosas que necesitas. Piensa en vivienda, comida, ropa, amistad y trabajo que hacer (sin importar tu edad o situación laboral). Dale gracias a Dios por lo que ya te ha dado en cada área, y encomiéndale todo lo que aún te preocupe. Cuando te sientas tentado a preocuparte por estas cosas, ¿podrías hacer algo diferente?

JULIO

DÍA 13

Reflexiona

Una expectativa silenciosa reina entre la multitud que llena las calles. La gente está esperando. De repente, la expectativa se convierte en aplausos cuando llega el héroe del momento. Ahora se estrechan las manos, se intercambian breves palabras y las cámaras hacen clic y destellan mientras aquellos que han esperado tanto son recompensados con un breve pero inolvidable momento de contacto personal.

Ya sea una ocasión como esa, o la llegada de un amigo o familiar que hemos estado esperando, cuando finalmente llega la persona que esperábamos, la sensación suele ser de intensa satisfacción y celebración.

«¿Quién es [este] que se asoma como el alba, [hermoso] como la luna llena, refulgente como el sol, imponente como escuadrones abanderados?» (Cant. 6:10). Es el hermoso, el soberano Señor de amor. Cuando Jesús vino a esta tierra, siglos de profecía y santa expectativa llegaron a su punto culminante. Dios se reveló en una vida humana, «Dios con nosotros» (Mat. 1:23). Vino a buscar y a salvar lo que se había perdido (Luc. 19:10).

Este es el día, «ahora es "el día de salvación"» (2 Cor. 6:2). El Rey ha llegado. ¡Que empiece la fiesta!

Ora

Señor, gracias por venir a nosotros en la persona de tu Hijo. Es increíble que, aun cuando ya nos habías dado a los profetas y las Escrituras, nos diste más... nos diste a ti mismo. Ayúdanos a recordar que vivimos en el «año de nuestro Señor», y a valorar ese hecho hoy y todos los días.

Responde

¿Dónde necesitas aparecer y producir un impacto? Puede que no seas capaz de «salvar el día» por tu cuenta, pero ¿hay algún lugar donde creas que podrías ser útil? Participa, haz acto de presencia, aun si no estás seguro de cómo puedes ayudar.

JULIO

DÍA 14

Reflexiona

Desde tiempos inmemoriales, la humanidad ha dividido el cosmos en el cielo de arriba, el aire que nos rodea y la tierra que hay debajo, sin olvidar los imponentes océanos y los ocasionales vistazos a las profundidades ardientes que se encuentran debajo de la tierra. A veces, hemos imaginado estos como reinos completamente diferentes, incluso habitados por distintos espíritus. Pero la Palabra de Dios no nos deja lugar a dudas: Dios los hizo a todos, y todos le pertenecen (Sal. 24:1). «Si subo a los cielos, allí estás Tú; si en el Seol preparo mi lecho, allí Tú estás» (Sal. 139:8). Dondequiera que nuestros ojos se dirijan, o nuestros pies nos lleven, vemos la obra del Señor, Su majestad manifestada cuando Sus obras declaran Su gloria (Sal, 19:1). Y, así como el universo da testimonio de su Creador (Rom. 1:20), la cruz también. pone de relieve a nuestro Salvador. La cruz es nuestra sabiduría (1 Cor. 1:18), nuestra paz (Col. 1:20), nuestra gloria (Gál. 6:14) y nuestros medios para alcanzar la verdadera victoria (Col. 2:15).

Busca a Dios en Su Palabra, como Señor del cosmos y Señor de la cruz, y contempla el mundo de manera diferente.

Ora

Padre celestial, es muy reconfortante saber que las Escrituras, la cruz y el mundo que creaste dan testimonio de tu bondad y fidelidad. Tú reinas en gloria, y a mí me encanta adorarte.

Responde

Lee el Salmo 19. Piensa en cómo los «preceptos» de Dios son «rectos» (v. 8). ¿Puedes ver cómo todo obra junto? Por ejemplo, si valoramos la integridad moral y la veracidad, estas cosas, a su vez, conducen a una conciencia tranquila y a una sensación de paz y plenitud. Confiesa al Señor si hay «pecados de soberbia» que te estén negando la alegría de ser «íntegro» e irreprensible ante Él (v. 13).

JULIO

DÍA 15

Reflexiona

Poco antes de morir, Jesús reunió a Sus discípulos y les dio una promesa inesperada. Dijo que sería mejor si Él los dejaba, porque desde el cielo podría enviarles al Espíritu Santo (Juan 14:26; 15:26; 16:7). Luego, cuando resucitó de entre los muertos, vino para infundirles nueva vida (Juan 20:22), y Pedro pudo testificar más tarde ante la multitud en Pentecostés que Jesús había cumplido la profecía y derramado el Espíritu Santo (Hech. 2:16, 33).

Y para nosotros, eso lo cambia todo. Fortalecidos por el Espíritu de Dios que está con nosotros y dentro de nosotros, no solo tenemos fe, sino que el mismo carácter de Jesús es infundido en nosotros. Esa fe produce obras de gracia: el fruto de la presencia del Espíritu en nosotros (Gál. 5:22-23) en lugar de nuestras propias mediocres para agradar a Dios. La bondad y la ternura brotan de la alegría que es el sello de la presencia de Dios en la vida de un pecador perdonado.

Todo esto nos permite amarnos los unos a los otros, para que el mundo empiece a ver el rostro de Cristo, reconociendo de quién somos discípulos (Juan 13:35; 15:8).

Ora

Señor, tú sabes cuánto deseo mostrar a Cristo al mundo. Cultiva en mí un corazón puro y una alegría genuina que broten de conocerte en lo más profundo de mi ser.

Responde

¿Cómo puedes saber que el Espíritu Santo está obrando en ti? (Pregúntale a un amigo, si te atreves). Piensa en tu amor por la Biblia, tu amor por otros cristianos y tu amor por aquellos que no conocen a Jesús. Que tengas este amor en cualquier grado es una señal de la vida del Espíritu en ti. Ora para que Él se manifieste más en cada pensamiento, acción y actitud.

JULIO

DÍA 16

Reflexiona

Es un hecho bien reconocido que no puedes complacer a todas las personas todo el tiempo. Pero ¿es posible agradar a Dios? ¿Qué podría ser más satisfactorio, más inspirador, que saber que Dios mira con agrado mi vida? El apóstol Pablo nos exhorta a vivir como un sacrificio «vivo y santo, aceptable a Dios» (Rom. 12:1). ¿Cómo es posible esto? ¿Y qué hay de Su ira por mi pecado, un pecado del que soy demasiado consciente todos los días?

Pablo ya nos ha dado la explicación en la misma carta. Somos pecadores, «pero Dios» nos ha salvado de ser Sus enemigos a través tanto de la muerte sacrificial como de la vida justa del Señor Jesús: «siendo aún pecadores, Cristo murió por nosotros. [...] Porque si cuando éramos enemigos fuimos reconciliados con Dios por la muerte de Su Hijo, mucho más, [...] seremos salvos por Su vida» (Rom. 5:8-11).

Cuatro palabras que pueden cambiar tu mundo: «pero Dios» y «mucho más». No solo nos salva de la ira, sino que nos reconcilia plenamente. Eso es suficiente para que te entregues por completo.

Ora

Padre celestial, no quiero albergar un miedo secreto de que te enojes conmigo y no me perdones. Ayúdame a entregarme plenamente en tus manos, y a confiar en tu fidelidad al pacto que Cristo selló con Su sangre derramada (Heb. 13:20). Ayúdame a honrarte en respuesta, desde hoy en adelante.

Reflexiona

¿Qué puedes hacer hoy que sea secreto y solo para el Señor, simplemente como un agradecimiento por haber sido reconciliado con Él? Hay muchos actos de servicio que no necesitan ser anunciados: reparar, restaurar, reemplazar, renovar, reponer, ordenar, organizar, limpiar... y orar. ¿Qué puedes hacer hoy?

Reflexiona

La luz siempre ha fascinado a las personas, atrayéndolas a salir de las sombras. Nadie quiere quedarse afuera, en el frío. Pero ha sido una relación de amor y odio, porque la oscuridad ofrece un gran escondite para actividades que preferiríamos no publicitar.

«Porque todo el que hace lo malo odia la Luz, y no viene a la Luz para que sus acciones no sean expuestas» (Juan 3:20). Y así, muchos eligen vivir en un mundo de oscuridad. ¿Cómo podemos mostrarles otro camino?

«Ustedes son la luz del mundo» (Mat. 5:14), dijo Jesús a Sus discípulos. Síguelo, y andarás en luz [Juan 8:12], capaz de caminar por los rincones más oscuros del mundo sin tropezar.

¿Por qué avanzamos? Porque aquí está la cosecha (Mat. 9:37). Mientras nos cuidemos de la tentación (Gál. 6:1), podremos recordar a la gente que hay un camino mejor, señalándoles a Aquel que es la verdadera Luz del mundo (Juan 8:12).

Creemos en la luz. Tomamos la luz. Somos la luz.

Ora

Señor Jesús, gracias por confiar en nosotros, sabiendo que tu luz está en nuestro interior. Ayúdame a ser fiel a la luz que me has dado, a llegar a ser aquello en lo que creo. Evidentemente, tú crees en mí… ayúdame a creer en ti.

Responde

Piensa en alguien que casi no tiene idea de cuánto Dios lo ama. ¿Qué podrías hacer por esta persona mañana para mostrarle algo de la luz y el amor de Dios? Sé audaz y generoso al poner tu plan en acción.

JULIO

DÍA 18

Reflexiona

Cuando el pueblo de Israel fue milagrosamente liberado de Egipto, emprendió un largo viaje por el desierto. Pasaron cuarenta años antes de poder asentarse en la tierra que Dios les había prometido. Durante todo ese tiempo, Él los alimentó, los protegió y luchó por ellos.

Aunque el corazón de la mayoría estaba lejos de Él (o quizás por eso mismo), Dios les proporcionó una muestra visual —de día y de noche— de Su presencia que guiaba y protegía. En la columna de nube y fuego, el Señor mismo los conducía de un lugar a otro (Ex. 13:21). Cuando se les acabó la comida, les proveyó maná (Ex. 16:15), y les ofreció una fuente cristalina de agua que brotaba de la roca (Ex. 17:6). Al llegar a la orilla del Jordán, las aguas se retiraron ante el arca del pacto... otra señal de la presencia de Dios (Jos. 3:13).

La columna, el maná, la fuente, el arca... cada cosa apuntaba al Señor. Siglos después, cuando Él vino como Salvador, pudo llamarse a sí mismo «el pan vivo que descendió del cielo» (Juan 6:51) y el dador del agua viva que «brota para vida eterna» (Juan 4:14). «Los padres de ustedes comieron, y murieron; el que come este pan vivirá para siempre» (Juan 6:58).

Date un banquete con el pan del cielo.

Ora

Amado Señor, gracias por tu amor y fidelidad que perduran más allá de la muerte. Ayúdame a permanecer cerca de ti mientras me guías en todo mi camino.

Responde

El pueblo de Israel continuó rebelándose a pesar de haber presenciado algunas de las señales más asombrosas de la presencia de Dios. ¿Eres consciente de alguna área de resistencia persistente en tu propia vida, o de temores ansiosos? Confiésaselos a Dios y pídele que te ayude a superarlo.

JULIO

DÍA 19

Reflexiona

A veces, tenemos que recordarnos lo que ya sabemos. Puede que no haya recordado esperar en el Señor, pero ahora diré que Él es todo lo que necesito. «Diré yo al SEÑOR: "Refugio mío y fortaleza mía, mi Dios, en quien confío"» (Sal. 91:2). Es bueno repasar a la luz lo que descuidamos en la oscuridad; contar las bendiciones que sentimos en la adoración, listos para recordarlas cuando nuestro corazón esté cansado y nuestra carne débil. Porque no importa lo que nos aflija o nos asuste, podemos correr al Señor, directo a Él, y refugiarnos. Allí, en la quietud de la oración, mientras esperamos en el Él, podemos enfrentar nuestros miedos con total seguridad. «Porque has puesto al Señor [...] por tu habitación. No te sucederá ningún mal» [Sal. 91:9-10]. Es el privilegio invaluable del hijo de Dios.

Ora

Señor, tú eres mi lugar de refugio (Sal. 32:7). Gracias porque nadie puede arrebatármelo. Ya sea en el ruido de una vida ocupada o en el silencio de la soledad, te esperaré.

Responde

¿Cómo manejas las demandas de una vida agitada? ¿Puedes aún sentir la presencia de Dios y escuchar Su voz cuando la presión es intensa? ¿Y en esos tiempos en que la vida está tranquila? ¿Dónde está la chispa que encienda tu imaginación y active tus planes? Si te sientes más cómodo con el ajetreo y el bullicio, separa un tiempo y lugar para estar a solas con Dios. Si prefieres la vida tranquila, busca maneras de captar la presencia de Dios cuando las distracciones estén por todos lados.

JULIO

DÍA 20

Reflexiona

Cuando la ocasión es lo suficientemente importante, necesitas una canción. No cualquier canción sirve: debe ser un himno, completo con una melodía majestuosa y palabras evocadoras que hagan justicia al tema. No hay causa más grande para que la música y las palabras se unan que para celebrar la sabiduría y el poder de la melodía de la salvación. Incluso antes de que fuéramos creados, fuimos amados antes del amanecer de los tiempos, elegidos en Cristo para ser «sin mancha delante de Él» (Ef. 1:4).

Por eso, cuando estamos manchados por la culpa y el pecado, Él está listo para levantarnos de nuevo (1 Jn. 1:7), ahora mucho más sabios y fuertes que antes. Su gran propósito no será frustrado por el pecado humano: Él tendrá un pueblo para sí mismo (Os. 2:23).

Cuando cantamos esta canción, la canción de nuestra salvación, no la murmuramos en algún rincón, sino que usamos cada respiro para entonarla con fuerza.

Pongámosla en práctica.

Ora

Señor soberano, eres invencible. Tu sabiduría es insondable y tus planes nunca fallan. Ayúdame a alinearme más estrechamente con tus propósitos, para que pueda cumplir mi parte —voluntaria y obedientemente— en la gloriosa realización de tu gracia salvadora.

Responde

Piensa en maneras de unirte al coro de la creación celebrando todo lo que Dios ha derramado de sí mismo en la humanidad. Mientras oras por los perdidos, trabajas por los oprimidos y hablas con quienes escuchan, pídele a Dios que te ayude a ver tus esfuerzos como parte del desarrollo de Su plan eterno.

DÍA 21

Reflexiona

Los seguidores de Cristo siempre han sabido que hay persecución en alguna parte del mundo, desde el mismo comienzo, cuando Él dijo: «Si alguien quiere seguirme, niéguese a sí mismo, tome su cruz cada día y sígame» (Luc. 9:23). Si a Él lo persiguieron, también harían lo mismo con Sus seguidores (Juan 15:20).

Desde hace algún tiempo, en Occidente, este tipo de oposición ha sido sutil, pero recientemente los opositores se han vuelto más abiertos, negando libertades y amenazando con acciones legales. A medida que la presión aumenta, ¿qué haremos? ¿Podremos mantenernos firmes por Él?

«No me avergüenzo del evangelio, pues es el poder de Dios para la salvación de todo el que cree» (Rom. 1:16). Parece que no solo nuestras propias vidas están en juego. Las mismas personas que no creen necesitan que nosotros mantengamos nuestra posición. Porque una y otra vez, la historia ha demostrado que la gente se convence del poder del evangelio por la forma en que permanecemos firmes, bendiciendo a nuestros enemigos y no maldiciéndolos (Rom. 12:14).

Cuando eres «[perseguido] por causa de la justicia», demuestras que eres ciudadano del reino de Dios (Mat. 5:10).

Ora

Señor, conoces mi debilidad; ayúdame a fortalecerme en ti. Gracias por tu llamado en mi vida. Ayúdame a confiar en ti para recibir la gracia para continuar, sin importar lo que venga.

Responde

Piensa en alguien que te ha estado causando dificultades por tu fe. Ora por esa persona y por ti mismo… para que se abran sus ojos y que tu testimonio sea auténtico.

JULIO

DÍA 22

Reflexiona

Cuando los primeros exiliados regresaron de Babilonia, Zorobabel comenzó a reconstruir el templo. No pasó mucho tiempo antes de que fuera víctima de intimidación, y entonces Hageo y Zacarías profetizaron (Esd. 5:1), y las palabras de Zacarías a Zorobabel han quedado en la historia como un recordatorio conmovedor de cómo todos nosotros debemos llevar a cabo la obra del Señor: «No por el poder ni por la fuerza, sino por Mi Espíritu, dice el SEÑOR de los ejércitos» (Zac. 4:6).

La profecía de Zacarías caló profundamente, porque la obra de la construcción cobró nuevo impulso. Exteriormente, no había cambiado nada, pero Zorobabel sabía que la obra era de Dios, no de él.

Cuando Pablo reprendió a la iglesia de Corinto, se esforzó por recordarles que no usaba palabras elocuentes para persuadirlos, sino que llegaba a ellos «con debilidad», poniendo a Cristo y Su cruz en el centro de todo (1 Cor. 2:1-3). ¿Por qué? Porque quería que el poder de Dios obrara, y no el suyo.

Abre tus ojos a Su fortaleza en tu debilidad (2 Cor. 12:10).

Ora

Señor misericordioso, tu sabiduría humilla nuestro orgullo y trastorna nuestra idea de fortaleza (1 Cor. 1:27). Soy completamente dependiente de ti en la obra de edificar el reino. Ahora que mis ojos se han abierto a esto, que nunca pueda perderlo de vista.

Responde

Piensa en algo en lo que seas especialmente bueno. Puede ser una habilidad práctica, un deporte, astucia para los negocios, algo intelectual, interpersonal, o simplemente divertido. Entrégalo a Dios y pídele que te muestre cómo apoyarte más en Su fuerza para que tu talento pueda ser usado para Su causa: la causa de edificar el reino.

JULIO

DÍA 23

Reflexiona

Vivimos en un mundo fracturado y fragmentado. Al igual que la corteza terrestre bajo nuestros pies, hay líneas de falla y placas tectónicas que se mueven en nuestras vidas, recordándonos que la estabilidad es, en el mejor de los casos, solo temporal. La esperanza es frágil; el amor es impredecible; y no encontramos soluciones duraderas cuando nos miramos en el espejo. Necesitamos que algo de gracia caiga sobre nosotros.

Los antiguos profetas indicaron un tiempo en que las relaciones serán sanadas, tanto en la división de género como en las generaciones. «Entonces la virgen se alegrará en la danza, y los jóvenes y los ancianos a una; cambiaré su duelo en gozo, los consolaré y los alegraré de su tristeza» (Jer. 31:13).

Cuando viene el Espíritu, nuestros oídos se abren para escuchar el sonido de algo nuevo… el sonido insistente de la alabanza que crece hasta desbordarse. Y esto también ha sido profetizado: «Derramaré Mi Espíritu sobre toda carne; y sus hijos y sus hijas profetizarán, sus ancianos soñarán sueños, sus jóvenes verán visiones» (Joel 2:28).

Lo que somos ahora no es lo que seremos (1 Jn. 3:2). Deja que la visión profética te dé un anticipo de la esperanza celestial, el tipo que no defrauda (Rom. 5:5).

Ora

Padre celestial, admito que todavía estoy aprendiendo a orar. Mantén mi fidelidad a las promesas de tu Palabra, para que pueda ofrecer una esperanza firme a las personas que encuentro.

Responde

Piensa en una situación que necesite un rayo de esperanza, y ora por ella. Pídele específicamente a Dios que te muestre cómo puedes ser un agente de la esperanza celestial, proporcionando confianza en los caminos de Dios para vivir hoy y en Sus planes para mañana.

JULIO

DÍA 24

Reflexiona

Para que una luz brille, se necesita energía. Ya sea algo enorme como el nacimiento de una estrella, o simplemente una batería nueva en tu linterna, la luz siempre es producto de un intercambio de fuerzas, que irradia energía desde su fuente.

Lo mismo siempre ha sido cierto en el ámbito espiritual. Ya sea algo grande como la sangre de los mártires, o simplemente negarse a tomar el nombre del Señor en vano cuando todos tus compañeros lo hacen, la luz sigue brillando cuando tomamos las decisiones correctas.

Tenemos una historia que contar, una canción que cantar. Porque, incluso si nos cuesta la vida, la verdad sobre Jesús brillará con toda la energía solar de una supernova en la oscuridad del espacio: «Ellos lo vencieron por medio de la sangre del Cordero y por la palabra del testimonio de ellos, y no amaron sus vidas, llegando hasta sufrir la muerte» (Apoc. 12:11).

Ora

Señor Jesús, quiero serte fiel, incluso si debo sufrir por mantenerme firme. Por favor, dame el valor que necesito para que tu nombre sea honrado, sin importar cuán oscuros sean los tiempos que toque vivir.

Responde

¿Has buscado recientemente noticias sobre tus hermanos cristianos que sufren persecución? Usa algunas de las muchas fuentes disponibles (www.opendoors.org, www.persecution.org, www.releaseinternational.org, www.barnabasfund.org) y ora fervientemente para que, ahora que ha llegado su «día malo», puedan mantenerse firmes (Ef. 6:13).

JULIO

DÍA 25

Reflexiona

La inflación puede ser un fenómeno aterrador. En el peor de los casos, puede destruir sociedades. Cuando los ahorros de toda la vida no alcanzan más que para un simple pan, es como si todo valor y dignidad se hubieran esfumado.

Lo que es verdad en el ámbito económico también lo es para las palabras. A veces, una palabra de gran poder y significado se usa para todo y para nada, y pronto su valor queda degradado más allá de lo imaginable. Una de esas palabras es «asombro», y especialmente, «asombroso». Hoy en día, se podría usar simplemente para describir un helado.

Sin embargo, el asombro es una emoción profunda y poderosa, reservada con razón para un encuentro con el Todopoderoso y poco más. El Asombroso amenaza con dejarnos sin aliento, abrumándonos por completo.

El Padre eterno, el Hijo de Dios y el Consolador... este es el mundo del verdadero asombro. Una vez que entras en él, simplemente no puedes imaginar cómo algo podría compararse.

Ora

Dios todopoderoso y lleno de amor, quiero estar verdaderamente asombrado de ti. Dijiste: «Yo soy Dios, y no hay otro; Yo soy Dios, y no hay ninguno como Yo, que declaro el fin desde el principio, y desde la antigüedad lo que no ha sido hecho. Yo digo: "Mi propósito será establecido, y todo lo que quiero realizaré"» (Isa. 46:9-10). Señor, ayúdame a conocer la verdad de que eres todo para mí.

Responde

¿Sueles hablar por Dios cuando realmente no has pensado ni orado bien las cosas? ¿Usas palabras sin pensar realmente en ellas? Tómate un tiempo para reflexionar sobre el lenguaje que usas —en oración y conversación— y fíjate si hay inflación en tus palabras. Quizás quieras hacer esto con un amigo, y ver si ambos pueden ser sinceros sobre las palabras que usan.

JULIO

DÍA 26

Reflexiona

Vivimos en un mundo de belleza empañada. Incluso el campo más hermoso alberga muerte y decadencia, pues las criaturas se devoran unas a otras, las plantas se marchitan, y los fenómenos climáticos extremos traen destrucción. Vemos la belleza, pero también sentimos el dolor.

¿Qué debemos hacer con esto? Una de las mayores bendiciones de leer la Biblia es entender por qué el mundo es como es. Aquí descubrimos que todas las cosas fueron creadas por un Dios amoroso, que solo Él es completamente bueno (Luc. 18:19). La razón de la ruptura de la paz y la integridad —tanto en los elementos físicos como en las relaciones humanas— es la brecha entre el Creador y la cima de Su creación: la humanidad. La creación espera la sanidad definitiva de esa brecha (Rom. 8:19-22).

Por ahora, debemos vivir y trabajar entre amargas espinas (Gén. 3:18), pero ya la maldición está quebrantada, y un día conoceremos la sanidad plena, cuando toda lágrima sea enjugada (Apoc. 21:4).

Ora

Señor misericordioso, me has llamado por mi nombre aun en mi quebranto. Por favor, toma todo de mí, mientras me entrego a ti y a tus caminos, ahora en este tiempo de dificultad y para toda la eternidad.

Responde

Piensa en un área de tu vida que parezca rota y donde la sanidad sigue siendo esquiva: tal vez una enfermedad prolongada, circunstancias amargas o una relación fallida. Entrégasela al Señor tal como está, confiando en que Él restaurará cuando lo disponga, aunque por ahora, Él decida sostenerte en medio de la dificultad (2 Cor. 12:9).

JULIO

DÍA 27

Reflexiona

Podemos reconocer libremente que la adoración no se trata principalmente de las canciones que cantamos, sino de cómo vivimos en honor al Rey. Sin embargo, eso no niega que las canciones nos ayuden a enfocar las verdades que queremos declarar y los sentimientos que anhelamos expresar. Escritas para reflejar las verdades reveladas por la Escritura y cantadas con el corazón correcto, se convierten en vehículos de alabanza y gratitud, de confesión e intercesión, de adoración y declaración.

La pregunta importante es: ¿qué hay en nuestro corazón? Nuestras canciones expresan el deseo de nuestro corazón al ofrecer un sacrificio de alabanza. El corazón es la sede de nuestra voluntad y va más allá de la emoción. Es donde tomamos decisiones, donde se prueba nuestra obediencia (Deut. 30:10, 14). Nuestras emociones pueden no coincidir siempre con las palabras en nuestros labios, pero eso no significa que debamos dejar de cantar. Porque el llamado a la adoración existe incluso cuando no tenemos ganas de cantar. Mientras nuestras vidas no nieguen las verdades que cantamos (lo cual sería hipocresía), nuestras emociones pueden alcanzarnos después.

Las promesas de Dios son verdaderas, por eso nos regocijamos en Él. Decide hoy regocijarte.

Ora

Gracias, Señor, por el deber y el gozo de la adoración. Ya sea que tengamos libertad pública o nos reunamos bajo la amenaza de persecución, ponemos nuestro corazón en ti. Que nunca dé por sentado este privilegio.

Responde

La próxima vez que asistas a un acto de adoración pública, entrégate por completo al canto. Si no te consideras buen cantante o eres desafinado, no permitas que eso te impida concentrarte en Dios y en las verdades de Su Palabra con toda la determinación que tengas. Permite que la sinfonía creada por otros te transporte.

JULIO

DÍA 28

Reflexiona

Es una paradoja del egoísmo que, mientras más retenemos, menos recibimos… y, por el contrario, mientras más damos, más recibimos. «Den, y les será dado», dijo Jesús, «medida buena, apretada, remecida y rebosante» (Luc. 6:38). Él sabía que la generosidad trae gran bendición, y quería que nosotros también lo supiéramos.

Así que agradecemos a Dios por Su bendición, pero sabemos que los canales se bloquearán si después no bendecimos a los demás… y esto no solo por compasión, sino por justicia, dando de manera equitativa, tal como Dios mismo no muestra favoritismo (Ef. 6:9).

«Él te ha declarado, oh hombre, lo que es bueno. ¿Y qué es lo que demanda el Señor de ti, sino solo practicar la justicia, amar la misericordia, y andar humildemente con tu Dios?» (Miq. 6:8).

Ora

Amado Salvador, nos enseñaste a pedir abiertamente y sin vergüenza que nuestras necesidades sean satisfechas, mientras tratamos a otros como nos gustaría ser tratados (Mat. 6:11; 7:12). Por favor, muéstrame cómo compartir las cosas maravillosas que me has dado, y así mantener abiertos los canales de bendición.

Responde

Elige hoy compartir algo que has recibido pero que no necesariamente mereces. Puede ser algo material, una habilidad que recibiste, o tiempo libre que no esperabas. Y recuerda ser un «dador alegre», gozoso en la certeza de que la generosidad cosecha su propia recompensa (2 Cor. 9:6-7).

JULIO

DÍA 29

Reflexiona

El libro de Job abre una ventana singular al misterio del sufrimiento humano, aunque no nos ofrece explicaciones simples ni soluciones ordenadas. Desde las primeras escenas de la devoción de Job y la acusación de Satanás, pasando por los desastres y la lucha con causas sospechadas y remedios sugeridos para el sufrimiento de Job, agonizamos con él mientras las cosas no tienen sentido.

Y, entonces, llega el Señor... «desde el torbellino» (Job 38:1). Pero, en lugar de respuestas, las preguntas vuelan hacia Job (y hacia nosotros) como infinidad de flechas. «¿Dónde estabas tú cuando Yo echaba los cimientos de la tierra? [...] ¿Has [...] andado en las profundidades del abismo?» (Job 38:4, 16). Una y otra vez, el Señor interroga a Job, señalando una impresionante y asombrosa serie de acciones conocidas solo por el Creador y Sustentador del universo.

Sería entendible que esperáramos que Job se quejara diciendo que esto poco tiene que ver con su situación, pero nada está más lejos de la verdad, y él lo sabe. Porque a Job se le han abierto los ojos: «He sabido de Ti solo de oídas, pero ahora mis ojos te ven», y su respuesta es arrepentirse (Job 42:5-6).

No termina ahí. A Job se lo honra con orar por sus amigos errados, y su fortuna es restaurada (¡y más!). Pero nada puede compararse con un encuentro personal con nuestro Creador. No dejes de asombrarte de Dios.

Ora

Hoy no se requieren palabras.

Responde

Tampoco hace falta una respuesta escrita. Abre tus ojos, oídos, corazón y mente... ¿qué te llama Dios a hacer en las próximas 24 horas?

JULIO

DÍA 30

Reflexiona

Las marionetas son cosas fascinantes. Al principio podemos ver las cuerdas, o el brazo bajo el guante, pero en las manos de un maestro titiritero, la ilusión de vida pronto se completa, y por un tiempo nos dejamos engañar. Pero, por supuesto, sabemos la diferencia entre un juguete inanimado y un ser vivo.

Sin embargo, cuando Dios anima lo que ha hecho, la vida real llega. Cuando el pueblo de Israel fue llevado al exilio, y llegó la noticia de la caída final de Jerusalén (Ezeq. 33:21), sintieron que su nación había muerto. Pero fue en ese momento que Ezequiel fue llamado a profetizar sobre una reanimación del pueblo. Los huesos secos volverían a vivir... no como marionetas en una cuerda, sino con su propio aliento de vida (Ezeq. 37:5). «Pondré Mi Espíritu en ustedes, y vivirán» (Ezeq. 37:14).

El día de Pentecostés, Pedro pudo decirle al pueblo que Jesús, resucitado y exaltado, había «recibido del Padre la promesa del Espíritu Santo, [y] derramado esto que ustedes ven y oyen» (Hech. 2:33). Y todavía lo hace.

Ora

Padre celestial, gracias por dar el Espíritu Santo al Señor Jesús, para ser derramado sobre «toda carne»: jóvenes y viejos, hombres y mujeres (Joel 2:28; Hech. 2:17-18). Y gracias porque eso también me incluye a mí.

Responde

¿Qué tan obediente eres a Dios? ¿Te sientes impulsado a seguir Sus estatutos (Ezeq. 36:27)? Pasa un tiempo pidiéndole al Espíritu Santo que infunda Su vida en ti, que te haga querer lo que Él quiere para ti, y así puedas vivir como Él quiere.

JULIO

DÍA 31

Reflexiona

¿Alguna vez saliste bajo la lluvia y simplemente te quedaste allí, dejando que te moje la cabeza y te empape hasta los huesos? Para algunos, esa idea es espantosa, pero para quienes lo han probado con espíritu de aventura libre, ¡es emocionante!

La lluvia está destinada a refrescar. En la Biblia, suele ser señal de bendición. Antes de su profecía sobre la venida del Espíritu sobre todo tipo de personas, Joel habló de lluvias abundantes que caerían del cielo, significando el derramamiento del Espíritu en un grado sin precedentes y abrumador (Joel 2:23, 28).

Es como un bautismo, ser inundados con agua que da vida, limpiando la suciedad de una vida egoísta, refrescándonos y preparándonos para vivir una vida en sintonía con el corazón de Dios (Jer. 31:33; Ezeq. 36:27).

¿Estás listo para el aguacero?

Ora

Padre celestial amoroso, derrama tu Espíritu sobre mí. Que Él me lave y traiga sanidad profunda, para que esté listo, dispuesto y sea capaz de vivir la vida que tienes para mí.

Responde

¿Hay algo en tu vida que sientas sucio? ¿Un hábito que cambiar, un recuerdo que sanar, una actitud que suavizar? Pídele al Señor que te lave de una manera que solo Él puede hacerlo y sigue pidiendo hasta que veas algún cambio. ¿Hay algún amigo con quien puedas compartir este proceso de limpieza?

AGOSTO

DÍA 1

Reflexiona

A veces, es fácil celebrar. Recibimos buenas noticias, como el resultado que queríamos en un examen o el visto bueno del médico… estas cosas nos hacen bailar de alegría. Pero, si somos sinceros, también hay momentos en los que nos cuesta alabar a Dios. Sabemos que Él es grandioso como ningún otro, y que nos ha bendecido ricamente, pero aun así, no nos entregamos por completo a la adoración.

Es en momentos como estos cuando hacemos bien en incitar a nuestra alma a adorarlo: «Bendice, alma mía, al Señor, y bendiga todo mi ser Su santo nombre. Bendice, alma mía, al Señor, y no olvides ninguno de Sus beneficios» (Sal. 103:1-2).

Incluso en tiempos difíciles, podemos elegir alabarlo, usando nuestros cuerpos en adoración, y no solo nuestras mentes. Podemos aplaudir, cantar y gritar, no para suscitar algún sentimiento falso, sino para honrar a Dios en canto y en espíritu, declarando la verdad y poniéndonos en consonancia con ella (Juan 4:24).

Piensa en Él y en todo lo que ha hecho.

Ora

Gracias, Señor, por todo lo que eres y por todo lo que has hecho. Y gracias por mis hermanos, con quienes puedo reunirme y retomar el ritmo de alabanza mientras afirmamos juntos tu gloria en medio de nosotros.

Responde

Abre tu Biblia y recuerda algunas de las verdades inmutables acerca del Señor. Tal vez quieras empezar considerando Su nombre y Su total independencia de todo lo demás (Ex. 3:14), Su gloria y santidad (Juan 17:5; Isa. 6:3), Su ser eterno (Sal. 90:2), Su omnisciencia (Isa. 46:9-10), Su misericordia inmutable (Mal. 3:6), y Su posesión de todo (Gén. 1:1; Sal. 50:12).

AGOSTO

DÍA 2

Reflexiona

La vida es cambio. A nuestro alrededor, las cosas siempre fluyen, desde las cuatro estaciones hasta el cielo nocturno, desde el mundo de la política hasta los centros comerciales concurridos. Las cosas siguen avanzando, y aunque esto puede hacernos sentir vivos a veces, también puede ser inquietante.

Nuestros corazones son vulnerables a la incertidumbre. «Por nada estén afanosos», escribió Pablo, «antes bien, en todo, mediante oración y súplica con acción de gracias, sean dadas a conocer sus peticiones delante de Dios. Y la paz de Dios, que sobrepasa todo entendimiento, guardará sus corazones y sus mentes en Cristo Jesús» (Fil. 4:6-7). La paz de Dios es como una cerca, o un campo de fuerza, un defensor del corazón. ¿Cómo? Sencillamente porque, en medio de todo este cambio, Dios es inmutable (Mal. 3:6).

Dios creó todas las cosas (Gén. 1:1), lo que significa que todo está en última instancia bajo Su control y nada lo sorprende (Isa. 46:10). Aunque interactúa libremente con este mundo, Él mismo es un cimiento de calma.

Planta tus pies sobre la roca (Sal. 40:2).

Ora

Dios todopoderoso, Señor soberano, tú eres el gobernante del universo y el guardián de mi alma. Gracias porque, sin importar lo que cambie a mi alrededor, tu amor permanecerá.

Responde

Lee el Salmo 136. Puede que no entiendas cada referencia al pasado de Israel, pero capta el ritmo de Su amor duradero que marca los detalles de la historia. Intenta escribir tu propio salmo con el mismo coro. ¿Qué incluirás en el medio, tomado de tu propio pasado y las experiencias que compartes con otros?

AGOSTO

DÍA 3

Reflexiona

Las palabras pueden llegar muy lejos. Aparte de los ángeles, ninguna otra criatura las tiene a su disposición. Con las palabras podemos evocar y emocionar, trayendo a la mente paisajes enteros para que otra persona pueda saber lo que sabemos y sentir algo de lo que sentimos. A través de la poesía y la prosa, expresamos y comunicamos una vasta gama de conocimientos y datos, a menudo matizados hasta el más mínimo detalle.

Y, sin embargo... hay momentos en que incluso el más elocuente entre nosotros se queda sin palabras. Nuestro tema tiene demasiadas capas, está demasiado lleno de misterio para ser captado y transmitido a través de estos pequeños paquetes de significado.

Una de las cosas que lleva a las palabras a su límite es la manera en que Dios nos ha creado como agentes libres para que pueda tener una relación con nosotros. Gracias a Dios, tenemos la Escritura para darnos las palabras... palabras de autoridad y poder.

Pero, a veces, solo hay que adorar y quedarse en silencio.

Ora

Padre celestial, acepta el amor de mi corazón mientras te alcanzo con cada aliento. Llena mi ser con el conocimiento de ti, y ayúdame a expresar mi gratitud, no solo con mis palabras, sino también con la forma en que vivo.

Responde

Sin usar palabras, dile a alguien que lo amas. Tal vez puedas servirlo de alguna manera, encargarte de algunas de sus tareas o comprarle un regalo. Mientras lo haces, agradece a Dios por las muchas formas en que podemos expresarnos unos a otros.

Reflexiona

A lo largo de los siglos, ha habido muchos campeones y héroes; algunos famosos y sin duda muchos más anónimos. Oradores hábiles, líderes inspiradores, escritores perspicaces, músicos talentosos... la lista continúa. Todos fueron maravillosos pero falibles, ya que compartían nuestra condición humana.

Pero Jesús es diferente. Completamente humano, Él fue y es también completamente divino. «Trascendió los cielos [...] tentado en todo como nosotros, pero sin pecado» (Heb. 4:14-15). A diferencia de otros líderes, Jesús no es el primero entre iguales. Engendrado por Dios y moralmente perfecto, Él está en otra categoría.

Sin embargo, este líder vino a servir y lavó nuestros pies. En el plan y la providencia de Dios, no se detuvo ahí, sino que soportó nuestro sufrimiento. Y luego, debido a quién era —y es—, escapó de la tumba y ahora está en el cielo, donde nos invita a venir.

No importa cuánto creas conocer a Jesús, o cuán poco, Él te llama a seguirlo. Y para hacerlo, solo necesitas empezar a moverte en Su dirección.

Ora

Señor Jesús, eres incomparable. Todo fue hecho por medio de ti (Juan 1:3) y un día todo corazón te conocerá por quién eres. Ayúdame a mostrar a los demás cuán grande eres a través de la forma en que vivo, hoy y cada día.

Responde

Lee el primer capítulo del libro de Hebreos y medita en la singularidad de Jesús. Luego, lee Juan 13:3-17 y observa cómo Jesús se humilla, plenamente consciente de quién es. ¿Cómo harás «lo mismo que yo he hecho con ustedes» (v. 15, NTV)? Considera tu próximo acto de servicio, por pequeño que sea, como una señal de que sigues a Jesús.

Reflexiona

En 1992, muchos pronosticaban que Derek Redmond ganaría los 400 metros en los Juegos Olímpicos de Barcelona. Pero, cuando llegó a las semifinales, quedó último. A pesar de eso, unas 60.000 personas le brindaron una ovación de pie.

¿Por qué? A los 150 metros de la carrera, Derek se lesionó un músculo. Empezó cojeando y luego cayó, y todos pudieron ver su evidente dolor. Pero antes de que pudieran ayudarlo los paramédicos, se levantó y comenzó a avanzar saltando. De repente, un hombre saltó de entre la multitud y entró en la pista. Con ternura pero firmemente, ayudó a Derek a completar el resto de la carrera, permitiéndole cruzar la meta solo. Ese hombre era su padre.

Cuando mi mundo se tambalea,.. cuando caigo y estoy roto... el Señor está conmigo.

Recuerda que tienes un Padre que te ama.

Ora

Señor, «mi Padre eres Tú, mi Dios y la roca de mi salvación» (Sal. 89:26). Gracias por estar conmigo, a veces animándome y a veces sosteniéndome mientras avanzo cojeando. Señor, no me importa admitir que me gusta apoyarme en ti. Que nunca dude de tu amor, que perdura para siempre.

Responde

¿Has admitido recientemente a alguien que no siempre tienes todo bajo control? ¿Que el entrenamiento en la vida del discipulado puede ser difícil a veces? No exhibas tus pecados, pero estate dispuesto a ser abierto sobre tus debilidades y pruebas, recordando dar testimonio de la gracia del Señor que te sostiene.

AGOSTO

DÍA 6

Reflexiona

Construir algo significativo no es un asunto sencillo. Se necesita el plan de un arquitecto para mantenerte alineado con la visión general; se necesitan herramientas que hagan el trabajo y una fuerza laboral calificada para usarlas; y se necesita un supervisor que mantenga el cronograma. Sin estos, es posible que construyas algo interesante, pero no será lo que querías, o más importante, lo que tu cliente quería.

Dios está construyendo una casa; las personas son sus ladrillos y el amor Su mortero. «Somos la casa de Dios» (Heb. 3:6, NTV), listos para declarar Sus alabanzas incluso cuando eso signifique que suframos por hacer el bien (1 Ped. 2:9, 20).

Y así encontramos, en una extraña y maravillosa cooperación, que Dios comparte el mismo sitio de construcción que nosotros. Pablo escribió: «Con este fin también trabajo, esforzándome según Su poder que obra poderosamente en mí» (Col. 1:29). Es la obra de Dios, pero nosotros tenemos nuestra parte que cumplir. Un día, nuestro trabajo será probado por fuego santo (1 Cor. 3:13), por lo que claramente no tiene sentido usar materiales de baja calidad.

«Si el Señor no edifica la casa, en vano trabajan los que la edifican» (Sal. 127:1).

¿Qué estás construyendo?

Ora

Señor, todo lo que tengo viene de ti (1 Crón. 29:14). Sé que el reino de la luz es tu proyecto y que me has confiado parte del trabajo. Ayúdame a trabajar bien con mis compañeros para llevar a cabo tus planes.

Responde

¿Cómo te llevas con el resto de los «constructores» con los que trabajas? ¿Están todos en la misma sintonía? Ora por esa claridad de enfoque que se necesita para un esfuerzo conjunto, y trata de cumplir tu papel para mantener la casa de Dios como lo principal.

AGOSTO

DÍA 7

Reflexiona

Cuando estamos al pie de la cruz, todos estamos en el mismo nivel. No importa quiénes seamos, aquí abajo, nuestra propia gloria no brilla tanto. Hoy, como en aquel primer Viernes Santo, hay quienes se burlan y escarnecen (Luc. 23:35-36), mientras otros lloran o se esconden avergonzados (Luc. 23:27; 22:62). Pero cada uno de nosotros necesita desesperadamente el sacrificio que se hizo ese día y el descanso para nuestras almas que hizo posible (Mat. 11:28; Heb. 4:9-10).

Y hoy, es diferente de ese día en un aspecto importante. Ahora podemos ver lo que ocurría en el ámbito celestial. Podemos estar bajo la cruz, sabiendo que el velo del templo que nos separaba de la santa presencia de Dios ha sido rasgado (Luc. 23:45). Sabemos que Jesús ha resucitado de entre los muertos y nuestros pecados han sido perdonados. Ese fue el mensaje que primero proclamó nada menos que Pedro, liberado de su vergüenza para contar al mundo lo que realmente sucedió (Hech. 2:32, 38).

Personas como Pedro han sido sepultadas con Cristo y resucitadas a la vida (Rom. 6:4). Pueden desechar su vergüenza y decir al mundo que el perdón es posible.

Ora

Gracias, Jesús, por encontrar a este pecador y por cubrir mis pecados con tu sangre. Me encanta volver a tu cruz, Señor, en la mirada de mi mente, sabiendo ahora lo que ellos no sabían entonces. Y justo cuando pienso que no puedo moverme, tú me levantas y me envías con tu amor asombroso.

Responde

Lee Lucas 23:26-46. Ora por una bendición para las personas que conoces que llevan una pesada carga (v. 26), que lloran por la injusticia (v. 27), que ejecutan órdenes sin cuestionar (v. 34), que hablan a favor de otros (v. 41) y que oran en tiempos de tribulación (v. 42).

AGOSTO

DÍA 8

Reflexiona

La adoración a Dios puede ser todo un espectáculo. Por lo general, hay cantos y mucha oración, quizás bailarines y predicadores de la Palabra. Es maravilloso ser parte de todo eso. Pero, en esencia, solo hay una cosa que importa, una realidad que da razón a todo lo demás: la voz de Dios.

Cuando Dios habla, las cosas llegan a existir (Gén. 1). Luego, esas cosas creadas testifican a su vez de Su ser (Sal. 19:4). Y Su Palabra sigue viva hoy, penetrando nuestras almas, juzgando nuestros corazones (Heb. 4:12).

Escucha Su voz. Puede llegar directamente a tu mente o a través de otros. Por supuesto, ponemos a prueba lo que ellos dicen (1 Jn. 4:1), sabiendo que los verdaderos profetas solo hablarán lo que el Señor ya les ha dicho (1 Rey. 22:14). Pero cuando identificas Su voz, «[Ten] cuidado de no rechazar a Aquel que habla» (Heb. 12:25).

Ora

Señor, anhelo oír palabras eternas... escuchar tu voz hablando a mi corazón. Pero confieso que a veces no estoy preparado para ello. Ayúdame a prepararme para lo que tienes que decirme, y quizá incluso lo que tienes para decir a través de mí.

Responde

¿Cómo te pones en posición para oír a Dios? Piensa en cómo lees la Biblia. ¿Reflexionas sobre lo que lees? ¿A dónde vas cuando no entiendes algo? ¿Practicas escuchar mientras oras, esperando que Dios hable a tu corazón en el silencio? Haz tiempo esta semana para meditar en la Palabra de Dios, o en una de Sus obras, y deja que hable a tu corazón. ¿Puedes oír Su voz?

Reflexiona

Imagina un viaje a la capital de Inglaterra, Londres. Tomas el autobús hacia el Palacio de Buckingham, con la esperanza de ver al soberano en residencia. Sabes que no puedes simplemente tocar la puerta principal (¿dónde está la puerta principal?), pero ahora que estás aquí, el tamaño del lugar te impresiona, y el camino está bloqueado por multitudes, soldados y las rejas más altas que hayas visto...

Ahora, imagina que una puerta se abre. Los soldados se apartan. De repente, el monarca está allí, caminando hacia ti, dándote la bienvenida como a un amigo perdido hace mucho tiempo.

Pura fantasía, claro... no va a suceder. Sin embargo, el Soberano del universo ha hecho algo mucho más increíble. Ha venido a estar entre nosotros (Mat. 1:23; Fil. 2:7-8) y realmente «recibe a los pecadores» (Luc. 15:2), agregando la promesa de que quienes lo siguen serán «[recibidos] en las moradas eternas» (Luc. 16:9).

Deja que la magnitud de todo esto te inunde.

Ora

Estoy tan humillado, Señor, de que me des la bienvenida a tu compañía. A simple vista, parece una locura que el gobernante del universo siquiera me note. No es de extrañar que a algunas personas les cueste creerlo. Por favor, ayúdame a ser sensible a eso mientras comparto la promesa de tu gracia.

Responde

Piensa en otras posibles situaciones; tal vez en la ciudad, los negocios o la educación, que hablen de una bienvenida inesperada o una aceptación poco probable... sin olvidar las parábolas de Jesús sobre las deudas canceladas (Luc. 7:41-43), los invitados inusuales a la cena (Luc. 14:15-24) y el hijo pródigo (Luc. 15:11-32). ¿Puedes escribir una parábola y dársela a alguien que necesite escuchar el mensaje de aceptación inesperada? (Quizá ese seas tú).

AGOSTO

DÍA 10

Reflexiona

Si tratamos de imaginar un mundo sin estaciones, es difícil verlo como algo que no sea aburrido. Damos la bienvenida a los ciclos que provienen del giro del mundo. Gracias a la inclinación del eje terrestre, incluso los climas más extremos cambian a lo largo del año, y en general, nos gusta que sea así.

Gran parte de nuestro comportamiento social también parece ir en temporadas. Puede ser el tipo de vacaciones que preferimos, nuestros gustos políticos o incluso nuestra elección de iglesia… nos aburrimos y queremos cambiar.

Dios interactúa con todo esto; después de todo, Él fue quien decidió hacer un mundo lleno de variedad desde el principio (Gén. 1:20-25). No hay nadie más dinámico que nuestro Dios. Sin embargo, nada de esto quita el hecho de que Él es inmutable precisamente en aquellas áreas donde un mundo cambiante necesita estabilidad.

Ya sea que estemos arriba o abajo, en alegría o dolor, Su amor es firme, no puede ser cambiado y «para siempre es Su misericordia» (Sal. 136:1).

Ya sea que ahora estés disfrutando de los altibajos de la vida o te sientas mareado por el cambio, aférrate a Él.

Ora

Padre todopoderoso, la misericordia y la verdad van delante de ti (Sal. 89:14). En este mar de cambio y movimiento, gracias por ser mi roca (Sal. 18:2).

Responde

¿Qué tan confiable eres? ¿Hay promesas que has hecho y que aún necesitan cumplirse? ¿Hay alguien que conozcas que necesite un ancla en este momento, a quien podrías reconfortar con una visita amistosa y una palabra de aliento?

Reflexiona

Para los seres humanos, el universo es una fuente inagotable de inspiración e interés. Desde las últimas maravillas del cine 3D hasta extrañas teorías cuánticas de la realidad física, nuestra imaginación está en constante estimulación y nuestra comprensión se expande.

Dios está más allá de este nivel de realidad. La palabra antigua para esto es «trascendente»: existe fuera de todo lo que ha creado. Es una verdad maravillosa, y si la perdemos de vista, dejamos de percibir la grandeza y magnificencia de nuestro Dios.

Pero si esa fuera toda la historia, Dios estaría distante, y no lo está. Porque también es —para usar otra palabra antigua— «inmanente». Está totalmente involucrado con Su creación. A Dios le encanta atraerme cerca en una relación aún más íntima que la mejor de las humanas.

El Señor «está por encima de todo» y, al mismo tiempo, «procede de arriba» para estar «con nosotros (Juan 3:31; Mat. 1:23). Lo suficientemente cerca como para susurrar (1 Rey. 19:12).

Ora

Padre celestial, tú solo eres completamente bueno (Mat. 19:17), fiel (Deut. 7:9) y fuerte (Sal. 62:11). Te adoro solo a ti, el que está sobre y más allá de todo lo que has hecho. Gracias por venir a nosotros y compartir esta vida con nosotros.

Responde

Lee Romanos 11:33-36. Pasa un tiempo meditando en las palabras «de Él, por Él y para Él». Reflexiona sobre la trascendencia e inmanencia de Dios, y cómo Su encarnación en el Señor Jesús las une. Este es el Dios que va delante de ti, vive en ti y camina a tu lado cada día. Confía tu vida a este Dios asombroso y que todo lo abarca.

AGOSTO

DÍA 12

Reflexiona

Hay más prisiones en este mundo que aquellas hechas de piedra y ladrillo. Las mentiras, las medias verdades y los malentendidos pueden atarnos o impedirnos alcanzar todo nuestro potencial. Una autoimagen falsa o una visión equivocada del mundo pueden negarnos la oportunidad de desplegar nuestras alas y cumplir plenamente nuestro papel en la vida de quienes nos rodean. ¿Cómo podemos liberarnos?

Una vez, cuando Jesús enseñaba en el área del templo, habló de ser levantado, aunque nadie en ese momento entendía la maravilla y el poder de la cruz. Luego, hizo la aparentemente descarada afirmación de que complacía a Dios todo el tiempo. Mientras algunos de Sus oyentes empezaban a poner su fe en Él, les hizo esta promesa: «Conocerán la verdad, y la verdad los hará libres» (Juan 8:28-32).

Así emprendieron un viaje fuera de la prisión de la ignorancia y los malentendidos hacia la verdad invertida del reino: lo que parecía locura resultó ser la sabiduría de Dios (1 Cor. 1:23-24).

Camina en libertad.

Ora

Señor, «Tu palabra es verdad» (Juan 17:17). Muchas gracias por abrir mis ojos. Al servirte, encuentro libertad; al honrarte, encuentro plenitud. Ayúdame a aferrarme firmemente a tu Palabra.

Responde

¿Cómo puedes llevar las palabras de Jesús a quienes aún necesitan ser liberados? Cuando, en la próxima conversación con un amigo que no sigue a Jesús, surja el tema de la fe, escucha atentamente lo que tiene para decir. Permítele hacer preguntas y trata de usar las propias palabras de Jesús en tus respuestas tanto como puedas.

AGOSTO

DÍA 13

Reflexiona

Es maravilloso celebrar la grandeza de Dios, cantar todo lo que ha hecho y compartir las buenas nuevas de Su salvación con otros.

Pero es muy fácil seguir a la multitud, creer porque ellos creen, y casi sin darse cuenta, deslizarse hacia una fe de segunda mano, arrastrados por el bullicio pero sin un compromiso genuino con Dios.

El pecado y la vergüenza harán que Dios parezca lejano para nosotros, pero en ocasiones, el dolor y el sufrimiento logran lo mismo. Cuando Job finalmente tuvo su audiencia con el Soberano del universo, descubrió que sus ojos se abrieron. Tuvo que reconsiderar todo. «Hasta ahora solo había oído de ti», reconoció, «pero ahora te he visto con mis propios ojos» (Job 42:5, NTV). Los rumores lo habían llevado hasta cierto punto, pero ahora su relación con el Todopoderoso era directa, personal y transformadora.

¿Has visto con tus propios ojos?

Ora

Gracias por la historia de Job, Señor. Me anima saber que él se mantuvo fiel a ti, incluso cuando sentía que estabas lejos de él. Ayúdame a hacer lo mismo. Sé que no puedo planear un encuentro dramático contigo a mi antojo, y sé que sería abrumador, pero te pido que me des la seguridad que necesito para seguir adelante.

Responde

¿Cómo animas a otros en su fe? ¿A veces los cargas con tus propios problemas? Agenda tiempo con un amigo hoy para hablar sobre cómo cada uno ha experimentado a Dios. Prepárate para escuchar y cambiar.

Reflexiona

Si alguna vez quedaste atrapado en una tormenta de viento, sabes lo difícil que es no caerse. Con el viento a favor, es muy fácil salir rodando sin control, y si es en contra, se necesita toda la energía para avanzar o incluso para mantenerse en pie.

Esta es la imagen detrás del llamado de Pablo a «estar firmes contra las insidias del diablo» y a no retroceder frente a «las fuerzas espirituales de maldad» que se oponen a la obra de Dios (Ef. 6:11-12). Él dice que tenemos que luchar, pero mientras sigamos de pie, podemos estar seguros de haber neutralizado la fuerza que nos amenazaba, aunque no la hayamos vencido completamente.

Se necesita una armadura espiritual para mantener esta posición (Ef. 6:13-17), y al final, solo hay una razón por la que venceremos: porque estamos de pie con Jesús.

Ora

Señor, ayúdame a mantenerme firme. «No me entregues a la voluntad de mis adversarios», sino permíteme «ver la bondad del Señor en la tierra de los vivientes» (Sal. 27:12-13). Pongo mi confianza en ti.

Responde

Si sientes que todo está en tu contra en este momento, recuerda que el Señor está a tu favor (Rom. 8:31). Y si conoces a alguien que se siente espiritualmente azotado y abatido, acércate a él y ponte a su lado, y encontrarás a Jesús allí también.

AGOSTO

DÍA 15

Reflexiona

Las cosas lucen diferentes de noche. En cuanto a nuestra visión física, las formas pierden sus bordes definidos y se desdibujan en la oscuridad, y es difícil ver qué tan grandes son en relación con otras cosas. Al mismo tiempo, algo similar puede ocurrir en nuestra mente: nuestras preocupaciones parecen más grandes a medida que nos enfocamos en ellas, y excluyen todo lo demás. Los problemas crecen al alimentarse de nuestra ansiedad, y si no tenemos cuidado, perdemos toda perspectiva.

Es el momento de invocar al Señor, el cual no duerme mientras cuida a Su pueblo (Sal. 121:4). Ya sea que literalmente me haya despertado en lo profundo de la noche más oscura, o que simplemente esté luchando día a día con eventos que amenazan con abrumarme, puedo mirar al Señor y encontrar de nuevo la canción en mi corazón.

Solo necesito asegurarme de que esa canción esté ahí en primer lugar.

Ora

Señor Jesús, por favor ayúdame a confiar en ti en todo momento, para que cuando los problemas se levanten y me inunden, la fe también brote dentro de mí incluso antes de que pueda pensarlo. Señor, estoy decidido a alabarte, ahora y siempre.

Responde

Lee el Salmo 121. ¿Puedes aprenderte parte o todo de memoria? Si te ayuda, intenta cantarlo para ti mismo. Si algún versículo te habla con especial fuerza, escríbelo y colócalo en algún lugar donde lo veas cada día.

DÍA 16

Reflexiona

Imagina que te invitan a un restaurante lujoso para participar de un banquete. Delante de ti, hay una exquisita variedad de delicias sabrosas y nutritivas. Parece casi demasiado bueno para ser verdad. Buscas el menú para ver los precios, pero solo ves un letrero sencillo en la pared: «Todo está pago. Sírvete lo que quieras».

No pierdes tiempo y te unes a los demás invitados para comenzar a comer. Después de un rato, al relajarte, te sientas junto a una ventana y miras hacia afuera. En toda la ciudad, el sol se está poniendo. Algunas personas están ocupadas en sus cosas, otras vagan sin rumbo… pero todas parecen hambrientas. ¿Qué harás?

«Y viendo las multitudes, tuvo compasión de ellas, porque estaban angustiadas y abatidas como ovejas que no tienen pastor. Entonces dijo a Sus discípulos: "La cosecha es mucha, pero los obreros pocos. Por tanto, pidan al Señor de la cosecha que envíe obreros a Su cosecha"» (Mat. 9:36-38).

Ora

Señor Jesús, me has bendecido con tanto. Gracias porque tu corazón se compadece de otros; por favor, ayúdame a que el mío haga lo mismo. No puedo hacerlo solo, Señor, pero si me envías junto con otros, tal como enviaste a tus primeros discípulos, entonces puedo cumplir mi parte y ayudar a llevar la cosecha a casa (Luc. 10:1-2).

Responde

Piensa en el lugar donde vives o trabajas. ¿Hay al menos otro seguidor de Jesús con quien podrías reunirte para orar y animarse mutuamente a acercarse a otros con su amor? ¿Por qué no sugerirlo esta semana?

DÍA 17

Reflexiona

Poco después de que Jesús alimentara a más de cinco mil personas con unos pocos panes y peces, subió a una colina a orar solo. Sus discípulos estaban en una barca en el Mar de Galilea, remando con esfuerzo en medio de una tormenta súbita. Entonces, Jesús salió hacia ellos, caminando sobre el agua.

Su presencia no calmó inmediatamente sus miedos. Mateo, Marcos y Juan nos cuentan que los discípulos pensaron que era un fantasma y empezaron a gritar, más asustados que nunca. Pero, en lugar de pasar de largo, Jesús se acercó para unirse a ellos en la barca. Los vientos se calmaron, y también sus temores (Mat. 14:23-33; Mar. 6:46-52; Juan 6:16-21).

En todos los relatos, las palabras de Jesús para tranquilizarlos son sencillas: «Soy Yo»... literalmente: «Yo soy... el nombre de Dios, el que crea alimento y calma las tormentas».

Mateo nos da otro detalle: Pedro, aun dudando que fuera Jesús, salió de la barca e intentó caminar sobre el agua él mismo. Pero la tormenta lo venció, y sin Jesús, se habría ahogado.

Anímate. El gran Yo Soy está contigo en la tormenta, y no dejará que te hundas.

Ora

Jesús, tú eres el Señor de toda circunstancia. Ayúdame a creer que eres quien dices ser, y a reconocerte incluso cuando todo se desmorona a mi alrededor.

Responde

Marcos nos dice que los corazones de los discípulos aún estaban endurecidos para ver quién era realmente Jesús (Mar. 6:52). Puede que estés pasando por un momento difícil, pero no permitas que la duda te haga perder la presencia del Señor. Si no puedes verlo, ora por un corazón más tierno para confiar en Él en la tormenta.

Reflexiona

Dios nos ha llamado a hacer muchas cosas, pero Jesús nos aseguró que Su mandamiento más grande es amarlo con todo nuestro corazón, alma, mente y fuerza (Mar. 12:30). Esto es lo primero.

¿Qué significa amar al Señor? «Si ustedes me aman, guardarán Mis mandamientos» (Juan 14:15). Dios sabía, cuando originalmente dio este mandamiento por medio de Moisés (Deut. 6:5), que no había otra manera en que el pueblo pudiera resistir las malas prácticas de las naciones que estaban por desalojar.

Y hoy sucede lo mismo. A menos que nos sometamos al Espíritu Santo, permitiendo que el amor de Jesús inunde nuestra alma y se convierta en lo más importante sobre todas las cosas, estaremos perdidos. Él lo sabe. Por eso nos da este mandamiento invaluable, sabiendo que Él es lo mejor que nos puede pasar.

Ora

Señor misericordioso, perdónanos cuando actuamos como si tus mandamientos fueran una carga (1 Jn. 5:3). Ayúdanos a poner nuestro amor por ti en el centro de cada dilema y decisión, para que nuestras vidas agraden a tu corazón (2 Cor. 5:9).

Responde

¿Qué tan positiva es tu visión de los mandamientos de Dios? ¿Los ves como afirmadores de vida y liberadores, o como molestos y restrictivos? Piensa en los mandamientos que encontramos en la Escritura (como no alimentar el odio ni el deseo, no torcer la verdad ni tomar sin pedir) y revisa tus últimos siete días. ¿Cómo podrían ser mejores los próximos siete?

AGOSTO

DÍA 19

Reflexiona

¿Qué significa para las personas cuando un cristiano se muda a su vecindario? ¿Actividad inusual los domingos por la mañana? ¿Extraños que visitan durante la semana? ¿Quizás alguna que otra invitación a un evento religioso? ¿O tal vez significa puertas abiertas y una razón preparada para explicar por qué vemos el mundo de forma diferente (1 Ped. 3:15)?

No todos estarán interesados en nuestra fe o en nuestra perspectiva de la vida, pero algunos sí lo estarán. Pedro instó a sus hermanos cristianos a explicar su posición «con mansedumbre y reverencia».

¿Tienes algo que explicar?

Ora

Padre, confieso que no siempre estoy de ánimo para hablar de mi fe. Y a veces, prefiero llevar una vida tranquila en vez de estar atento a los demás. Por favor, perdóname y ayúdame a ser un buen vecino. Ayúdame a tener en cuenta las necesidades de las personas mientras busco servirlas y glorificarte tanto en palabra como en obra.

Responde

¿Saben tus vecinos o colegas por qué haces lo que haces? ¿Te extrañarían si te mudaras? De manera apropiada para tu lugar de trabajo y comunidad, trata esta semana de actuar de forma que dejes una impresión duradera, positiva y piadosa en quienes encuentres.

DÍA 20

Reflexiona

Al principio de Su ministerio, cuando todavía mantenía un perfil bastante bajo, Jesús sanó a un hombre con lepra (Luc. 5:12-15). Aunque quería que se mantuviera en secreto por un tiempo, la noticia fue difícil de contener, como un incendio en un depósito de combustible, y la fama de Jesús se extendió cada vez más.

Marcos nos cuenta que el hombre que fue sanado «comenzó a proclamarlo abiertamente» (Mar. 1:45). ¿Cómo podría guardar silencio después de haber visto a Jesús terminar con su sufrimiento con solo una palabra? Porque no solo había sido sanado en su cuerpo, sino que, como resultado de la acción de Jesús, fue totalmente restaurado a la comunidad de Dios.

Y la verdad es que a Jesús le encanta restaurar a las personas… limpiar a los que están manchados por el pecado y abrir los ojos de los que están ciegos al amor y perdón de Dios.

Ora

Señor, tú eres mi Pastor y restauras mi alma (Sal. 23:1, 3). Gracias porque tu sangre me ha limpiado de todo pecado (1 Jn. 1:7), y gracias porque ya no hay ningún tipo de impedimento para tu misión de amor. Ayúdame a difundir la noticia de manera natural y libre, mientras pueda hacerlo.

Responde

¿Qué tan fácil te resulta aceptar que Dios te ha liberado y limpiado? Si no estás seguro, lee Hebreos 9:14 y pídele a Dios que te asegure que estás limpio delante de Él. Este es un mensaje vital, pero ¿cómo puedes decir a otros que has sido lavado en la sangre del Cordero (Apoc. 7:14) cuando esa frase es tan ajena a nuestra cultura? Lee Hebreos 9:14, Apocalipsis 7:14 y 1 Juan 1:7, y escribe con tus propias palabras las verdades que encuentres.

AGOSTO

DÍA 21

Reflexiona

Nuestros días son regalos preciosos de Dios. Hay algo en el final de un día y el comienzo del siguiente que establece un ritmo para la vida (Gén. 1:5, 8, 13, 19, 23, 31). Cada puesta de sol pone un punto final a los eventos del día, dándonos la oportunidad de dejar reposar los asuntos mientras dormimos antes de levantarnos para enfrentar la vida nuevamente.

Cada día es una oportunidad para un nuevo comienzo. Las misericordias de Dios son «nuevas cada mañana» (Lam. 3:23). Nuestra ira no debería permanecer cuando el sol se pone (Ef. 4:26).

Alábalo cada mañana; reflexiona sobre los acontecimientos cada tarde; y así aprovecha al máximo los días que tienes.

Ora

Señor de nuestros días, gracias por el ciclo natural de trabajo y descanso que has entrelazado en nuestra existencia en este planeta. Ayúdame a valorar mi sueño y a no considerarlo «tiempo perdido». Señor, has hecho todas las cosas bien, y yo me someto a tu sabiduría.

Responde

¿Qué tan saludable es tu estilo de vida? ¿Tus días son lo suficientemente plenos para que las noches sean bienvenidas, y tus noches lo suficientemente descansadas para darte energía para nuevos retos? Si el ritmo de la vida moderna te ha desequilibrado, revisa tu semana día a día y determina recuperar el ritmo de vida diseñado por Dios. ¿Cuál será tu primer paso?

AGOSTO

DÍA 22

Reflexiona

Dios merece de nosotros toda la atención, nuestro corazón, mente y fuerzas. Puedes notar cuando alguien no te da su completa atención: mirar en forma distraída por encima del hombro o jugar nerviosamente con el teléfono son señales de que esa persona está mentalmente en otro lugar.

Esto puede pasar no solo en una conversación, sino también en relaciones de largo plazo. Tu amigo está para apoyarte... cuando le conviene. Tu colega te respalda... si eso le sirve a su agenda propia. No es fácil ganar la atención total o la lealtad incondicional de alguien.

Pero eso es exactamente lo que Dios merece de nosotros. «Les ruego por las misericordias de Dios que presenten sus cuerpos como sacrificio vivo y santo» (Rom. 12:1). Con nuestro cuerpo damos también el corazón, la mente y la fuerza... todo. Él se ha dado a mí por completo. ¿Le doy todo a cambio?

Ora

Amado Señor Jesús, te debo todo. No te retendré nada. Acepta ahora el amor de mi corazón y ayúdame a mantenerme fiel a ti todos los días que vienen.

Responde

La próxima vez que alguien te hable —de cualquier cosa—, dale toda tu atención. La próxima vez que estés con niños o con seres queridos, dales toda tu atención. La próxima vez que escuches a Dios, dale toda tu atención.

AGOSTO

DÍA 23

Reflexiona

Solo hace falta mirar este universo de explosiones en el cielo y erupciones en la tierra para hacerse una idea de lo poderoso que debe ser el Creador de todo. La fuerza de Su energía es más grande que el mayor agujero negro o supernova. Es una maravilla, entonces, que las cosas no se deshagan cada vez que Él se acerca.

Y, sin embargo, Aquel que creó fuego en la tierra puede susurrarme la verdad (1 Rey. 19:12). Él «hace de los vientos Sus mensajeros, y de las llamas de fuego Sus ministros. [...] ¡Sea para siempre la gloria del SEÑOR! ¡Alégrese el SEÑOR en sus obras! Él mira a la tierra, y ella tiembla; toca los montes, y humean» (Sal. 104:4, 31-32).

Dios podría destruir cualquier cosa en cualquier momento, pero ha prometido que no lo hará (Gén. 8:21-22)... no hasta que haga nuevas todas las cosas (2 Ped. 3:10; Apoc. 21:5).

Y este es quien nos ha llamado amigos (Juan 15:15). Asombroso y poderoso, tierno y lleno de misericordia (Luc. 1:78).

Ora

Es difícil comprenderlo, Señor... que tengas el poder de la vida y la muerte, y sin embargo hayas hecho posible que nos acerquemos a ti con seguridad (Heb. 10:22). Que nunca olvide tu gloria y sabiduría, tu poder y tu fortaleza (Apoc. 7:12).

Responde

En las historias de Narnia de C. S. Lewis, Aslan —la figura de Cristo— es famoso por ser «no un león domesticado» sino «bueno». Dedica tiempo para reflexionar sobre cómo Dios es al mismo tiempo peligroso y confiable, elevado pero accesible. ¿Qué tan bien logras mantener estas cosas en equilibrio... cuando oras y cuando hablas con otros?

AGOSTO

DÍA 24

Reflexiona

El amor tiene una fuerza que solo es evidente para quienes tienen ojos para ver. Soportar el dolor sin quejarse, hacer lo correcto a un enorme costo personal, salvar a alguien del sufrimiento cargando con ese dolor uno mismo… todas estas acciones pueden parecer débiles o equivocadas si no reconocemos el amor que las inspira.

Cuando Jesús fue cruelmente azotado y crucificado, parecía que había fracasado en Su misión de reconciliar a la gente con Dios. Pero ocurrió exactamente lo contrario. De tal manera que, cuando uno de los primeros evangelistas, Felipe, encontró a un hombre leyendo la descripción en Isaías del Siervo del Señor que sufre pacientemente una muerte humillante (Isa. 53), pudo señalarle directamente a Jesús (Hech. 8:31-35).

Después del Calvario y Pentecostés, los discípulos comprendieron pronto que, incluso en Su cruel ejecución, Jesús había permanecido como el «amigo […] de pecadores» por lo cual fue criticado (Luc. 7:34). Su muerte fue en nuestro lugar: Él fue «herido por nuestras transgresiones» y «el castigo, por nuestra paz, cayó sobre Él» (Isa. 53:5).

«Al que no conoció pecado, lo hizo pecado por nosotros, para que fuéramos hechos justicia de Dios en Él» (2 Cor. 5:21).

Su amor lo cambia todo.

Ora

Señor Jesús, te debo la vida por duplicado: como Aquel por quien fui creado (Juan 1:3) y como Aquel que tomó mi lugar (Isa. 53:5).

Responde

Lee Isaías 53. Ahora imagina a Jesús leyéndolo, discerniendo que Él debe tomar el papel —literal y físicamente— del Siervo sufriente descrito allí. Pasa un tiempo ofreciéndote a ti mismo en silencio a Él… literal y físicamente.

AGOSTO

DÍA 25

Reflexiona

¿Qué es lo que más valoras en la vida? Todos necesitamos la plata y el oro de un ingreso para ganarnos la vida, pero ¿es eso realmente de lo que se trata la vida? ¿O hay algo más valioso para ti? «Enséñame buen juicio y conocimiento, pues creo en Tus mandamientos. [...] Mejor es para mí la ley de Tu boca que millares de monedas de oro y de plata» (Sal. 119:66, 72).

El antiguo proverbio tiene razón: si buscamos la sabiduría «como a la plata», encontraremos «el conocimiento de Dios» (Prov. 2:2-5). Sabemos que necesitamos dinero para sobrevivir en el mundo moderno de los negocios humanos. Pero en el reino de Dios, la moneda es diferente: aquí es la sabiduría la que hace girar el mundo.

Esta es la luz que necesitamos para el camino que tenemos por delante. «Entonces entenderás el temor del Señor y descubrirás el conocimiento de Dios» (Prov. 2:5).

Ora

Señor misericordioso, ayúdame a valorar lo más precioso de la vida. Guíame por tu camino, porque es el camino eterno (Sal. 139:24).

Responde

¿Alguna vez has intentado leer los Salmos o el libro de Proverbios en un mes? Prueba leer cinco salmos al día (dándole un día entero al Salmo 119) o un capítulo de Proverbios cada día. Pide al Señor que te haga recordar estas palabras a lo largo del día y permite que calen profundamente en tu ser.

DÍA 26

Reflexiona

Los escritores dependen de ella. Los poetas la anhelan. Los artistas la buscan en el color, la forma y la textura. La inspiración es el alimento del corazón y la mente, el néctar que revitaliza el proceso creativo. Cuando falta, nos vemos rápidamente a merced de la mediocridad.

No es sorprendente que seamos seres creativos, porque fuimos hechos a imagen de nuestro Creador. Y necesitamos inspiración para que esa creatividad fluya. Tal vez por eso Dios ha implantado en Su creación tanto que nos inspira.

Pero el esfuerzo artístico no es la principal preocupación de Dios. Él no solo quiere que hagamos obras con significado, sino que nuestras vidas mismas estén imbuidas de valor y propósito. Y para que eso suceda, debemos conocer Su toque. Él debe inspirarnos a la grandeza.

Y así lo hace. Después de todo, somos Sus obras de arte.

Ora

«¡Oh Señor, Señor nuestro, cuán glorioso es Tu nombre en toda la tierra…! […] ¿Qué es el hombre para que te acuerdes de él…? […] ¡Sin embargo, lo has hecho un poco menor que los ángeles, y lo coronas de gloria y majestad!» (Sal. 8:1-5). Gracias, Señor, por invertir tanto de tu poder creativo en nosotros. Ayúdame a encontrar mi sentido de propósito solo en ti.

Responde

¿Tienes algún interés o pasatiempo que demuestre que fuiste hecho a imagen de un Dios creador? Si lo has dejado de lado últimamente, ¿por qué no retomarlo y celebrar tu don creativo? ¿Es algo que puedes compartir con otros? ¿Puedes apoyar y alimentar la creatividad en alguien cercano a ti? Intenta hacerlo hoy.

AGOSTO

DÍA 27

Reflexiona

En la vida multifacética que muchos llevamos, a menudo tenemos que asumir un personaje diferente para cada área. En mi rol profesional, puedo ser bastante formal, mientras que entre amigos, surge mi lado juguetón. Y en casa, seguramente seré distinto también. Con cada rol, las personas pueden sentir que están tratando con un «yo» diferente.

Todo esto es más o menos inevitable, pero el truco está en no dejar que ninguna de estas facetas me defina completamente. Ante Dios, soy uno y el mismo. Ya sea que mis acciones sean visibles para otros o estén ocultas, mi vida es un todo completo delante de Él.

Esta es la esencia de la integridad: que todas las partes de mí formen un todo completo. Más allá de la función o el don, estoy yo, quien adora al Señor con todo lo que tengo y lo que soy (Deut. 6:5).

Deja que tu relación con Dios sea la que te defina.

Ora

Padre justo, quiero honrarte con toda mi vida. Sé que debo presentar diferentes facetas de mí mismo a otros, pero por favor ayúdame, Señor, a mantener todo unido en una sola persona, dedicada a ti.

Responde

Piensa en las diferentes áreas de tu vida, ahora o en el pasado. ¿Puedes moverte entre ellas con comodidad? Pídele a Dios ayuda en cualquier área en la que sientas que podrías estar traicionándote a ti mismo. Si puedes, pídele a alguien de confianza que hable contigo sincera y abiertamente sobre cómo ve Dios las diferentes partes de tu vida.

AGOSTO

DÍA 28

Reflexiona

No siempre es fácil establecer prioridades. A menudo, intereses en conflicto compiten por nuestro tiempo, y todos pueden ser valiosos. Las personas son lo más importante... pero ¿cuáles personas? ¿Y cuándo les doy tiempo? Parece que, para poner en orden nuestras responsabilidades, necesitamos una cosa principal de la cual colgar todo lo demás.

«Porque mejor es un día en Tus atrios que mil fuera de ellos. Prefiero estar en el umbral de la casa de mi Dios que morar en las tiendas de impiedad. [...] Oh Señor de los ejércitos, ¡cuán bienaventurado es el hombre que en Ti confía!» (Sal. 84:10, 12).

Abrir puertas en la casa de Dios es estar cerca de Él. Allí, podemos ser libres. Allí podemos conocer la paz y la alegría de un corazón íntegro (Sal. 86:11).

Dios primero. Todo lo demás viene después.

Ora

Padre celestial, perdóname cuando pongo las preocupaciones y los desafíos de esta vida antes que mi relación contigo. Ayúdame a traerlos a ti y a conocer la realidad de tu paz en mi corazón (Fil. 4:6-7), ahora y siempre.

Responde

Descubre qué consideras lo más importante en tu vida. Para hacerlo, anota las cosas principales que haces en un día, una semana y un mes. Junto a ellas, estima cuánto tiempo dedicas a cada una. Luego, califica cada actividad del 1 al 10 según cuánto disfrutas hacerla (1 es poco, 10 mucho). Ahora: ¿cómo se ve? ¿Te sorprende? ¿Te gusta? ¿Necesitas hacer algún ajuste para reflejar tu deseo de poner a Dios primero?

AGOSTO

DÍA 29

Reflexiona

Una vez, Jesús enseñaba en la sinagoga el sábado, y apareció un hombre con una mano seca. En ese momento, había una especie de batalla entre Jesús y los líderes religiosos locales sobre lo que se puede y no se puede hacer en el día de descanso. Jesús sabía que ellos deseaban verlo realizar la «obra» de sanar a alguien para poder acusarlo de quebrantar el sábado.

Jesús no titubeó. Le dijo al hombre que saliera delante de la congregación, le aseguró a la gente que hacer el bien y sanar estaba permitido en sábado, y luego le dijo que extendiera la mano. En ese instante, «su mano quedó sana» (Mar. 3:1-7).

Hoy hay oscuridad sobre las personas, pues se enfrentan razas y religiones entre sí. Pero, por más que ese mal insidioso luche, no puede contra la verdadera luz que es Jesús (Juan 1:5, 9). No tengas duda: Él no se dejará intimidar.

Y nosotros tampoco deberíamos.

Ora

Señor soberano, nos diste tu maravillosa ley para vivir, y nos liberaste para hacerlo por tu gracia (Tito 2:11-12). Ayúdanos a no ceder nunca ante las amenazas de otros, sino a animar a nuestros vecinos a escuchar tu Palabra, que les traerá sanidad y nueva vida (Ezeq. 37:4-5).

Responde

¿Eres consciente de alguna intimidación contra cristianos solo por su lealtad a Jesús, ya sea en tu localidad o más lejos? De ser así, ora para que cada cristiano permanezca fiel a su conciencia, y para que sus opositores abran sus ojos a la belleza del Salvador.

AGOSTO

DÍA 30

Reflexiona

Durante años, las caricaturas de «Amor es» nos han entretenido y nos han recordado que el amor siempre se muestra en acción, a menudo en el acto más simple de consideración.

Sabemos que es verdad. El amor se arremanga y se ensucia las manos. «Todo lo sufre, todo lo cree, todo lo espera, todo lo soporta» (1 Cor. 13:7). Y el amor nunca es mayor que cuando nos lleva a dar nuestra vida por otros (Juan 15:13).

Por eso, el acto de amor más grande fue la muerte de Jesús por los pecados del mundo. No solo murió por más personas que nadie, sino que llegó a las profundidades más grandes para lograrlo. «En esto conocemos el amor: en que Él puso Su vida por nosotros. También nosotros debemos poner nuestras vidas por los hermanos» (1 Jn. 3:16).

Ora

Amado Señor Jesús, diste tu vida para que todo aquel que cree en ti no se pierda sino que tenga vida eterna (Juan 3:16). Y eso me incluye a mí. Todo lo que soy debe alabarte.

Responde

¿Conoces a alguien a quien la gente suela considerar difícil de amar? Teniendo en cuenta que el amor cristiano es un acto deliberado del que ama y no depende de nada del que recibe, ¿qué podrías hacer para demostrar eso la próxima vez que lo veas?

AGOSTO

DÍA 31

Reflexiona

Cuando Moisés estaba a punto de enviar al pueblo de Dios a la tierra prometida, les resumió todas las leyes que, si las obedecían, marcarían la diferencia entre el éxito y el fracaso. Muy al principio, estaba el llamado inequívoco a escuchar para que esas leyes jamás se olvidaran, que comenzaba con «Escucha, oh Israel».

Ese llamado es conocido hasta hoy como la Shemá, por la palabra hebrea que Moisés usó para «Escucha». En él, recordó al pueblo el lugar único de Dios en sus vidas, un lugar que merecía toda su fuerza.

«Escucha, oh Israel, el Señor es nuestro Dios, el Señor uno es. Amarás al Señor tu Dios con todo tu corazón, con toda tu alma y con toda tu fuerza» (Deut. 6:4-5). Nunca ha sido fácil, pero en Jesús, tenemos un sumo sacerdote que lo cumplió a la perfección y abrió el camino para que nosotros lo sigamos, incluso cuando caemos. Por medio de Cristo, acerquémonos al trono de la gracia «para que recibamos misericordia» (Heb. 4:15-16).

Ora

Señor, exiges y mereces mi todo. Ayúdame a tomar fuerza de tu Palabra, sabiendo que donde pones un mandamiento, das la gracia para cumplirlo.

Responde

Cuando Moisés dio las leyes de Dios al pueblo, les aconsejó «[hablar] de ellas cuando te sientes en tu casa y cuando andes por el camino, cuando te acuestes y cuando te levantes» (Deut. 6:7). ¿Puedes pensar en maneras para fomentar esto en tu hogar o iglesia? ¿Tienes un libro o dispositivo portátil en el que puedas anotar y recordar algunas de las promesas y mandamientos de las Escrituras?

SEPTIEMBRE

DÍA 1

Reflexiona

Dicen que la sabiduría viene con los años. Quienes son mayores han vivido más tiempo, han enfrentado más decisiones y aprendido más lecciones, a menudo de la manera difícil. Si quieres un consejo sensato para la vida (que no sea de tecnología), pregúntale a una persona mayor.

Sin embargo, todos sabemos que solo los años no bastan para hacernos sabios. Los malos hábitos pueden arraigarse, y podemos ser tan necios hoy como éramos hace medio siglo.

Con Dios, es diferente. Como Señor del espacio y del tiempo, Él tiene más años que cualquiera podría tener jamás. «Antes que los montes fueran engendrados, y nacieran la tierra y el mundo, desde la eternidad y hasta la eternidad, Tú eres Dios» (Sal. 90:2). Y como Creador, Su sabiduría está fuera de escala, mucho más allá de nuestra comprensión. «Él es el que hizo la tierra con Su poder, el que estableció el mundo con Su sabiduría, y con Su inteligencia extendió los cielos» (Jer. 10:12).

Qué apropiado es, entonces, que el apóstol Pablo cierre su mayor tratado teológico con estas palabras: «Al único y sabio Dios, por medio de Jesucristo, sea la gloria para siempre. Amén» (Rom. 16:27).

Ora

Señor, tú ves más allá de lo que nosotros podemos ver. Es lógico que debamos confiar en ti con nuestras vidas. Con gusto lo hago otra vez hoy. Por favor, ayúdame a mantenerme firme en esto cuando la alegría y el dolor de la vida me distraigan.

Responde

Presenta delante de Dios cualquier decisión difícil que estés enfrentando en este momento, y permite que Él hable a tu mente y corazón. Luego acude a un consejero sabio y comparte tus pensamientos, recordando que el Dios que te habló es perfectamente capaz de hablar también a otros (1 Tes. 5:20-21).

SEPTIEMBRE

DÍA 2

Reflexiona

Habían recorrido un largo camino. Durante cuarenta años, el pueblo había sido guiado a través y alrededor del desierto, hasta que la generación que desobedeció a Dios murió (Núm. 14:23) y el pueblo estaba listo para entrar en la tierra prometida. Cruzaron el Jordán con estilo, con el arca dividiendo las aguas. Próxima parada: Jericó. Era el momento para que las naciones impías de la región supieran que el pueblo del Señor había llegado.

Tomaron la ciudad en una semana, siguiendo al pie de la letra las instrucciones de Dios a través de Josué. No eran tácticas militares estándar: «Marchen alrededor de la ciudad, los hombres armados irán al frente, delante del arca del Señor. [...] No griten, ni siquiera hablen [...]. Que no salga ni una sola palabra de ninguno de ustedes hasta que yo les diga que griten. ¡Entonces griten!» (Jos. 6:7, 10, NTV).

Al séptimo día de rodear la ciudad, en la séptima vuelta, las trompetas dieron la señal y el pueblo del Señor gritó. Muros de piedra se agrietaron y cayeron ante el asalto espiritual, mientras la palabra de Dios demostraba ser más poderosa que la fuerza humana. La obediencia obtuvo la victoria.

Ora

Padre celestial, durante demasiado tiempo he vivido dentro de estos muros. Quiero confiar en tu Palabra, incluso cuando al principio no tenga sentido para mí, tal como esos primeros colonizadores te obedecieron, listos para arriesgar la vergüenza y la derrota, pero lograron una victoria memorable.

Responde

¿Dios te está llamando a hacer algo que parece no tener sentido, tal vez a soportar, o decir no a algo bueno? Si es así, comprométete nuevamente a obedecer la Palabra de Dios sin importar qué. Si conoces a alguien en esta situación, anímalo a hacer lo mismo.

Reflexiona

La gente organiza sus vidas alrededor de todo tipo de cosas. Para algunos, puede ser una búsqueda particular, como ganar dinero, buscar placer, encontrar la felicidad, ser bello, mantenerse joven. Para otros, puede ser un principio, como «no hagas daño a nadie» o «haz a los demás lo que te gustaría que te hicieran». Y para otros, puede ser una persona… tal vez un padre, un hijo, un amigo o un héroe de culto.

Parece que los humanos tenemos una capacidad única para llenar nuestras vidas de sentido, para servir a alguna causa, incluso si esa causa somos nosotros mismos. Fuimos hechos para adorar.

La pregunta es: ¿adónde dirigimos esa adoración? La Biblia es clara. Hay muchos dioses en este mundo, pero solo un Dios.

Ora

Señor todopoderoso, Padre celestial, tú eres el único Dios (2 Rey. 19:15; Sal. 86:10). Salvador, Redentor, Maestro y Rey del universo, te adoro a ti y solo a ti. Entiendo por qué eres celoso de ese lugar (Ex. 34:14) porque nadie ni nada más lo merece. Ayúdame a mantenerme fiel a ti.

Responde

¿Cuáles son los otros pretendientes al trono de Dios en tu vida? Muchas de las cosas que la gente adora no son malas en sí mismas; simplemente no merecen estatus divino. Haz una lista de las cosas que valoras mucho en tu vida. Reflexiona sobre ellas mientras oras: ¿hay alguna que no encaje con el plan de Dios?

SEPTIEMBRE

DÍA 4

Reflexiona

Cuando dos personas se acercan físicamente, estando de pie o acostadas cara a cara, cada una puede sentir el aliento de la otra sobre sí. El calor que viene desde lo más profundo de la persona amada cruza el corto espacio entre ellas, para mezclarse con su propio aliento mientras expresan su amor mutuo.

El aliento de Dios es Su Espíritu. En los dos idiomas principales de las Escrituras (hebreo y griego) no hay distinción entre ambos. *Rúakj* y *pneúma* significan tanto «aliento» como «espíritu».

Deja que el Espíritu de Dios descienda sobre ti. Permite que se una con tu espíritu para llenar tu vida y arder por dentro, trayendo una energía nueva que te envíe de la intimidad de la oración con Él a involucrarte de manera práctica con otros.

Ora

Señor amoroso, anhelo sentirte cerca de mí. Sabes que este corazón es tuyo. Señor, quiero ser un amante fiel (Cant. 7:10; Os. 9:1). Por favor, ayúdame a honrarte incluso cuando no sea tan consciente de tu presencia a mi lado.

Responde

¿Cómo describirías la manera en que te relacionas con Dios? ¿Es una relación íntima? No necesitas hablar de Dios como un adolescente enamorado, pero ¿hay espacio en tu vida para más momentos de oración íntima y adoración? ¿Cómo podrías incorporarlos en tu semana?

SEPTIEMBRE

DÍA 5

Reflexiona

En los últimos años, trotar se ha convertido en una actividad muy popular, favorecida por ropa deportiva de diseño y reproductores de música sofisticados. Un corredor que encuentra su ritmo puede cantar y disfrutar del paisaje al mismo tiempo.

Esta no es la imagen que tenía Pablo en mente cuando escribió: «Corran de tal modo que ganen» (1 Cor. 9:24). Para él, la vida del discípulo significaba «[fijar] la mirada en lo que tengo por delante» (Fil. 3:13, NTV). En este escenario, no hay tiempo para ajustar el volumen o evitar el charco sucio que va a manchar tus zapatillas caras.

Avanzando hacia una meta definida (Fil. 3:14), debemos desechar todo lo que estorba mientras fijamos la mirada en Jesús (Heb 12:1-2).

Pero hay un misterio maravilloso, porque no corremos solos. Por el Espíritu que da vida, podemos conocer a Jesús corriendo a nuestro lado en cada paso del camino. Con nuestro entrenador campeón a nuestro lado, podemos correr para ganar.

Ora

Gracias, Señor Jesús, por ser mi guía en la carrera así como el premio al final. Perdóname cuando pierdo la concentración y, por favor, ayúdame a mantenerme enfocado.

Responde

¿Qué cosas te distraen de «correr la carrera» de seguir a Jesús? Pablo descartó logros pasados y un celo mal dirigido (Fil. 3:7), mientras que en realidad se deleitaba «en las debilidades, en insultos, en privaciones, en persecuciones y en angustias» (2 Cor. 12:10). Realiza un análisis FODA de tu alma: ¿cuáles son tus propias fortalezas y debilidades internas que necesitan mantenerse en perspectiva, y cuáles son las oportunidades y amenazas externas que actualmente necesitas gestionar para perseverar?

SEPTIEMBRE

DÍA 6

Reflexiona

Muchos creyentes hoy en día hablan de «engrandecer al Señor», retomando la expresión que se encuentra en las antiguas Biblias e himnos (Sal. 34:3; Luc. 1:46). Todos sabemos, por supuesto, que no podemos hacer a Dios más grande —no existe un infinito más uno—, pero sí podemos hacer que Él parezca más grande para quienes nos rodean. Podemos honrar la verdad acerca de Él, levantar Su cruz para que otros la vean más claramente, así como una lupa toma la luz que proviene de un objeto que parece pequeño, y la enfoca en una imagen mayor, mostrando más detalles, pero sin cambiar las proporciones de ninguna manera.

El nombre del Señor es grande, y Su pueblo ya lo conoce (1 Sam. 12:22; Sal. 76:1). Pero Él aún tiene la intención plena de que todo el mundo comparta ese conocimiento.

«Y mostraré Mi grandeza y santidad, y me daré a conocer a los ojos de muchas naciones; y sabrán que Yo soy el Señor» (Ezeq. 38:23).

Ora

Señor, me has abierto los ojos a tu grandeza. Anhelo que otros te vean en tu majestad. Ayúdame a contar la verdad que me has mostrado para que pueda cumplir mi parte en enfocar el evangelio.

Responde

Jesús dijo que, si dejamos brillar la luz que Él nos ha dado, la gente verá nuestras buenas obras y dará crédito a Dios (Mat. 5:16). Trata de hacer algo esta semana que pueda provocar preguntas sobre tu fe, recordando siempre que las personas necesitarán ver tus acciones antes de poder preguntar qué las motivó.

SEPTIEMBRE

DÍA 7

Reflexiona

La relación entre lo que tenemos y quiénes somos es compleja y fascinante. A lo largo de la vida, identificamos cosas que nos pertenecen. Algunas las sentimos tan cercanas que las llamamos «una parte de nosotros». Pronto, la línea entre lo que tenemos y quiénes somos se vuelve borrosa, al menos en la forma en que nos percibimos.

Luego, están las cosas que no tenemos, pero deseamos. Estas cosas alimentan la ambición y nuestras esperanzas para el futuro. Comenzamos a ver lo que podríamos lograr y pronto ponemos planes en acción.

Todo eso está muy bien. Pero, ¿cuál es la perspectiva más amplia? ¿Para quién hago todo esto? No importa qué recursos tenga, quién crea que soy, lo que sea que espere ser… puedo entregarlo voluntariamente al Único que me conoce mejor que yo mismo.

Rendirse es ceder y encontrar descanso del esfuerzo que no me llevaba a ninguna parte (Mat. 11:28; 1 Ped. 5:7).

¿Te has rendido?

Ora

Señor, servirte es «libertad perfecta», como dice el antiguo libro de oraciones. Ayúdame a dejar mis cargas a tus pies, para que pueda caminar libre en el conocimiento de que hago lo que tú quieres que haga.

Responde

¿Hay algo a lo que estés apasionadamente dedicado a lograr, una meta específica que pretendes alcanzar en cierto tiempo? Ora al respecto y entrégaselo a Dios. Luego, habiéndole confiado tus planes más preciados, pide que Él te guíe por el camino que debes seguir (Sal. 32:8).

SEPTIEMBRE

DÍA 8

Reflexiona

Cantar al Señor con otros creyentes en un ambiente de devoción santa es una de las experiencias más edificantes que podemos conocer. Pero ¿alguna vez te ha preocupado la terrible posibilidad de que las canciones que cantamos signifiquen más para nosotros como fines en sí mismas que por las verdades que transmiten?

¿Podría ser, por ejemplo, que prefiramos cantar sobre amar a los pobres en vez de hacerlo realmente? ¿Nos conmovemos emocionalmente, pero no avanzamos en lo literal, prefiriendo quedarnos en nuestra existencia cómoda?

Si somos así, hemos olvidado que es precisamente al seguir el corazón de Dios y ponernos en movimiento que encontramos un lugar de alabanza. Cuando un gran grupo de discípulos fue enviado por Jesús a sanar a los enfermos y predicar el evangelio, regresaron alegres (Luc. 10:17).

¿Estás listo para llevar contigo esa reunión de alabanza y vivir una vida de amor?

Ora

Padre celestial, lo último que quiero hacer es acercarme a ti con maravillosas canciones en los labios mientras sé que mi corazón está lejos de ti (Isa. 29:13). Por favor, cambia mi corazón de la manera que juzgues necesaria. Sálvame de la hipocresía (Mat. 15:7) y ayúdame a adorarte «en espíritu y en verdad» (Juan 4:24) para que mi vida coincida con tu compasión.

Responde

La próxima vez que cantes sobre alcanzar a los perdidos o ayudar a los oprimidos, encomiéndale a Dios una persona o situación específica que estés en posición de influir, y luego ponte en contacto con ella sin demora. De hecho, ¿por qué esperar? ¿Puedes hacerlo ahora?

Reflexiona

Dios siempre ha estado preparado para que Su pueblo falle. Mientras nos ha dado todo lo que necesitamos para vivir para Él, también ha estado listo para tratar con nuestro pecado y restaurarnos a la gracia. En el apogeo político de la historia de Israel, cuando David entregó el reino a Salomón, Dios aseguró a Su pueblo que la desobediencia futura traería juicio y exilio, pero que eso no sería el fin: vendrían restauración y renovación.

Dios habló de enviar langostas para devorar la tierra, pero aseguró a Su pueblo que, si se humillaba, Él escucharía desde el cielo (2 Crón. 7:14). El profeta Joel retomó esto en su llamado al pueblo a romper sus corazones y no sus vestiduras: tal arrepentimiento abriría finalmente las compuertas del Espíritu de Dios, haciendo que el pueblo tuviera visiones y sueños celestiales. Tal avivamiento compensaría el daño causado por las langostas de Su juicio (Joel 2:13, 25, 28).

Otro profeta, Malaquías, añadió que aquellos que verdaderamente veneran el nombre de Dios también verán sanidad generacional, ya que padres e hijos se reconciliarán (Mal. 4:2, 6).

Restauración, renovación, reconciliación: estos son algunos de los sueños de Dios para el mundo.

Ora

Rey celestial, tu gracia es asombrosa y tu sabiduría insondable. Gracias por restaurarnos de generación en generación. Ayúdame a soñar tus sueños y a compartirlos con la generación que viene después de mí.

Responde

La próxima vez que pases tiempo con un niño, intenta escuchar cuáles podrían ser sus sueños. ¿Puedes hacerle saber que a Dios le importan y que Él también tiene Sus propios sueños?

SEPTIEMBRE

DÍA 10

Reflexiona

Cuando el pueblo de Israel fue milagrosamente liberado de la opresión de Egipto, tuvo que cruzar un desierto antes de llegar a la tierra prometida. En el camino, hubo batallas que luchar, no solo contra sus enemigos, sino dentro de sus propias filas. Al final, Dios los hizo ir por el camino largo, hasta que se aseguró de que estuvieran listos.

Lo hizo viajando con ellos en una columna de nube durante el día y brillando como fuego de noche. Cuando Él se movía, ellos se movían; cuando Él se detenía, ellos se detenían (Núm. 9:15-17).

El compromiso del Señor con Su pueblo no ha disminuido con los años. Ya sea que enfrentemos las dificultades de la oscuridad o las bendiciones de Su mano, podemos llamarlo para que nos guíe.

Ora

Padre celestial, cuando sienta la tentación de desviarme, ayúdame a estar quieto y dejar que tú seas Dios nuevamente en mi vida (Sal. 46:10). Y cuando recupere un corazón alegre, mantenme cerca de ti, al punto de poder percibir cuando me digas: «Alto», «Avanza» y «Espera» para mi vida.

Responde

¿Qué tan fácil te resulta esperar a Dios antes de emprender un proyecto importante? Haz una lista de las formas en que sirves al Señor, tanto con otros como por tu cuenta. ¿Hay alguna que hayas descuidado comprometer en oración a Dios? Si es así, comienza a enmendar eso ahora.

Reflexiona

Los seres humanos reflejan una compleja gama de emociones y estados de ánimo. Desde las alturas de júbilo hasta las profundidades del remordimiento; desde la risa súbita hasta el dulce alivio de las lágrimas, en la noble perseverancia y la aceptación de la derrota… vivimos a través de las estaciones de la vida «bajo el cielo» (Ecl. 3:1).

Esta es nuestra ofrenda a Dios. Todo esto. Las cosas que entendemos y los problemas que nos vencen, la satisfacción del logro y la frustración del fracaso o la oportunidad perdida. Dios ve todo esto, y cuando juzgue todas las cosas, nos ayudará a verlas por lo que realmente fueron (Ecl. 12:14).

Mientras tanto, entregamos todo —el tapiz completo e interconectado de la vida— a Él, buscando Su sabiduría y Su gloria. Esa es la adoración de una vida entera.

Ora

Señor de toda sabiduría, has hecho «todo hermoso en su tiempo» y pusiste «en la mente humana la noción de eternidad» (Ecl. 3:11). Conoces los sentimientos encontrados que tengo sobre esta vida, cómo amo sus bendiciones pero anhelo el fin de la injusticia que aún aqueja la vida de las personas (Ecl. 4:1-3). Señor, estoy hecho a tu imagen, y solo conoceré plenitud cuando esté contigo para siempre. Mantenme en tu amor y gracia hasta que ese momento llegue, te lo ruego.

Responde

Lee el Salmo 94. Que tu oración de hoy alcance a tus vecinos y a las naciones. Entrégale a Dios las situaciones de injusticia que conoces actualmente. Hazle saber cómo te sientes y entrégale la frustración de la impotencia. Reconoce la derrota… y pídele que la revierta a Su tiempo y a Su manera.

Reflexiona

No tienes que ser pesimista para admitir que, tarde o temprano, la vida nos dará una gran dosis de decepción. Lo hemos visto en nuestras propias vidas, lo tememos para nuestros seres queridos. Y, por supuesto, queremos protegerlos. Sabemos que no podemos evitar que las cosas sucedan, pero cuando ocurren, queremos hacer todo lo posible para proteger ese tesoro vulnerable y poderoso llamado fe.

Gracias a Dios que nos ha dado los unos a los otros. Cuando estamos abatidos y necesitamos un amigo, hay un lugar donde apoyar nuestra cabeza cansada, hasta que finalmente podamos levantarnos de nuevo.

Fundamentalmente, ese lugar es Jesús, pero como Su cuerpo aquí en la tierra, tenemos nuestro papel en llevar las cargas los unos de los otros (Gál. 6:2).

La vida tiene sus batallas, y es mejor pelearlas juntos.

Ora

Señor resucitado, gracias por ser un amigo para mí. Y gracias por colocarme en tu cuerpo, la iglesia. Ayúdame a encontrar amistad duradera allí, mientras doy y recibo amor y ánimo.

Responde

¿Conoces a alguien que lucha con esperanzas desvanecidas, y que parece no tener el apoyo de amigos? Trata de averiguar más sobre su situación. Puede que no seas el indicado para acercarte a esa persona, pero tal vez puedas ponerla en contacto con otro creyente. Haz de tu primer acercamiento un motivo de oración.

SEPTIEMBRE

DÍA 13

Reflexiona

¿Cómo puede ser que el Dios Todopoderoso, Aquel que puso cada estrella en su lugar, se interese por nosotros? (Sal. 8:3-4). Las primeras pistas para una respuesta se encuentran en las primeras páginas de la Biblia, donde Dios dice: «Hagamos al hombre a Nuestra imagen, conforme a Nuestra semejanza; y ejerza dominio [...] sobre toda la tierra» (Gén. 1:26). Dios creó todas las cosas, pero nos hizo para ser de alguna manera vital como Él. Ya vemos las semillas de una relación por venir.

Trágicamente, la relación se arruinó, pero no de forma irreparable. Aunque alejado por el pecado de aquellos que había creado, de modo que ahora estaba «lejos» de ellos, a través de Cristo, Dios removió el castigo del rebelde y restauró la relación (Rom. 5:10; Ef. 2:13).

¿Y ahora? Ahora tenemos la perspectiva de maravillas por venir, mientras esperamos nuestra reunión completamente plena con Él (1 Cor. 13:12).

Creados, redimidos y en camino a la restauración... ¿qué mejor motivo para una alabanza sin fin?

Ora

Gracias, Señor, por tu gran plan de redención. Toda la Escritura da testimonio elocuente de tu historia con nosotros. Aunque tienes un universo que gobernar, nos has hecho tu proyecto especial, y por eso nos inclinamos y adoramos.

Responde

Cada ser humano está hecho a imagen de Dios. Eso incluye a tu vecino, compañeros difíciles, tu familia extendida, y aquella persona que parece poco probable que alguna vez reconozca a Dios. Ora por cada uno ahora. ¿Hay alguna manera en la que puedas mostrarle el amor de Cristo esta semana, a través de una simple palabra de ánimo o un acto de servicio que no espere recompensa? (Mat. 5:46).

SEPTIEMBRE

DÍA 14

Reflexiona

Si hablas hoy con personas fuera de la iglesia sobre Jesús, encontrarás a muchos que creen que Él existió a principios del primer siglo, que fue un buen hombre —incluso un iluminado— pero que la religión cristiana de alguna manera lo ha malinterpretado. Lo triste es que probablemente lo malinterpretamos cada día, pero no de la manera que esas personas piensan. Muy lejos de ser menos que las afirmaciones de muchos cristianos e iglesias, la Biblia revela que Jesús fue y es mucho más.

Como el Verbo mismo de Dios, Jesús es Aquel a través de quien todo fue hecho —toda la creación— y a través de quien todo se sostiene (Juan 1:1-3; Col. 1:16-17).

Asombrosamente, dejó la gloria por causa de una cruz (Juan 17:5; Fil. 2:6-8), pero durante Su tiempo en la tierra, dio grandes indicios de Su verdadero origen e identidad (por ejemplo, Mar. 4:41; Juan 20:27-28).

Y aun hoy, Él intercede por nosotros para llevarnos de vuelta a casa (Heb. 7:25).

Este es el verdadero Jesús. Él merece ser representado fielmente, no solo por lo que decimos de Él, sino por cómo lo decimos.

Ora

Señor Jesús, quiero ser fiel al testimonio bíblico acerca de ti. A veces es tan difícil hablar con personas que no tienen idea de lo grande que eres. Ayúdame a tocar las verdades que abrirán sus corazones a tu humildad y majestad.

Responde

¿Cómo le contarías a alguien en sesenta segundos quién fue y es Jesús, y qué ha hecho y está haciendo? Trata de escribir algunos puntos clave, quizá comenzando con esta canción y los pasajes bíblicos mencionados arriba. Luego, prueba tu resumen con un amigo.

Reflexiona

¿Por qué adoramos? ¿Cómo conocemos al Señor en absoluto? ¿Qué nos hace querer inclinarnos y reconocerlo como el que ama nuestras almas y Maestro de nuestras vidas? La respuesta es: por causa del mismo Señor. Si no fuera por Él, nuestra adoración se extraviaría y estaríamos perdidos en alguna forma de idolatría u otra.

Sin embargo, hay una belleza que hizo que este corazón adore. No es solo la belleza de las cosas que Él ha hecho, aunque ciertamente estas nos señalan Su gloria (Rom. 1:20); es nada menos que la «iluminación del conocimiento de la gloria de Dios en el rostro de Cristo» (2 Cor. 4:6).

Jesús —quien humildemente dejó la gloria del cielo por nosotros (Fil. 2:7)— nos llama a venir a Él (Mat. 11:28-29) y seguirlo (Juan 12:26).

Nos llama a adorarlo.

Ora

Padre celestial, leo lo que has hecho por mí en Cristo, pero me doy cuenta de que no puedo saber cuánto te costó dar a tu único Hijo por nosotros, por mí (Juan 3:16). Te debo mi vida doblemente, como alguien creado por ti y salvado por ti. Solo tú mereces la adoración de mi corazón, y la doy con gusto de nuevo ahora.

Responde

La adoración a Dios puede ser una realidad para «todo aquel que cree» (Juan 3:16). Esta semana, intenta compartir abiertamente con alguien que no cree en Jesús algo del privilegio asombroso de la verdadera adoración y la alegría única que trae.

Reflexiona

Si quieres el libro de oraciones por excelencia, ve a los Salmos. Se ha dicho que su mensaje es simplemente este: Dios es bueno y la vida es dura. Sin duda, este es el lugar para ver a los creyentes luchar con la duda y el miedo, consigo mismos y con Dios.

«Mi alma también está muy angustiada; y Tú, oh Señor, ¿hasta cuándo? Vuélvete, Señor, rescata mi alma; sálvame por Tu misericordia» (Sal. 6:3-4). «Sácame del cieno y no dejes que me hunda» (Sal. 69:14). «Aunque yo ande en medio de la angustia, Tú me vivificarás; [...] Tu diestra me salvará. [...] Eterna, oh Señor, es Tu misericordia; no abandones las obras de Tus manos» (Sal. 138:7-8).

Si estás destrozado por la última de una serie de desgracias, o tu mente da vueltas buscando respuestas, sabes dónde buscar rescate.

«A Ti levanto mis ojos, ¡oh Tú que reinas en los cielos!» (Sal. 123:1).

Ora

Señor soberano, cuánto me gusta leer estas oraciones... las mismas que el Señor Jesús leyó aquí en la tierra. Estoy de rodillas... por favor, guíame a través de las dificultades de esta vida. Y hazme consciente de otros que están pasando por tiempos difíciles.

Responde

Una de las consecuencias de las dificultades reales es el aislamiento, ya que nos atrincheramos y nos preparamos para las tormentas por venir. Si estás luchando en este momento, no te aísles de tus amigos. Y, sea cual sea tu situación actual, presta atención a quienes están agobiados por la tormenta. ¿Puedes hacer tiempo para ellos?

SEPTIEMBRE

DÍA 17

Reflexiona

Cuando Jesús presentó Su manifiesto para la vida, puso la sabiduría del mundo de cabeza (1 Cor. 2:7). Los perdedores se convirtieron en ganadores (Mat. 10:39) y para quienes buscaban la vida, el camino estrecho cobró ahora mayor atracción (Mat. 7:14). El descanso es algo a lo que nos esforzamos por entrar (Heb. 4:11), mientras que a los que tienen, se les dará más (Mat. 13:12).

Esta es la vida inesperada del reino, donde Cristo toma nuestro pecado para que podamos ser justos (2 Cor. 5:21). Incluso las pruebas pueden convertirse en gozo porque sabemos que estamos siendo hechos a Su semejanza (Sant. 1:2-4; Rom. 5:3-4; 1 Jn. 3:2).

«Pero el hombre natural no acepta las cosas del Espíritu de Dios, porque para él son necedad; y no las puede entender, porque son cosas que se disciernen espiritualmente. [...] ¿Quién ha conocido la mente del Señor, para que lo instruya? Pero nosotros tenemos la mente de Cristo» (1 Cor. 2:14, 16).

Ora

Señor, es un gran privilegio ser ciudadano de tu reino. Gracias por poner mi vida en el sentido correcto. Ayúdame a mantenerme firme mientras interactúo con un reino muy diferente a mi alrededor (Ef. 2:2).

Responde

¿Cómo está progresando la vida del reino de Dios en tu interior? Tómate unos minutos para leer 1 Corintios 2. ¿Dónde confías en la sabiduría humana y dónde miras la de Dios? Sé consciente del Espíritu de Dios que vive en ti y pídele que ilumine tu pensamiento, para que tus suposiciones más profundas sobre la vida se alineen con la sabiduría de Dios. ¿Hay áreas que sientes que Él podría estar señalando?

SEPTIEMBRE

DÍA 18

Reflexiona

A veces, vale la pena especular respecto a las cosas de las que nos ha salvado el Señor. ¿Cómo habría sido yo si Él no hubiera entrado en mi vida y me hubiera tomado bajo Su protección? ¿Habrían echado raíces más profundas los brotes de orgullo y odio? ¿Habría preferido caminar erguido en lugar de estar de rodillas, dependiendo del único que puede salvarme de mí mismo? (Sal. 39:8)

¿Cómo logré alejarme del egoísmo? La verdad es sencilla pero profunda: soy salvo por gracia (Ef. 2:8). Le debo toda mi vida a Él… mi lugar en la historia y mi lugar en Cristo.

Por eso sé que debo vivir para la gloria de Dios.

Ora

Padre celestial, me doy cuenta de que no es posible saber cómo habría sido mi vida sin ti, pero te doy gracias por salvarme de lo que podría haber sido, y ahora te entrego mi vida tal como es, pidiendo que me ayudes a vivir el destino que tengo en ti.

Responde

Quizás no recuerdes un momento en que no creías en Dios, pero ¿puedes recordar un período en el que no estabas tan cerca de Él y no seguías el Camino? (Hech. 24:14). ¿Cuáles son las cualidades de carácter que has descubierto en ti desde entonces? Sería bueno hablar de esto con alguien más si puedes.

SEPTIEMBRE

DÍA 19

Reflexiona

Cuando el apóstol Pablo dio un giro a su vida tras su encuentro dramático con el Señor Jesús resucitado y ascendido (Hech. 9:4-5), se esforzó por mostrar a sus hermanos judíos que la justicia de Dios se cumplía totalmente en el evangelio que ahora proclamaba.

Esta buena noticia de la misericordia y gracia de Dios fue posible por una sola razón: la «propiciación» hecha por Jesús, un sacrificio que cualquiera puede hacer suyo «por Su sangre a través de la fe». Pablo argumentó firmemente que Dios hizo esto «como demostración de Su justicia» (Rom. 3:25).

¿Cómo es esto? En el pasado, dice Pablo, Dios dejó «impunes» los pecados de Su pueblo, una señal de que el sistema sacrificial no había tenido un efecto real ni duradero en este aspecto (Heb. 10:4). Pero ahora en la cruz, la justicia fue cumplida y se vio que fue cumplida.

El resultado es lo que Pablo llamó acertadamente «el glorioso evangelio» (1 Tim. 1:11): cualquiera puede ser «[justificado] gratuitamente por Su gracia por medio de la redención que es en Cristo Jesús» (Rom. 3:24). Solo tienes que creer (Rom. 3:22).

Ora

Padre santo, me asombra cómo encontraste la manera de satisfacer tu justa ira contra nuestro pecado y al mismo tiempo declararnos justos ante tus ojos. Tal es la maravilla y la buena noticia de la cruz. Ayúdame a entender esto más y más, y a compartir el mensaje fielmente.

Responde

¿Eres capaz de compartir la buena noticia de la misericordia de Dios sin minimizar Su justicia ni implicar una separación entre Su amor y Su ira? Reflexiona nuevamente sobre lo que ves como el mensaje del evangelio y revísalo para asegurar su equilibrio bíblico.

SEPTIEMBRE

DÍA 20

Reflexiona

Cuando entablamos una relación con alguien, esperamos cierta reciprocidad. Sabemos que cada uno es tan falible como el otro, aunque nuestras debilidades particulares serán asunto nuestro. Nuestras suposiciones y expectativas se basan en esta mutualidad.

¡Qué diferente es con Dios! Que podamos conocerlo depende de Su providencia. Lo único que aporto a la relación es una respuesta a Su iniciativa. Tratar de estar a Su altura sería una causa perdida, y afortunadamente, nunca tengo que hacerlo.

De hecho, esta es una relación donde la desigualdad está a mi favor. Él ha sacrificado Su vida: la copa del «nuevo pacto» fue «derramada» por mí (Luc. 22:20). Todo lo que tengo que hacer es responder, ¿y qué podría ser más apropiado que entregar mi vida a cambio?

Ora

Señor amoroso, mi corazón está lleno de gratitud por todo lo que has hecho para que nuestra relación funcione. La has fundamentado en tu amor, y la mantienes por tu gracia. Ayúdame a no apartarme jamás (Heb. 3:12) sino a permanecer fiel y verdadero al amor que compartimos.

Responde

Piensa en las diversas relaciones que tienes de carácter no romántico: con familia, amigos, vecinos o colegas. ¿Hay alguna que estés descuidando, o en la que estés dejando que la otra persona haga la mayor parte del esfuerzo? ¿Por qué no te pones en contacto hoy, si puedes, como señal de que sigues firme en tu compromiso?

SEPTIEMBRE

DÍA 21

Reflexiona

¿Cómo le dices «gracias» al Señor del universo? Sabiendo que le debes todo y que a Él no le falta nada, ¿qué más podrías darle sino cada respiración que tienes?

En esto hay una gran libertad. No puedes impresionarlo ni sorprenderlo ni escandalizarlo, aunque la buena noticia es que puedes agradarle (Ef. 5:10). Y en el aire fresco de un nuevo comienzo, con el costo de tu pecado totalmente pagado y tu vergüenza removida, el camino está claro para una vida que te llevará nada menos que a las puertas del cielo.

Paga la deuda de amor con alegría y camina en libertad.

Ora

Amoroso Señor Jesús, eres el máximo benefactor, y no puedo agradecerte lo suficiente por lo que has hecho. Y es sorprendente, Señor, que en realidad no tengo que «agradecerte lo suficiente»... no se trata de pagar con la misma moneda. Pero sí quiero ofrecer mi vida como un sacrificio vivo en honor a ti, y probar por mí mismo lo agradable que es vivir en tu voluntad (Sal. 34:8-9; Rom. 12:1-2).

Responde

¿Hay alguien que no ha hecho las paces contigo, dejando la relación incómoda? Lee Mateo 18:21-35 para recordarte la naturaleza ilógica de la falta de perdón: nos han perdonado todo, por lo cual no tiene sentido negarle el perdón a nadie más. ¿Qué puedes hacer para intentar despejar el ambiente?

SEPTIEMBRE

DÍA 22

Reflexiona

Las leyes de la física son reconfortantemente lógicas, si olvidamos por un momento lo que los científicos dicen sobre el nivel cuántico. Así que, si por ejemplo, el impulso de una bola de metal que oscila es suficientemente grande, y la bola tiene suficiente masa, entonces no hay nada que una pared de ladrillos pueda hacer ante el impacto salvo colapsar. No tiene sentido resistirse, como dicen. Es la ley de la física.

Existe una ley espiritual que funciona de manera similar: si tienes a Dios de tu lado, no hay nada que pueda oponerse a ti (Rom. 8:31). Si algo se interpone en el camino de Dios y no se mueve, la única razón por la que mantiene su posición es que Él está usando esa resistencia para Sus propósitos mayores.

Entonces, ¿cómo haces para tener a Dios de tu lado? Simple: no lo haces. Te unes a Su lado.

Ora

Gracias, Señor, porque podemos ser más que vencedores si estamos en Cristo (Rom. 8:35, 37)... tenemos más que suficiente para compensar cualquier cosa que el enemigo ponga en nuestro camino. Confieso, Señor, que no siempre se siente así, y a veces pienso que las probabilidades están en mi contra. Ayúdame a poner mi confianza en tu poder soberano y a ver las cosas como realmente son.

Responde

Piensa en una situación por la que actualmente oras y donde el éxito parece poco probable. Puede ser la conversión de un amigo, o una guía que se muestra esquiva, o una debilidad que no te deja en paz. Ahora mírala a la luz de la ley espiritual de la superioridad de Dios, y agradécele que la victoria será finalmente suya, y por lo tanto, tuya. Ora por paciencia y perseverancia hasta que se alcance esa victoria.

SEPTIEMBRE

DÍA 23

Reflexiona

Hace varios miles de años, tal vez adelantado a su tiempo, alguien escribió este proverbio: «El corazón alegre es buena medicina, pero el espíritu quebrantado seca los huesos» (Prov. 17:22). En tiempos recientes, la profesión médica ha reconocido cada vez más que nuestro bienestar físico, mental y emocional está interconectado.

Sabemos que es verdad. Con el tiempo, lo que sentimos en nuestro espíritu, pensamos en nuestra mente o sentimos en nuestro corazón influirá en nuestra condición física, y viceversa. Somos seres integrados. Si vivimos una vida de incredulidad, tarde o temprano sentiremos un vacío interior que puede tener repercusiones clínicas. Si perdemos la esperanza, no pasa mucho tiempo antes de que estemos enfermos de corazón (Prov. 13:12). Decimos que estamos perdiendo el deseo de vivir.

Pero hay un remedio: la esperanza viva de la fe en el Jesús resucitado (1 Ped. 1:3). Jesús y Su resurrección lo cambian todo, no solo en el escenario de la historia mundial, sino en el funcionamiento interior de mi propia alma.

Ora

Señor, creo en ti. Por favor, cúrame de lo que queda de incredulidad en mí (Mar.. 9:24). Tú eres el gran Médico, y tienes el remedio necesario para cada corazón pecador, incluido el mío (Mar. 2:17). Por favor, guía mis pasos bien lejos del profundo hoyo de la incredulidad, mientras pongo mi confianza en ti hoy.

Responde

Lee el Salmo 38. Es hora de un pequeño diagnóstico. ¿Cómo está tu corazón: confiado y dispuesto? ¿Y tus huesos? ¿Están sanos (para su edad), permitiéndote caminar erguido, libre del peso del pecado? ¿Brillan tus ojos con la luz de la paz interior? Donde falte alguno de estos, acércate a Dios por el «agua pura» que limpia la conciencia así como el cuerpo (Heb. 10:22).

SEPTIEMBRE

DÍA 24

Reflexiona

A veces, es bueno reflexionar... sentir el peso de algo en nuestra mente. Eso nunca será más valioso que cuando consideramos todo lo que el Señor ha hecho por nosotros.

Él es la base de nuestra salud espiritual, la cual puede tener un efecto directo en nuestro bienestar emocional y físico (Prov. 3:7-8). Es el autor de nuestra salvación (Heb. 2:10), habiéndola asegurado en el Calvario, arraigado en nuestras propias vidas, y prometido su cumplimiento en el día del juicio y la restauración de todas las cosas (Rom. 5:9; 1 Ped. 1:5).

Estamos rodeados de Su bondad, la cual, junto con la misericordia que tan desesperadamente necesitamos, nos atiende como un siervo fiel, cuidando de nuestras necesidades diariamente mientras lo miramos a Él (Luc. 11:3).

Ven ahora con alabanzas ante Él.

Ora

Dios todopoderoso, gracias por sostener mi vida y ordenar mis días (Sal. 139:16; Heb. 1:3). Por favor, prospera la obra de mis manos mientras busco hacer tu voluntad en el lugar donde me has puesto.

Responde

¿Puedes sentir el peso de las verdades sobre Dios que este himno celebra? Piensa en el Señor del universo, que mantiene todo en marcha con una palabra, imperturbable frente a la crisis y reinando con majestad soberana. Considera cómo vela por Sus amados y los protege del daño espiritual (Sal. 121:7). Ahora, deja que estas verdades se filtren a través de tus pensamientos hasta llegar a tu subconsciente. Allí pueden hacer el máximo bien al empezar a cambiar tus suposiciones básicas sobre la vida, una vida donde Dios tiene el control.

SEPTIEMBRE

DÍA 25

Reflexiona

Quieres entregarte completamente a Jesús, pero ¿alguna vez te has sentido culpable por no pensar en Él todo el tiempo? ¿Crees que deberías estar consciente de Él en cada momento de vigilia? Si es así, te llevarás una decepción. Simplemente, no estamos hechos así. Por más temas que guardemos en la cabeza, en general no podemos concentrarnos en más de uno a la vez. Incluso cuando creemos que sí, en realidad estamos cambiando rápidamente entre ellos, manteniendo los platos girando. Así es la naturaleza de la concentración.

¿Debería entonces el Señor llenar nuestros sueños? Los sueños son una forma de procesar los eventos del día: si nuestros días ya están llenos de muchas cosas, también lo estarán nuestros sueños.

Entonces, ¿qué significa entregarle toda mi vida a Aquel que se entregó por mí? Significa que le ofrezco todo lo que me hace «yo». Sea lo que sea en lo que estoy pensando, allá donde esté mi enfoque actual, lo he comprometido todo a Su cuidado y a Su señorío.

Todavía debo manejar mi propia vida, pero cada vez que «cambio» a pensar en Dios, Él está allí. Nunca se ha ido.

Ora

Señor amoroso Jesús, nada se compara con conocerte (Fil. 3:8). Gracias por darme una vida para vivir, y por compartirla conmigo —cada parte— aunque no siempre tenga conciencia de tu presencia a mi lado. Gracias también por el Espíritu Santo, que tantas veces corre silencioso en segundo plano, sosteniendo mi vida en ti.

Responde

Piensa en las cosas que esperas hacer en las próximas veinticuatro horas. Imagina al Señor caminando contigo a través de ellas ahora, y sabe que eso será verdad, incluso cuando tu mente esté en otro lugar.

SEPTIEMBRE

DÍA 26

Reflexiona

La doctrina de la santísima Trinidad siempre ha sido central para el cristianismo ortodoxo, pero si preguntas a la gente por qué, los ejemplos que suelen surgir son cosas como el agua, el hielo y el vapor, o los tréboles de tres hojas. Aunque es un intento comprensible de dar sentido al misterio de la autorrevelación divina, ¿podría ser que se esté perdiendo de vista lo más importante?

Lo importante es lo siguiente: así es como el Dios todopoderoso ha elegido revelarse a nosotros. El Padre nos amó desde la eternidad y ha entregado toda autoridad al Hijo (Ef. 1:4-5, 22). Como el Verbo de Dios, Jesús es el Hijo eterno que se hizo uno de nosotros, murió por nosotros y liberó al Espíritu sobre nosotros, permitiéndonos venir al Padre (Juan 1:14; Ef. 2:16, 18; Heb. 1:3).

El Espíritu hace que Dios con nosotros sea una realidad en nuestras vidas ahora mismo, dando vida a nuestras oraciones mientras nos relacionamos con Dios como nuestro Padre amoroso (Rom. 8:15).

La Trinidad… realmente es simple.

Ora

Padre celestial, gracias porque puedo venir a ti por medio de Jesús y por el Espíritu. Todo en ti me dice que eres bueno. Nos amaste desde el principio, viniste a habitar entre nosotros y probaste que era verdad, y ahora te mueves entre nosotros mientras compartimos ese amor. Bendito sea Dios por siempre.

Responde

«El amor de Dios ha sido derramado en nuestros corazones» (Rom. 5:5) tal como podríamos servir una bebida en varias copas para nuestros invitados. Piensa en la copa desbordante de una vida vivida en gratitud a Dios (Sal. 23:5) y pide a Dios que te ayude a compartir lo que ha sido derramado en la tuya. Y recuerda: cualquiera que se acerque, se mojará, sin importar quién sea.

SEPTIEMBRE

DÍA 27

Reflexiona

Han existido compositores de canciones desde que existen los amantes, y se nos dice que el rey Salomón escribió más de mil (1 Rey. 4:32). Su Cantar de los Cantares puede ser uno de ellos, si no fue escrito para él. De cualquier modo, expresa con gran sutileza artística las alegrías, los anhelos y los placeres de una pareja enamorada, mientras que su lugar en las Escrituras ha llevado a muchos creyentes a interpretarlo como un paralelo de nuestra relación con Dios.

En su visión en la isla de Patmos, Juan vio a los que creen en Cristo representados como una novia que se prepara para su Señor. El vestido de boda estaba compuesto por las «acciones justas» que surgían de su fe y compromiso (Apoc. 19:7-8).

Ese día de boda se acerca. A medida que nos acerquemos lo suficiente para escuchar el latido del corazón de nuestro Novio, el Señor Jesús, nos sentiremos impulsados a extender Su invitación a «todos» los que estén preparados para ponerse el «traje de boda» de Su justicia (Mat. 22:9, 12).

Deja que tu pasión por Él te llene de Su compasión por aquellos que vagan como «ovejas sin pastor» (Mar. 6:34).

Ora

Querido Señor, me encanta pasar tiempo en tu presencia, absorbiendo tu amor. Ayúdame a llevar ese amor conmigo dondequiera que vaya, y a compartirlo con quienes me encuentre.

Responde

En la parábola del banquete de bodas del rey, los siervos fueron enviados a «las salidas de los caminos» para invitar a quienes encontraran allí (Mat. 22:9). Piensa en quienes suelen estar en las calles de tu barrio o en tu ciudad más cercana. ¿Hay personas que lleven el amor de Cristo a ellos? ¿Podrías apoyarlas o unirte a ellas?

SEPTIEMBRE

DÍA 28

Reflexiona

Después de que Jesús resucitara de entre los muertos y ascendiera al cielo, Su familia, amigos y discípulos «estaban unánimes, entregados de continuo a la oración» (Hech. 1:14). Aún conmocionados por los acontecimientos de las últimas semanas, empezaron a esperar con expectativa que Jesús les enviara algo desde el cielo. Alguien del cielo.

Entonces, cayó el fuego. Un viento impetuoso entró en la casa y llamas parecían reposar sobre cada uno de ellos (Hech. 2:2-3). Todo ese alboroto pronto atrajo a una multitud. Impulsados por una pasión por el nombre de Jesús, cada creyente comenzó a declarar «las maravillas de Dios» de maneras que conectaban profundamente con los espectadores (Hech. 2:11).

Después, con solo un sermón de Pedro, quedaron «conmovidos profundamente» (Hech. 2:37).

Esperando. Orando. Alabando. Predicando. Juntos.

Ora

Señor Jesús, gracias por derramar el Espíritu Santo sobre todos los que ponen su confianza en ti (Hech. 2:33). Queremos más, Señor, lo que tú decidas... danos lo que necesitemos para cantar tus alabanzas entre la gente.

Responde

¿De qué maneras tu adoración a Dios te ayuda a conectar con las personas a tu alrededor? ¿Estás profundizando lo suficiente en Él como para ser impulsado de nuevo a Su mundo? Pídele al Espíritu Santo que te dé hoy lo que necesitas para hablar la «lengua nativa» de aquellos que encuentres, para que quieran saber más (Hech. 2:8, 12).

SEPTIEMBRE

DÍA 29

Reflexiona

Si alguna vez has encontrado algo que consideras un tesoro —quizás un hallazgo raro en una expedición de compras— puedes recordar ese momento en que tu emoción crece rápidamente, solo para chocar con un techo de discreción, al darte cuenta de que debes negociar un precio realista.

Jesús contó una historia breve de un hombre que encontró un tesoro escondido enterrado en un campo. Decidió comprar el campo para hacer suyo el tesoro. Aunque vendió todo lo que tenía para obtener el campo, el tesoro enterrado en él valía mucho más. Para él, había hecho un gran negocio.

Jesús dijo que el reino de los cielos era así (Mat. 13:44). Sabes que tienes algo que vale mucho más de lo que puedes pagar, y sin embargo, por la gracia de Dios, es tuyo si das todo lo que tienes. Lo que tienes nunca podría ganar el premio, pero sí lo asegura.

Jesús es el tesoro que espera ser encontrado... está más allá de nuestro presupuesto, pero es nuestro por la gracia de Dios.

Ora

Señor Jesús, has resultado ser mucho más maravilloso de lo que jamás esperé. Supe que era correcto entregarte todo, pero no podía imaginar cuán precioso, cuán invaluable sería conocerte. Gracias por superar los deseos de mi corazón.

Responde

La próxima vez que tengas una conversación seria con un amigo que no conoce a Jesús, averigua qué es lo que más valora. Trata de encontrar maneras de mostrar cómo una relación con Jesús superaría incluso esas cosas... no para menospreciarlas, sino para mostrar lo mucho más grande que sería conocer a Jesús.

SEPTIEMBRE

DÍA 30

Reflexiona

En el antiguo mundo romano, si alguien contraía una deuda tan grande que no veía salida, la esclavitud era la única opción viable que le quedaba. Una vez puestos en venta en el mercado, la única chance de libertad era que alguien lo redimiera. Para ello, el benefactor tenía que pagar el precio necesario —generalmente, incluyendo una donación a un dios local—, y entonces, el exesclavo era libre.

Esto es lo que nuestro Redentor ha hecho. Ha pagado el precio por nuestros pecados y ha satisfecho por completo al único Dios verdadero, liberándonos así. Esto nos deja en deuda con Él. Por supuesto, nunca podríamos pagarle, pero comprendemos que, moralmente, ahora le pertenecemos. Solo que ahora hay una diferencia, porque nos hemos unido a Él por lazos de amor, no de esclavitud.

Ora

Gracias, Jesús, por liberarme de la esclavitud del pecado, pagando el precio de la redención con tu sangre preciosa «según las riquezas de [tu] gracia» (Ef. 1:7). Por ti, camino libre, y me someto voluntariamente a tu amoroso señorío.

Responde

Fuimos comprados por un precio (1 Cor. 7:23). ¿Alguna vez has sido tentado a considerar tu pertenencia a Jesús como algo que te restringe en lugar de liberarte? Dedica un tiempo ahora para repensar esa visión, agradeciéndole por liberarte de la inevitabilidad del pecado. Recuerda que tu servicio a Él es voluntario. ¿Hay alguien que conoces que necesite saber esto también? Asegúrale que este es el camino de la verdadera alegría (Juan 15:11).

OCTUBRE

DÍA 1

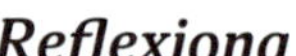

Reflexiona

Muchas veces, nos hemos acercado un domingo a la iglesia y hemos pensado que la adoración a Dios solo ocurre cuando cantamos en ese espacio físico. Y al salir, pensamos que ya acabó el tiempo de dar alabanza a Dios. Si te dijera que ese sería solo el primer paso, ¿te atreverías a buscar más?

Una vida de adoración no es solo cuando abrimos nuestros labios. En el pasaje que veremos a continuación, Jesús nos invita a conocer una forma real de adoración, en espíritu y en verdad. Nuestra vida debe reflejar una vida de adoración, en casa, en el trabajo, en la universidad, en la familia o en la escuela. Cuando vivas en obediencia a Dios y sujeto a Sus verdades, también estarás adorando. «Pero la hora viene, y ahora es, cuando los verdaderos adoradores adorarán al Padre en espíritu y en verdad; porque ciertamente a los tales el Padre busca que lo adoren» (Juan 4:23).

Que Dios sea tu razón cada día, para levantar tu corazón y buscar adorarlo en cada paso que das.

Ora

Señor, alabado sea tu nombre. Gracias por llamarnos tus hijos y darnos el privilegio de adorarte con nuestra vida. Perdona mi pecado y que mi vida sea un olor fragante a ti. Te doy honra y honor, en el nombre de Jesús.

Responde

Esta semana, no esperes solo el domingo. Abre tu Biblia cada mañana y ora pidiendo que el Espíritu Santo te recuerde que en todo momento hay que vivir en obediencia y honra a nuestro Dios. Elige un versículo y escríbelo en algún lugar donde puedas recordar esa verdad en tu vida.

OCTUBRE

DÍA 2

Reflexiona

Los hijos de Dios estamos tentados muchas veces a hacer lo que no debemos hacer. El pecado y la tentación pueden llamar a la puerta con toda la intención de vernos caer, porque lo que sucederá es que deshonraremos a Dios una vez que pequemos.

Sin embargo, Dios fue muy claro al mandar a Pablo a recordarnos que: «Ya sea que coman, que beban, o que hagan cualquier otra cosa, háganlo todo para la gloria de Dios» (1 Cor. 10:31). No dar gloria a Dios puede verse en una mentira dentro del trabajo, un fraude en mis negocios, una traición en alguna relación o vivir no cultivando una relación con Dios.

Nosotros tenemos el regalo de ser llamados hijos de Dios. Que nuestra motivación para vivir cada día sea recordar que estamos en esta tierra para Su gloria. ¿Cómo no vivir buscando serle fiel en cada cosa que hacemos?

Ora

Señor grande y misericordioso, gracias por darnos la oportunidad cada día de ir a tus pies y reconocerte como nuestro soberano Dios. Oro para que mi vida sea un testimonio de tu gloria.

Responde

Piensa en alguna persona que necesita recibir de ti alguna palabra del Señor. Quizás sabes que está pasando problemas o tienes una relación por reconstruir con esa persona. Recuerda: todo lo que hagas hazlo para la gloria de Dios, búscala y dale a esa persona una palabra de verdad de Dios.

Reflexiona

Cuando pensamos en el sacrificio de Jesús en la cruz, nuestro razonamiento no puede entender cómo pudo pagar las culpas de toda la humanidad. El hijo de Dios fue entregado por pecadores para salvar a esos mismos pecadores. Es indescriptible.

En Romanos 12:1, Pablo dice que nuestra vida debe ser entregada por completo a Dios y que, en este mundo, pese a las aflicciones, debemos presentarnos delante de nuestro Dios listos y firmes para ser moldeados por Él y vivir en sacrificio por amor a Su nombre.

«Por tanto, hermanos, les ruego por las misericordias de Dios que presenten sus cuerpos como sacrificio vivo y santo, aceptable a Dios, que es el culto racional de ustedes» (Rom. 12:1, NBLA)

Ora

Señor, gracias por entregar a Jesús por nosotros. Perdona nuestros pecados y ayúdanos a vivir una vida realmente en sacrificio a ti, donde las tentaciones de este mundo y nuestra propia carne no nos nublen la mente, y podamos ver tan solo tu verdad absoluta.

Responde

Quizás hoy alguien está necesitando tu ayuda. Habla con algún familiar o amigo que sepas que está batallando con algún problema y ofrécete a ayudarlo. Que esta sea una pequeña manera de recordar ser sacrificado, entregando un servicio desinteresado a quien lo necesite.

OCTUBRE

DÍA 4

Reflexiona

Tan solo al levantar los ojos puedes ver la maravilla de la creación: el cielo despejado o la maravilla al formarse las nubes para la lluvia. Las tierras listas para el cultivo o listas para esperar la siguiente siembra. Todo es parte de una creación divina y majestuosa. Todo fue creado por el mayor de los artistas, el Soberano. Cada respiro de esta tierra y de la creación muestran Su grandeza y majestad.

Entonces, ¿cómo no alabarlo? El salmista nos recuerda que no existe ningún pensamiento humano, ni aun mi propia descripción sobre la belleza de la creación, que pueda entender tanta majestuosidad y grandeza.

«Grande es el Señor, y digno de ser alabado en gran manera; y Su grandeza es inescrutable» (Sal. 145:3).

Ora

Señor, no merecemos ser llamados tus hijos. A ti, el Soberano, te plació mirarnos y amarnos a pesar de nuestras transgresiones. A ti, que miras un corazón arrepentido, te rogamos por tus misericordias y que nos muestres tu grandeza e indiscutible amor cada día para nosotros, tu creación.

Responde

Hoy, piensa en una persona que necesite escuchar esta verdad. Déjale un mensaje de texto, escríbele una nota a mano, o sal con ella y hablen de este tema. Pero no dejes de compartir con otros la grandeza de nuestro Dios.

OCTUBRE

DÍA 5

Reflexiona

Al levantarte cada mañana, te has dado cuenta de la grandeza del cielo. No tiene límite, y no tiene fin. Así de grandiosa es la obra de Cristo; no podemos entenderla. Es un misterio hermoso y real. En la carta a los colosenses, Pablo nos enseña que no hay nada en este mundo que pueda compararse a Su obra. Y nos recuerda que todo ha sido creado por medio de Él y para Él.

«Porque en Él fueron creadas todas las cosas, tanto en los cielos como en la tierra [...]; todo ha sido creado por medio de Él y para Él» (Col. 1:16).

Ora

Señor gracias porque por ti y para ti fueron hechas todas las cosas. Nada es hecho sin tus propósitos eternos. Gracias por enviarnos a Jesús como nuestro Salvador y único Redentor.

Responde

Piensa en una persona que no conozca que Jesús vino a este mundo para salvarnos de nuestra propia condenación, y háblale de Jesús. Puede ser un trabajo adicional en tu ajetreada agenda, pero ¿acaso no lo vale? Usemos nuestro tiempo para ir y predicar de Aquel que nos dio vida eterna y nos libró de la condenación.

OCTUBRE

Reflexiona

Cada mañana, al despertar, tenemos una nueva oportunidad de ver las misericordias de Dios en nuestras vidas. A diferencia de otros seres vivos, fuimos creados con la capacidad de razonar y tener un pensamiento crítico. Frente a este hecho, ¿cómo no buscar tener un corazón agradecido en todo momento?

En la carta a los filipenses, a pesar de las tribulaciones y persecuciones que vivían, Pablo les encomendó vivir alegres, porque su alegría radicaba en una vida con Cristo. A pesar de los avatares de la vida, siempre podían estar con Jesús. Porque su esperanza era el evangelio, y no aferrarse a la vida terrenal.

«Regocíjense en el Señor siempre. Otra vez lo diré: ¡Regocíjense!» (Fil. 4:4).

¿Cómo respondemos a esto? ¿Vivimos con el corazón alegre o un corazón quejoso frente a lo que la vida nos presenta? Dios es bueno, y nos da cada día la oportunidad de ver Su grandeza y Sus misericordias. ¿Cómo no vivir con un corazón alegre?

Ora

Señor, gracias por tus misericordias cada mañana. Gracias por enseñarnos a mirarte a ti y no a nuestras circunstancias, y recordar a Cristo, Rey de reyes y Señor de señores, el cual nos entregó la redención para que fuéramos hechos suyos.

Responde

Hoy, a la hora de comer, ora por aquellas personas que están sufriendo persecución o dificultades. Ora por su salvación y para que experimenten una relación genuina con Dios. Si puedes, escribe una lista con sus nombres para recordarlos en oración.

Reflexiona

Adorar a Dios no se trata solo de cantar, sino de un cambio en nuestros corazones. Porque la verdadera adoración es la que nace de un corazón humillado delante de Dios.

«Que la palabra de Cristo habite en abundancia en ustedes, con toda sabiduría enseñándose y amonestándose unos a otros con salmos, himnos y canciones espirituales, cantando a Dios con acción de gracias en sus corazones» (Col. 3:16).

Como dice el salmista, que la palabra de Cristo habite en abundancia, ya que esa única verdad traerá a nosotros el cambio de un corazón realmente agradecido, un corazón libre de las ataduras de este mundo, que viva en paz y gratitud.

Ora

Señor, enséñame a tener un corazón agradecido, un corazón que pueda ver tu verdad siempre. ¡Amén!

Responde

Haz una acción que exprese gratitud este día. Muchas veces, pensamos en personas externas a nuestro entorno que quizá necesiten recibir nuestra gratitud, pero hoy, te pido que pienses en alguna persona dentro de tu hogar, alguien de tu familia. Ahora, lleva a cabo esa acción de gracias. Medita en ese actuar y busca vivirlo constantemente. No con grandezas… quizás ese acto de gratitud sea una ayuda o un abrazo, un sincero «gracias» que valore el lazo familiar. Puede no ser fácil, ya que nuestros familiares son los que más nos conocen, pero créeme que te ayudará muchísimo expresar así tu gratitud.

Reflexiona

Seguramente, hay decenas de canciones en el mundo hispano que se han compuesto tomando este versículo como base: «Santo, santo, santo es el Señor Dios, el Todopoderoso, el que era, el que es y el que ha de venir» (Apoc. 4:8). Y es que esta es una manera hermosa de enseñarnos cómo adorar. Al cantar esta verdad, mi alma tiene que estremecerse y darse cuenta de que le estoy dando alabanza al soberano Rey del universo entero. Que el tiempo que alabamos aquí en la tierra hasta que el Señor vuelva sea un tiempo de verdadero gozo y santidad, porque nos preparamos para cuando cantemos en las bodas del Cordero a una sola voz y exaltemos Su nombre.

Ora

Señor, qué hermoso es saber que, cuando esté junto a ti, podré cantar en tu presencia, diciendo: «santo, santo, santo». Padre, que mi vida aquí en la tierra sea una adoración a ti.

Responde

Hoy, no hagas más que elegir una canción o un himno y cántalo en silencio, a viva voz, sin necesidad de pedir nada a Dios, tan solo recordando que lo que hacemos hoy será una práctica, seguramente muy corta, de lo que sucederá en la eternidad cuando ese coro del cielo reconozca a su Creador.

OCTUBRE

DÍA 9

Reflexiona

Cuando vas de expedición a alguna zona con bosques o montañas, necesitas conocer el camino para no perderte. Muchas veces, tendrás que tomar la decisión de ir por un camino largo o corto, pero eso solo te lo dará la experiencia de haber caminado por allí antes.

Vivir con gozo tiene que ver con tomar decisiones. Muchos creyentes podemos decir que somos hijos de Dios, pero nuestra vida puede estar pasando momentos donde el gozo no se ve reflejado, porque podemos estar pasando tiempos duros o desiertos muy áridos.

En el Salmo 2, el autor nos recuerda quién es nuestro Señor, y nos hace ver que honrar al Padre y al Hijo es una muestra de discernimiento, y el reflejo de una vida que muestre reverencia y alegría (Sal. 2:11).

Ora

Dios Padre, gracias por mostrarnos el camino que debemos seguir. Ayúdame a responder conforme a tus mandatos y vivir una vida plena en ti. En el nombre de Jesús, amén.

Responde

Piensa un momento en tu día a día. ¿Cuánto estás mostrando reverencia a Dios? Cuando sales del trabajo, cuando llegas a casa, a los familiares más cercanos, ¿cuánto estás mostrando que tienes una vida reverente y con esperanza en Jesús? Puedes intentar nuevamente refugiarte en tu Señor y buscar una vida con gozo y esperanza, a pesar de cualquier circunstancia.

OCTUBRE

DÍA 10

Reflexiona

En un viaje a la selva del Amazonas, tuve la oportunidad de escuchar la estrofa de una canción que recuerdo con mucha alegría: «Pueblos todos, batid las manos, alabad a Dios con voz de júbilo». Los pobladores de la zona, con los instrumentos que caracterizan su cultura, comenzaron a alabar a Dios, y fue maravilloso escuchar cómo su deseo más grande era que muchos pueblos alrededor (que no siempre hablaban español) pudieran cantar junto con ellos a nuestro Dios.

Y así fue como el corazón del Señor fue escuchando el corazón de los pobladores. Así comenzaron a llegar misioneros que ayudarán a la expansión del evangelio. Ellos hicieron su trabajo y su llamado. Como dice el Salmo 67:3, el propósito es que todos lo alaben.

Ora

Señor, haz de mí un instrumento de adoración. Moldéame según tus propósitos para ser un obrero tuyo en todo momento. ¡Amén!

Responde

¿Cuándo fue la última vez que dijiste: «Yo también soy misionero»? Seguramente, pienses que hay una sola manera de serlo. Pero, como dice 2 Corintios 5:20, nosotros somos embajadores en nombre de Cristo aquí en la tierra. Te animo a que recuerdes el llamado de todo hijo de Dios. Llevar el evangelio es nuestro principal fin. Por eso, el llamado no es solo para algunos, sino para todos, en el lugar donde Dios te ha puesto.

Reflexiona

¡Qué difícil puede ser obedecer! Vemos a los bebés explorar el nuevo mundo, gatear y querer llevarse todo a la boca, y nos enternecemos con ellos. Pero, cuando crecen y comienzan a transigir los límites establecidos por los padres, eso nos genera alerta y hasta nos enoja.

Parecería que les resulta difícil cumplir con una instrucción muy sencilla, como: «Lleva tu ropa sucia al cesto, no la dejes en el piso tirada». ¡Pero, no! Aun eso se les hace muy difícil de hacer.

En 1 Juan 5, el autor nos invita a recordar una verdad: «Porque este es el amor a Dios: que guardemos Sus mandamientos; y Sus mandamientos no son difíciles de cumplir» (v. 3). Muchas veces, pensamos que somos diferentes a los niños; sin embargo, otras tantas veces nos comportamos como tales. La Palabra de Dios nos dice que Sus mandamientos no son difíciles de cumplir. Entonces, ¿por qué nos cuesta tanto obedecer?

Nuestro corazón en engañoso y muchas veces dejamos que nuestra carne nos gane y nos parezca que los mandamientos de Dios son difíciles de cumplir. Es que, en nuestra carnalidad, obviamente será difícil. Pero en el amor de Dios, no. Busca al Señor y pídele que te ayude a permanecer en Su amor y verdad.

Ora

Señor, bendito seas, gracias por darnos la oportunidad de recordar tus verdades, y que lo único gravoso en nuestra vida es nuestra propia carne. Te pedimos que nos abras los ojos para seguirte con fidelidad.

Responde

Ten un tiempo de gratitud a Dios por pasarte de condenación a vida y por Su amor. Sigue pidiendo que te ayude a obedecerle, y que te libre de cualquier queja y pesadez que te impida buscarlo cada día.

OCTUBRE

DÍA 12

Reflexiona

Unos labios agradecidos son aquellos que no dejan de hablar sobre esa acción gracias. Entonces, ¿cómo no declarar la grandeza de nuestro Señor? Como dice en Hebreos: «Ofrezcamos continuamente a Dios mediante [Jesús], sacrificio de alabanza a Dios, es decir, el fruto de labios que confiesan Su nombre» (Heb. 13:15).

La alabanza no es ocasional, sino un sacrificio constante, posible solo por medio de Jesús, nuestro gran sumo Sacerdote. Nuestra boca se convierte en instrumento de adoración.

Ora

Señor, alabado seas. Entregamos nuestra vida a ti. Reconocemos que necesitamos de ti, porque, sin ti, nada somos. Amén.

Responde

¿Cuántas veces has hablado de Jesús esta semana? Recuerda que cada día tenemos la oportunidad de abrir nuestros labios y confesar quién es nuestro Salvador. Te animo a que lo hagas. Elige un nombre de alguien que necesite saber de Jesús, ora por él y proponte hablarle del Señor esta semana.

OCTUBRE

DÍA 13

Reflexiona

¿Te has puesto a pensar en cuán importante es tu vida, y no solo espiritual, sino también física? Pues Dios habla de esto en Su Palabra. Nuestro cuerpo mismo es un espacio de adoración, pues el Espíritu Santo habita en nosotros. La vida de adoración implica reconocer que no somos nuestros; fuimos comprados por precio. Por eso, glorificamos a Dios en todo lo que hacemos con nuestro cuerpo. Como dice Pablo: «¿O no saben que su cuerpo es templo del Espíritu Santo que está en ustedes, el cual tienen de Dios, y que no se pertenecen a sí mismos?» (1 Cor. 6:19).

Que nuestra vida sea un llamado a cuidarnos íntegramente, porque todo lo que somos y todo lo que hacemos le pertenece a Dios.

Ora

Dios, doy gracias por hacerme recordar que mi vida entera es tuya. Espíritu Santo, ayúdame a vivir como templo santo para tu gloria.

Responde

¿Qué acciones debes tomar para cuidar el templo del Espíritu Santo en tu vida? Quizá debes reenfocar tus hábitos o tus cuidados y recordar que aun tu cuidado personal es parte de una vida piadosa delante de Dios, donde, lo que decidas hacer físicamente también tendrá repercusión en tu vida. Recuerda que los corintios querían vivir una vida llena de lujuria y banalidades. Que ese no sea nuestro contexto, que vivamos una vida unida a Dios, recordando a Jesús como nuestro Redentor.

OCTUBRE

DÍA 14

Reflexiona

La pandemia de 2020 trajo consigo incertidumbre, tristeza y mucho temor. En esos momentos, nos dimos cuenta de que la vida no tenía valor sin un propósito eterno. Muchos se acercaron a la iglesia a través de la virtualidad porque encontraron que lo único que les quedaba para tener esperanza era Dios. Y, aunque sus razones eran totalmente humanas, el Señor no dejó sola a ninguna persona, porque permitió que eso los acercara a Su Palabra.

En 1 Juan 4:18, leemos: «En el amor no hay temor, sino que el perfecto amor echa fuera el temor, porque el temor involucra castigo, y el que teme no es hecho perfecto en el amor». El creyente ya no vive bajo el miedo a la muerte, porque Cristo cargó con la condena. Ahora, puede vivir en libertad, confiando en el amor perfecto del Padre. El temor paraliza, pero el amor de Dios da seguridad.

Ora

Gracias, Padre, porque en tu amor no tengo temor de condena. Me has librado de cualquier condenación eterna y lejos de ti. ¡Amén!

Responde

¿Qué te ha estado atormentando? ¿Cuál es ese miedo que ronda tu cabeza? Lee este pasaje y háblale a tu alma. El amor de Dios ya te libró de cualquier temor. Recuerda que jamás estaremos solos, porque nuestro Padre eterno estará con nosotros dondequiera que vayamos (Jos. 1:9).

OCTUBRE

DÍA 15

Reflexiona

Cuando estamos en una habitación totalmente oscura y tan solo permitimos ingresar una ráfaga de luz, el cuarto es capaz de iluminarse por completo. Así es como la salvación forma parte de nuestra vida, viene a llenarla de luz en un corazón oscuro y lleno de pecado. Al igual que el miedo que nos quiere aprisionar frente a nuestras decisiones, recordar de quién soy hijo ahora transforma mi mente y mi confianza.

«El Señor es mi luz y mi salvación, ¿a quién temeré? El Señor es la fortaleza de mi vida, ¿de quién tendré temor?» (Sal. 27:1). Cuando Dios es nuestra fortaleza, no hay enemigo o emoción que pueda intimidarnos. La luz de Su presencia disipa la oscuridad del miedo. La fe y la gratitud en Su protección transforman la ansiedad en confianza.

Podemos identificar cualquier temor que enfrentemos y presentarlo en oración, confiando en Dios como nuestra fortaleza.

Ora

Señor, enséñame a confiar en ti como mi refugio seguro. Que las vicisitudes de la vida no me hagan olvidar de quién soy hijo y en quién está puesta mi esperanza para mi presente y mi futuro.

Responde

¿A qué le estás teniendo temor? ¿Has hablado de esto con alguien? Si no es así, primero busca a tu Señor, recuerda que vino a librarnos de cualquier oscuridad y que con Él estamos seguros. Si necesitas buscar ayuda, no dejes de recurrir a alguien maduro en la fe que te acompañe en el camino en el que hoy te encuentras.

OCTUBRE

DÍA 16

Reflexiona

¿Te puedes imaginar lo difícil que habrá sido para los discípulos saber que Jesús, el Redentor y Salvador, ya no estaría físicamente con ellos? En la última cena junto con Sus discípulos, Jesús resaltó Su propósito: Él es el camino, la verdad y la vida, pero también les anunció lo que pasaría: un futuro donde el Espíritu Santo sería el Consolador, Aquel que vendría para que no estuvieran solos jamás.

Mientras seguían procesando todo esto, seguramente había duda y turbación en sus corazones, pero Él les dijo: «La paz les dejo, Mi paz les doy; no se la doy a ustedes como el mundo la da. No se turbe su corazón ni tenga miedo» (Juan 14:27). ¿Te imaginas esa verdad en nuestras vidas, ahora que tenemos la Palabra de Dios en nuestras manos?

Podemos confiar en que la paz que Cristo ofrece no depende de circunstancias externas, sino de Su presencia. En Él, encontramos serenidad aun en medio de la tormenta. Recuerda que el miedo se desvanece cuando descansamos en Su promesa.

Ora

Jesús, gracias por darme esa paz que sobrepasa todo entendimiento y todo temor.

Responde

¿En quién o en qué estás colocando tu confianza? ¿Quizá en tus propias fuerzas? ¿O en tus ideas? ¿Tal vez en el trabajo? ¿O en alguna persona? Si ninguna de las respuestas es en tu Creador, te invito a que vuelvas a Él. Dios promete una paz que el mundo no puede darnos, y una calma que solo Él sabe entregar. A pesar de las luchas o lo complicado del camino, podremos experimentar esa paz. Confía en Él y descansa en Sus promesas.

Reflexiona

Si observas a los bebés, te darás cuenta de que, cuando lloran, ese llanto muchas veces puede calmarse al tener cerca a sus padres. Quizá al escuchar su voz o al mirarlos de lejos, pueden sentir la calma que solo la relación que tienen ambos puede generar.

Esa debería ser nuestra dependencia del Señor al escuchar Sus verdades para nosotros. Él nos dice: «Yo soy el buen pastor; el buen pastor da Su vida por las ovejas» (Juan 10:11). El miedo se disipa al recordar que pertenecemos al buen Pastor. Nadie puede arrebatarnos de Sus manos. Su vida entregada por nosotros es la mayor garantía de cuidado y amor.

Ora

Gracias, Señor Jesús, porque en ti estoy seguro, como una oveja junto con su pastor. Gracias por darme la certeza de un corazón salvado por ti. ¡Amén!

Responde

Vivir confiando en el Señor no se trata de un acto mágico; debemos llenar nuestra mente y corazón con Sus verdades. ¿Con qué estás llenando tu mente? Repítelo, escríbelo en un cuaderno, memorízalo durante el día: «El buen Pastor cuida de mí».

OCTUBRE

DÍA 18

Reflexiona

Los salmos son la mejor forma de mostrar las emociones que uno pueda sentir cuando pasa diferentes circunstancias, y son la descripción más real de lo que el ser humano pueda explicar como sobrenatural. Porque la obra redentora del Señor es una verdadera obra sobrenatural. No merecíamos nada, pero nos entregó a Su Hijo.

El salmista nos quiere recordar que, a pesar de las circunstancias que nos toque pasar, el gozo de tener la salvación es nuestro mayor sostén. Solo eso puede sostenernos (Sal. 51:12). El verdadero gozo nace de sabernos perdonados. El pecado roba la alegría, pero la gracia en Cristo la restaura. La adoración brota de un corazón que celebra la salvación recibida.

Ora

Señor, reconocemos que tú eres el Dios soberano, que controla nuestras vidas y corazones. Perdóname por mirar mis problemas por encima de tu obra redentora en mi vida. Aviva en mí el gozo de tenerte como mi Salvador. ¡Amén!

Responde

¿Hace cuánto que no cantas sobre la maravillosa obra de Dios en tu vida? Tómate el tiempo de alabar y adorar a Dios, recordando lo que Él ha hecho contigo. Ve con el corazón dispuesto a cantarle a tu Dios. Elige una canción o un himno y, en soledad, mientras vas en el auto, en el bus o en tu cuarto, levanta tu voz al Señor para declarar Su obra en ti.

OCTUBRE

DÍA 19

Reflexiona

El Señor está en Su trono porque es el Rey de toda nación. ¡Sí! Aunque las personas en cada nación rechacen Su autoridad, la realidad es que, como dice el salmista, el Señor es Dios. La invitación es para toda la tierra, por eso aclamarlo es un llamado para toda la humanidad. «Aclamen con júbilo al Señor, toda la tierra» (Sal. 100:1). Nuestro Dios se deleita en ver a Su creación reconociéndolo como el Señor. Recuerda que el gozo en la adoración es testimonio vivo del evangelio en nosotros.

Ora

Señor, en tu infinita gracia, haznos recordar que nuestra adoración debe reflejar una alegría genuina en ti. Nos diste un corazón nuevo... ¿cómo no adorarte en espíritu y en verdad?

Responde

Hoy, busca a tu Señor con un corazón dispuesto a adorarlo con alegría. Deja atrás la vida religiosa y busca a tu Señor con el corazón dispuesto. Busca algunos pasajes que te hablen de la alegría y el gozo de alabar a nuestro Señor. A veces, perdemos de vista cuán necesario es enseñarle a nuestra vida que el corazón alegre hermosea el rostro, y eso solo lo da el Señor, así que busquemos alegremente a nuestro Señor y volvamos a Él.

OCTUBRE

DÍA 20

Reflexiona

La fuente más profunda de gozo no se encuentra en logros, placeres o posesiones, sino en la presencia misma del Señor. Todo lo terrenal es pasajero: lo que hoy nos alegra mañana puede desvanecerse. Pero el gozo que proviene de Dios es completo, eterno y firme. «En Tu presencia hay plenitud de gozo; en Tu diestra hay deleites para siempre» (Sal. 16:11).

El salmista declara que en la presencia del Señor hay plenitud de gozo, no una medida parcial. Esto significa que no necesitamos buscar fuera de Él lo que solo Él puede dar. Estar en comunión con Dios, meditar en Su Palabra y deleitarnos en Cristo es experimentar un anticipo del gozo eterno del cielo.

La adoración gozosa aquí en la tierra es una preparación para la eternidad. Algún día, veremos a Cristo cara a cara, y entonces nuestro gozo será perfecto e inmutable. Pero incluso ahora, por la fe, podemos gustar de esa alegría que trasciende las circunstancias, porque sabemos que estamos seguros en Su amor y en Su gracia.

Ora

Señor, enséñame a buscar mi gozo únicamente en tu presencia.

Responde

¿Qué has estado buscando todo este tiempo? ¿Una vida llena de éxitos terrenales o deleitarte en la Palabra de Dios? ¿Tu plenitud está en lo que consigues aquí o en prepararte para estar en la presencia del Señor? Medita en el pasaje de hoy y responde las preguntas, toma medidas frente a ello y sé intencional en buscar más a tu Señor. Muchas veces, tu carne te dirá que no lo hagas, pero no dejes que eso domine tu obediencia al Señor.

OCTUBRE

DÍA 21

Reflexiona

Una pareja intentó por muchos años tener un bebé. Al parecer, ningún tratamiento hacía efecto, y el embarazo no era posible. Su corazón se volvió duro y triste. La prueba que les tocaba pasar no los dejaba gozar de su matrimonio. Su prioridad se había convertido en el anhelado bebé. Finalmente, no pudieron con ello y decidieron separarse. Al parecer, demasiado dolor había cubierto ese hogar. A veces, pensamos que las pruebas no vendrán y, si llegan, las salidas de escape serán las que nosotros planeamos para nuestro futuro.

Pero la vida real no es así, menos para los hijos de Dios. Necesitamos recordar que nadie pasó más dolor que nuestro Señor Jesús. Él conoce nuestras luchas y nuestras alegrías. Entonces, hagamos como dice en Santiago: «Tengan por sumo gozo, hermanos míos, cuando se hallen en diversas pruebas» (Sant. 1:2).

Recuerda que nuestro gozo no depende de circunstancias, sino de la esperanza en Cristo. Incluso en medio de pruebas, la adoración continúa porque sabemos que Dios obra para nuestro bien eterno.

Ora

Señor, nuestro Dios altísimo y nuestra paz, perdóname por dejarme gobernar por mis propias circunstancias y no descansar en ti. Pongo mis problemas a tus pies. ¡Amén!

Responde

Escribe esas cosas por las que debes agradecer aun en medio de las pruebas. Un llamado a vivir con gozo es mirar con gratitud la vida nueva que el Señor nos ha entregado, porque no nos ha dejado solos.

OCTUBRE

DÍA 22

Reflexiona

A veces, pensamos que las tentaciones son más fuertes que nosotros, y pueden volverse excusas para pecar. Estoy seguro de que lo has pensado muchas veces. Pero nadie puede entenderte más que Jesús mismo. Satanás lo llevó al pináculo del templo y fue tentado. La astucia del enemigo fue tremenda, porque probó toda opción para que Jesús le mostrara adoración, pero eso no pasó. Nuestro Señor le recordó las palabras del Padre: el único que es digno de ser adorado. «Al Señor tu Dios adorarás, y solo a Él servirás» (Mat. 4:10).

Los ídolos modernos —el éxito, el dinero y el placer— compiten por nuestro corazón, pero ninguno puede salvar ni dar vida eterna. Solo Dios merece nuestra adoración y servicio. No dejes llevarte por lo efímero de este mundo, por las tentaciones pasajeras. Sé fiel a tu Dios.

Ora

Señor, perdóname por tener idolatría en mi corazón. Reconozco que solo tú mereces mi fidelidad y adoración. Enséñame a adorarte solo a ti.

Responde

¿Qué es aquello que se ha convertido en un ídolo en tu vida? Escribe brevemente una oración a tu Señor reconociendo tu arrepentimiento por haber colocado un ídolo en el lugar del Señor en tu corazón.

OCTUBRE

DÍA 23

Reflexiona

«Reconoce, pues, que el Señor tu Dios es Dios, el Dios fiel, que guarda Su pacto y Su misericordia hasta mil generaciones con aquellos que lo aman y guardan Sus mandamientos» (Deut. 7:9).

En este pasaje, el Señor le dice al pueblo de Israel que no lo eligió por sus bondades ni por las maravillas de esa nación, sino porque los amó y guardó el juramento hecho a sus padres. Qué maravilla es saber que tenemos a un Dios fiel y justo que nos ha hecho Sus hijos. Él nos enseña a guardar Su pacto. ¿Qué mayor ejemplo tenemos que el Padre que cumple Sus promesas? Él es el Dios que cumple cada palabra escrita en la Biblia. Nuestra fidelidad debe ser una respuesta de gratitud hacia Él.

Ora

Padre mío, enséñame a guardar tu Palabra en respuesta a la fidelidad que nos mostraste.

Responde

Qué maravilla es saber que la promesa de Dios no es solo para una generación sino para toda la humanidad, y nosotros estamos dentro de ello. Cómo no adorarlo y reconocer Sus grandezas en nuestra vida. En respuesta, medita en este pasaje y escribe qué le has ofrecido al Señor y qué debes cumplir como obediencia a Él.

OCTUBRE

DÍA 24

Reflexiona

«El que es fiel en lo muy poco, es fiel también en lo mucho; y el que es injusto en lo muy poco, también es injusto en lo mucho» (Luc. 16:10).

La fidelidad se demuestra en las cosas pequeñas de la vida diaria. La verdadera adoración se muestra en la constancia y la obediencia cotidiana. Si el Señor te ha entregado herencia en tus manos, un trabajo, hijos, bienes, personas a tu cargo, etc., sé fiel en aquello que te ha dado sin buscar grandezas o sobreabundancia. Más bien, busca hacer bien tu trabajo con aquello que tienes delante. Dios cumple Su Palabra y bendice en la obediencia.

Ora

Señor, enséñame a ser fiel en aquello que me has entregado. Perdóname por no serlo hasta el día de hoy. Que mi vida sea un reflejo de fidelidad a ti aun en aquello que pueda parecer pequeño.

Responde

Hoy, haz un alto en tus cosas, y piensa en aquello que el Señor te ha entregado y necesitas dedicarle el tiempo o la actitud correcta. Seamos fieles en lo poco y el Señor se encargará del resto.

OCTUBRE

DÍA 25

Reflexiona

Seguro sabías que las ovejas son consideradas animales domésticos y con un alto instinto de seguimiento. Son dóciles y fácil de guiar, sobre todo cuando conocen a su pastor, al que guiará el rebaño.

En las redes sociales, solemos ver videos de ovejas que solamente obedecen cuando escuchan el llamado de su pastor. Aunque te suene gracioso, deberíamos aprender más de las ovejas, confiadas y dóciles a la guía de su líder.

En nuestro caso, nuestra guía es Dios. Él ya nos dejó Su Palabra revelada para obedecerla y seguirla, y nos movemos solo a Su llamado. Sin embargo, no siempre somos así, ¿no? Muchas veces, cuestionamos esas órdenes o nos olvidamos del cuidado que nuestro Padre nos quiere dar, porque nos dejamos aturdir por la vida misma y lo compleja que se puede volver.

Recuerda que no estamos solos. El salmista refleja muy bien esos momentos de agonía o dolor y nos recuerda que, pese a todo, el Señor es nuestro pastor y nada nos faltará (Sal. 23:1).

Ora

Padre amoroso, damos honor y honra a tu nombre. Vengo ante ti a pedir perdón por no dejarme guiar como tu oveja. Anhelo vivir con la confianza que tú me entregas para depender solo de ti, sean cuales sean las circunstancias.

Responde

En este día, escribe en tus notas qué te está causando angustia o dolor. No tengas miedo de plasmar aquellos pensamientos que no te están dejando tranquilo. Recuerda que en este camino no hay nadie más interesado en que encuentres la confianza en tu Señor que Él mismo. No estás solo. Al costado de esa situación, escribe el Salmo 23 y subraya todas las veces en que Él te muestra Su cuidado. Podrás ver el amor del Padre en tu vida.

OCTUBRE

DÍA 26

Reflexiona

«El Señor es mi fuerza y mi escudo; en Él confía mi corazón, y soy socorrido; por tanto, mi corazón se regocija, y le daré gracias con mi cántico» (Sal. 28:7).

A lo largo de todo el Salmo 28, el salmista nos hace recordar el poderío de nuestro Dios. Esas verdades nos permiten ver que tenemos como Padre al Rey del universo, al Señor de señores, al Rey de reyes… ¿cómo no tener nuestra confianza puesta en el único gobernador fiel y eterno?

¡Ajá! Yo sé por qué a veces dudamos: porque estamos mirando Su verdad con ojos humanos y no creemos. Él dijo que oye nuestras súplicas, y que es nuestra fuerza y nuestro escudo. Entonces, es por fe que mi corazón debe confiar en Él. Y es que he visto tantas veces que me ha socorrido de los pozos más hondos que no puedo dejar de agradecer Su amor hacia mí.

¿Quién estuvo a tu lado cuando llorabas, cuando te traicionaron o cuando te maltrataron? Dios estuvo allí. Así como estuvo con Su hijo y como estuvo con Su nación, ahora está también con nosotros, habiéndonos dado la salvación.

Ora

Señor Dios todopoderoso, gracias por tu amor incondicional con tus hijos. Gracias por darme la seguridad que mi fortaleza eres tú y mi alabanza es para ti. Recíbela de un corazón que busca ser humilde para ti y por ti. Te amo, oh Dios. En el nombre de Jesús, ¡amén!

Responde

Escribe en tus notas una oración de gratitud a tu Señor, donde puedas reconocer todas esas bondades que Él entrego a tu vida. Y recuerda con ellas adorar al Señor por Su grandeza y amor.

OCTUBRE

DÍA 27

Reflexiona

«El Señor reina, regocíjese la tierra; alégrense las muchas islas» (Sal. 97:1).

Salíamos de la escuela dominical un domingo por la mañana, y mi hija de siete años me contó que debía memorizar este versículo, pero no entendía cómo la tierra y las islas se podían alegrar. ¡Obvio! Es una pregunta lógica para una niña de siete años que está tratando de entender el pensamiento abstracto.

¿Qué le responderías? ¿Tú también te has hecho esa pregunta? Estos salmos describen la manifestación del Rey. Algo maravilloso sucede porque el salmista reconoce que la tierra es capaz de alabar a su Creador. Y ¿cómo no hacerlo, si en cada ser viviente dentro de la tierra se puede ver la mano de Dios?

Un autor señala que, en la naturaleza, el Señor ha impreso Su carácter. Si tan solo miro los árboles y las plantas, puedo apreciar la perfección del Creador. Es así como nos damos cuenta de que Su soberanía se extiende en toda la creación.

Ora

Rey eterno, Señor poderoso, vengo ante ti a reconocer tu grandeza. Que mi corazón y el de mi familia puedan ver cada día de tu soberanía en el mundo y en nuestras vidas.

Responde

¿Hace cuánto no aprecias la belleza de la creación? Deja que el Señor gobierne en tu vida. Si lo hace con los pájaros que pueden cantar encima de los árboles por las calles de tu ciudad o en los campos de tu región, no importa dónde estés; en cada rincón, podemos ver Su majestuosidad. Escribe en tus notas esta frase: «El Señor reina», y repítela durante este día, recordándole a tu mente y corazón que por esa razón debemos vivir con gozo y alegría.

OCTUBRE

DÍA 28

Reflexiona

«Como a medianoche, Pablo y Silas oraban y cantaban himnos a Dios, y los presos los escuchaban» (Hech. 16:25).

Si revisas los versículos anteriores a este pasaje, te darás cuenta de que no es necesaria mayor explicación para entender que Pablo y Silas podían estar hechos añicos emocionalmente frente a lo que estaban viviendo. Pero, en cambio, ellos decidieron tener fe, vivir bajo las verdades de su Señor. Los problemas vendrían, la persecución también y la muerte era inminente. Pero, a pesar de todo, esa noche, donde injustamente los apresaron y les esperaba lo peor, ellos decidieron alabar y cantar a su Señor.

¿Harías lo mismo? ¿Entregarías aun tu libertad por saber que Dios tiene el control de tu vida?

Pues ellos sí lo hicieron. Tan impactante fue el testimonio de ellos que su actuar frente al soldado que los custodiaba fue la razón por la que él y su familia conocieron de Jesús. Solo me pongo a pensar cuánto necesitamos aprender de hombres y mujeres con templanza y seguros de la verdad en la que han creído: un evangelio real y vivo en Cristo.

Ora

Señor, perdóname por no mirarte a ti, por creer que mis problemas son mayores que tú. Enséñame a vivir confiando en ti y haciendo tu obra para que más personas, las que están alrededor mío, puedan conocer de ti.

Responde

¿Qué necesitas para vivir alabando a Dios a pesar de las circunstancias? ¿Qué tenían Pablo y Silas para tener tanto valor y no quebrarse? ¿En quién estaba puesta su esperanza de libertad? Escribe en tus notas tus respuestas y dedica tiempo a estar en la Palabra de Dios. Nada nos mantendrá más firmes que conocer más de nuestro Señor.

OCTUBRE

DÍA 29

Reflexiona

No creo que alguna vez hayas salido de una reunión pensando: *¡Ey! ¡Qué bien que vamos a sufrir por esta causa, me alegro mucho! ¡Wow! Es sorprendente, ¿verdad?* Pues eso fue lo que pasó con los apóstoles en al salir del Concilio. Después de probablemente recibir los tradicionales 39 azotes, ellos sintieron que era un gozo pasar un sufrimiento parecido a lo que Jesús vivió. No se comparaba, pero para ellos, era considerado como digno sufrir esta afrenta en nombre de Cristo. Las personas no querían escuchar el evangelio, pero ellos no se atemorizaron, sino que continuaron a pesar de lo complejo y duro que sabían que sería hablar del Salvador.

Y ellos salieron de la presencia del Concilio, gozosos de haber sido considerados dignos de sufrir afrenta por Su nombre (Hech. 5:41).

La adoración en la persecución proclama que nuestra esperanza está en lo eterno, y no en lo temporal.

Ora

Señor, gracias por enseñarme con tu vida y la de otros que padecer por tu nombre es algo digno de alabar. Gracias por entregarnos a Jesús sin merecer una sola gota de Su sangre. ¡Alabado seas!

Responde

Medita en este pasaje y encuentra en los apóstoles esas características que marcan una vida que alaba a Dios.

OCTUBRE

DÍA 30

Reflexiona

«Bienaventurados aquellos que han sido perseguidos por causa de la justicia, pues de ellos es el reino de los cielos» (Mat. 5:10).

Jesús nos llama bienaventurados cuando somos perseguidos por seguirlo. La adoración en la persecución es una proclama de fe: aunque el mundo nos rechace, somos amados y aceptados en el reino de Dios.

Y esa verdad debería ser suficiente para nosotros. Su nombre debe ser exaltado no solo con nuestra boca, sino con nuestra vida. Que el Señor nos enseñe a vivir para Él cada día de nuestras vidas.

Ora

Dios, Padre santo y todopoderoso, solo nos queda agradecer por tu amor y tu belleza. Enséñanos a vivir piadosamente y en confianza de tu soberana voluntad.

Responde

Toma nota y ora por aquellos lugares donde hay persecución por el evangelio. Ora por nuestros hermanos en diferentes partes del mundo que alaban al Señor con sus vidas al entregarlas por el nombre de Cristo.

Reflexiona

«Porque no me avergüenzo del evangelio, pues es el poder de Dios para la salvación de todo aquel que cree...» (Rom. 1:16).

Hay una canción que dice: «No me avergüenzo del evangelio porque es poder de Dios». ¿Cuántas veces has cantado canciones similares, pero has estado lejos de vivirlas?

La adoración verdadera no se oculta en medio de la oposición. Confesar a Cristo aun cuando es difícil es un acto de adoración viva. La persecución prueba nuestra fe, pero también la fortalece, mostrando el poder del evangelio.

Ora

Señor, enséñame a vivir una vida que refleje mi devoción y entrega a ti. Perdóname por la vergüenza que puedo haber sentido al hablar de ti. Me has regalado tu gracia y tu misericordia... ¿cómo no vivir para adorar tu nombre aquí en la tierra?

Responde

Escribe en tus notas esos momentos de tu día a día en los que tienes la oportunidad de compartir la Palabra de Dios. Mira este día como una oportunidad para no avergonzarte del evangelio y hablar del plan de salvación de Jesús, el cual murió por nuestros pecados sin merecerlo. Solamente necesitamos arrepentirnos de nuestra condición que nos aleja de Dios, para vivir una vida plena con Él. Estoy seguro de que alguien necesita escuchar esa verdad hoy.

NOVIEMBRE

DÍA 1

Reflexiona

Si alguna vez has visto un pájaro con las alas rotas, sabrás que necesita mucho cuidado y atención para volver a volar. Las extremidades no se curan de la noche a la mañana. Deben mantenerse en la posición correcta y luego, cuando llega el momento adecuado, ser movidas suavemente por músculos que deben redescubrir su flexibilidad y fuerza.

Somos débiles, pero eso puede convertirse en nuestra fuente de fuerza, si dejamos que el Señor obre en nosotros (2 Cor. 12:10). Los problemas pueden hacernos un favor, pues descubrimos que es más fácil acudir a Dios cuando nos golpean (Sant. 1:2-4).

Hay más en los hombres de fe que logros espectaculares o destrezas físicas. Debe haber valentía, claro, pero la clase de valor que nos hace volar espiritualmente proviene de conocer nuestras debilidades… y saber que no tienen por qué ser una traba para que vivamos para Dios.

Además, piensa en todo el potencial que hay para la sanidad y el empoderamiento cuando las mujeres de la verdad fomentan sus habilidades dadas por Dios para nutrir, cuidar y creer. Hombres y mujeres, jóvenes y viejos, todos podemos probar la grandeza de Su poder aprovechando al máximo nuestra debilidad.

Ora

Señor misericordioso, gracias por no abandonarnos cuando flaqueamos o caemos. Ayúdame a volverme a ti en tiempos de debilidad y angustia, para que el Señor Jesús sea mi mayor orgullo (2 Cor. 12:9).

Responde

Si algo te está molestando en este momento, como la «espina en la carne» de Pablo (2 Cor. 12:7), identifícalo claramente y entrégaselo al Señor. Luego, pase lo que pase, confía en que Él te aclarará el siguiente paso.

NOVIEMBRE

DÍA 2

Reflexiona

Cuando alguien recibe una paliza, solemos decir que está recibiendo un verdadero castigo, ya sea que pensemos que lo merecía o no. Está claro que las autoridades judías querían que ese fuera el destino de Jesús (Mar. 11:18), y se alegraron cuando el gobierno romano local estuvo dispuesto a colaborar en su plan, incluso hasta la flagelación y crucifixión. Al verlo bajo el látigo lacerante que podía mutilar o incluso matar a la víctima, por fin pudieron ver que el castigo se imponía, y felices lo tuvieron «por herido de Dios» (Isa. 53:4).

Pero creyeron saber más de lo que en realidad sabían. Él no estaba siendo castigado por Dios por blasfemia. En realidad, «Él fue herido por nuestras transgresiones, molido por nuestras iniquidades. El castigo, por nuestra paz, cayó sobre Él, y por Sus heridas hemos sido sanados» (Isa. 53:5).

No hubo ni un ápice de justicia humana mientras Jesús sufría la terrible suerte de un criminal común. Pero Él estuvo dispuesto a recibir ese castigo.

Ora

Padre celestial, gracias por el misterio de la cruz. No pretendo entender exactamente cómo funciona todo, pero sé que, aunque yo debería estar en el extremo de tu justa ira por mi pecado, no lo estoy... y todo es por Jesús. Por eso digo, aunque es verdaderamente terrible, que te amo por el costo.

Responde

¿Has conocido alguna vez a una persona que haya tomado la culpa por alguien a quien quería proteger? ¿Cómo te hizo sentir? Imagina que alguien hiciera eso por ti. Lleva ante el Señor tu sentido de injusticia o indignación, pero también dale gracias por un amor que no deja que el costo impida salvar a los que ama.

NOVIEMBRE

DÍA 3

Reflexiona

Un buen sueño es señal clara de una conciencia tranquila y una mente libre de preocupaciones. En verdad, «no hay paz [...] para los impíos» (Isa. 57:21), y probablemente todos hemos conocido una noche inquieta tras haber dejado asuntos sin resolver o antes de enfrentar un desafío difícil.

Jesús entendía esto, y Su sabiduría da la clave para superar los peores casos de insomnio: «Busquen primero Su reino y Su justicia, y todas estas cosas les serán añadidas. Por tanto, no se preocupen por el día de mañana; porque el día de mañana se cuidará de sí mismo» (Mat. 6:33-34).

Es imposible alcanzar la segunda parte —la ausencia de preocupación— sin la primera: buscar a Dios. Cuando levanto mis ojos a los cielos, encuentro una esperanza que no defrauda (Rom. 5:5). Es cuando bebo de la fuente dentro de mí que no temo por el mañana.

Ora

Ayúdame, Señor, a echar sobre ti todas mis preocupaciones (1 Ped. 5:7) y así probar la verdad de tu Palabra, mientras busco tu reino y trabajo para alcanzarlo.

Responde

Piensa en algo que te esté preocupando ahora mismo. ¿Cómo puedes formar parte de ver venir el reino de Dios «en la tierra como en el cielo» (Mat. 6:10) en esa situación? Entrégale todo al Señor, ora para que se haga Su voluntad y para que la tuya se alinee con la de Él (Mat. 26:39), confiando en Él para el resultado.

Reflexiona

A lo largo de los siglos, se ha debatido si es posible o no que alguien resista la gracia de Dios cuando Él obra en el corazón. En ese ir y venir, a veces se ha tendido a convertir la salvación del alma humana en algo mecánico, donde una cosa lleva automáticamente a la siguiente.

La verdad es más orgánica y personal. Cuando la gracia de Dios llega a un corazón humano, es tan «imposible» resistirse a ella como que una flor no se abra al sol. Es como la sonrisa de una persona que responde a la de otra: la única fuerza aquí es el amor.

Una vez que la sangre de Cristo significa todo para ti, ya has decidido no rechazarlo sino seguirlo.

Ora

Espíritu Santo, gracias por abrir mis ojos a la muerte del Señor Jesús por mí y por despertar mi corazón al amor que atrae. No tengo adónde más acudir... tú eres la fuente de toda vida y esperanza para mí ahora (Juan 6:68).

Responde

¿Alguna vez has sentido la tentación de hacer que el obrar de Dios por nosotros parezca mecánico, como si el cristianismo fuera más fórmula que fe? Piensa en una doctrina o práctica bíblica que valores, quizás la conversión, la oración o el juicio, y trata de explicar o describirla sin lenguaje teológico, usando analogías y ejemplos de la vida cotidiana para ayudarte. Puede que quieras revisar las propias enseñanzas de Jesús, especialmente Sus parábolas.

NOVIEMBRE

DÍA 5

Reflexiona

La depresión puede ser algo sutil… no tanto el tipo clínico, sino esa tristeza que a veces cae sobre los más optimistas. Llega sin aviso y ya ha hecho gran parte de su trabajo antes de que nos demos cuenta. Podemos estar muy metidos en la negatividad y el desánimo antes de percibir su influencia en nuestros pensamientos y emociones.

En momentos así, necesitamos levantarnos. Cientos de años antes de que Cristo viniera, el profeta Isaías llamó al pueblo de Dios a levantarse y resplandecer. No era un llamado a levantarse de la cama, sino a salir de la oscuridad y destacar entre la gente alrededor (Isa. 60:1-2).

Buscar la gloria de Dios suele tener como efecto secundario sacarnos de nosotros mismos. En Su providencia, cuando buscamos primero a Él y Sus propósitos, las cosas que nos hunden suelen solucionarse (Mat. 6:33).

Levántate… tu Luz ha llegado.

Ora

Señor misericordioso, nos has mostrado misericordia en lugar de ira, iluminando con tu perdón. Ayúdame a reflejar esa luz al perdonar a otros de la misma manera (Mat. 6:14), porque sé que es tu luz la que puede atraer a otros a ti (Isa. 60:3).

Responde

¿Conoces a alguien que parece estar demasiado concentrado en sí mismo ahora? Si eres tú, ¿puedes comprometerte de nuevo con los propósitos de Dios para tu vida y hablar de esto con alguien? Si es otra persona, ¿cómo podrías ayudarla a «levantarse»? Puedes empezar orando, y luego tal vez recordarle la visión más amplia de Dios (1 Ped. 4:13).

Reflexiona

Comenzar y terminar cada día en la presencia del Señor, consciente de Su misericordia, melodías y canciones de amor... ¿no es ese el deseo de todo discípulo, al beber las buenas cosas que Él tiene para nosotros?

Esto puede sonar indulgente para quien no sabe lo que es ser muy consciente de la presencia de Dios. Pero quienes aman estar ante Dios saben que Él nunca quiere dejarlos tal como estaban. Quiere impulsarnos a crecer... en cuanto a nuestro propio desarrollo y también para salir a los lugares que necesitan Su gracia.

Piénsalo como si te prepararan para una vida de amor y sabiduría. Todos aceptamos que para realizar un trabajo se necesita entrenamiento. Cuanto más exigente la tarea, más intenso el entrenamiento. Al cultivar la conciencia de la presencia de Dios, aprendemos a caminar con Él y a tomar decisiones basadas en Su percepción de la realidad, que siempre será mejor que la nuestra.

Ora

Señor, me atrevo a pedir que entrelaces tu presencia en el centro de mi ser. Gracias por esos momentos especiales en que siento tu presencia mientras comunico con ti en mi espíritu. Ayúdame ahora a practicar esa presencia, a cultivar una conciencia de ti, especialmente cuando lo que veo y toco amenaza con nublar mi juicio.

Responde

¿Te resulta más fácil sentarte a beber de la presencia de Dios o alcanzar a los demás? ¿Ha cambiado eso con el tiempo? Pídele al Señor que te ayude a mantener un equilibrio entre ambos.

NOVIEMBRE

DÍA 7

Reflexiona

La oración es algo misterioso. No es nuestra voluntad la que dicta lo que debe ocurrir en este mundo, ni nuestro poder el que hace que las cosas pasen. Sin embargo, a través de la oración podemos participar en la formación de la realidad.

¿Cómo es esto? No sería un misterio si supiéramos exactamente cómo responder, pero quizás podamos decir que la oración es un ejercicio de alineación: poner nuestra voluntad en sintonía con la de Dios. ¿Y qué quiere Dios? ¡Que se haga Su voluntad! Que Su reino venga a nosotros, aquí en la tierra, tal como es en el cielo (Mat. 6:10).

La visión más profunda que podemos tener es que nuestro Señor Dios todopoderoso reina (Apoc. 19:6). Y la oración más segura que podemos hacer debe pedir que esto ocurra cada vez más en nuestra experiencia y en todo el mundo.

Por supuesto, desglosamos esta oración en peticiones específicas, y ahí a veces fallamos cuando dejamos que nuestras perspectivas limitadas nos desvíen. Pero siempre podemos volver a esta oración fundamental, que el Señor mismo nos enseñó; y con confianza podemos atribuir a nuestro Dios bendición, honor, gloria y poder para siempre (Apoc. 5:13).

Después de todo, sabemos que esta es una oración que sin duda será respondida favorablemente.

Ora

Dios todopoderoso, te adoro «desde la eternidad y hasta la eternidad» (Sal. 90:2). A veces, siento que puedo alcanzarte y tocarte, allí en el reino celestial donde solo tú habitas. Gracias por el Cordero que fue sacrificado, que ha hecho posible esta conexión.

Responde

¿Con qué frecuencia usas conscientemente las palabras de la Escritura cuando oras? Elige un pasaje bíblico favorito y convierte esas palabras en una oración.

Reflexiona

Somos criaturas de tiempo y espacio, así que no es sorprendente que haya lugares que se vuelvan especiales para nosotros. Un rincón del jardín, un lugar de vacaciones o simplemente un sitio donde nos gusta sentarnos, todos pueden llenarse de recuerdos y significado, mientras que, para otros, son lugares comunes.

Pero hay otro tipo de lugar que nunca debemos descuidar: el Señor mismo. Podemos encontrarnos con Él regularmente en nuestro lugar especial, por supuesto, pero nunca debemos confundirlo con ese lugar. Él es nuestro escondedero (Sal. 32:7), un amparo donde nadie puede derrotarnos aunque nos ataquen. Este es el lugar de la oración íntima y comunión con Él.

Dondequiera que estemos, el Señor siempre proveerá el refugio más seguro que podamos conocer.

«Tú eres mi escondedero y mi escudo; en Tu palabra espero» (Sal. 119:114).

Ora

Gracias, Señor, por los tiempos especiales que compartimos y por proveerme un lugar para encontrarte. Ayuda a quienes necesitan encontrar un tiempo o lugar para hacerlo, y ayúdame a aprovechar al máximo lo que me has dado.

Responde

¿Tienes un tiempo o lugar que te ayude particularmente a acercarte a Dios en oración y adoración íntimas? ¿Lo aprovechas bien? ¿O quizá sea momento de probar un lugar nuevo, aunque sea por un tiempo, y ver qué sucede? Recuerda: Él es el lugar de refugio.

NOVIEMBRE

DÍA 9

Reflexiona

Hay algo inspirador en una pareja enamorada. ¿Y por qué la novia siempre luce tan radiante en su boda? Va más allá del vestido, el peinado, el ramo y el maquillaje. Es una mujer que sabe que es amada. Su amado ha venido a unir su vida a la de ella.

Cuando el novio se vuelve para encontrarse con su hermosa novia, su rostro revela un poder que puede sostenerlos a ambos, no solo en la celebración, sino también en los días difíciles que seguramente vendrán.

Un día, nos encontraremos con el Señor cara a cara (1 Cor. 13:12). Esa esperanza puede animarnos en nuestros desiertos y hacer que nuestro sufrimiento presente se vea pequeño ante la gloria futura que será nuestra (Rom. 8:18), en el banquete de bodas del Cordero y Su novia, la iglesia (Apoc. 19:7).

Finalmente, se cantará la gran canción de canciones, cuando el Señor y Su amada se deleiten el uno en el otro (Cant. 1:15-16) y resuene Su canción de amor (Sof. 3:17).

Recuerda que tú eres de Él, y Él es tuyo.

Ora

Señor celestial, me maravilla que puedas mostrar tanto deleite en tu pueblo. Gracias por el Señor Jesucristo, el Amado, en quien encuentro tanta gracia (Ef. 1:6). Mantén siempre viva en mí la conciencia de tu gran amor, pues sé que con eso podré resistir hasta que estemos juntos para siempre (1 Tes. 4:17).

Responde

Piensa en los momentos más oscuros de tu vida hasta ahora. ¿Puedes verlos hoy con una perspectiva más positiva? ¿Qué te dirías a ti mismo en ese entonces? Ahora, considera tus dificultades actuales e imagina cómo las verás al final de tu vida.

NOVIEMBRE

DÍA 10

Reflexiona

En su visión única sobre las cosas terrenales y celestiales, Juan es elevado al mismo aire del cielo, donde ve criaturas, multitudes, ángeles y enemigos, y figuras extrañas. Hacia el gran clímax de este Apocalipsis, Juan ve una reunión de adoradores tan grande que nadie podría contarla, con los ancianos del pueblo de Dios y los seres celestiales de la misma sala del trono del cielo.

El nivel de sonido entonces se eleva de manera extraordinaria cuando algo «como el estruendo de muchas aguas y como el sonido de fuertes truenos» anuncia el gran grito de adoración del cielo: «¡Aleluya! Porque el Señor nuestro Dios Todopoderoso reina». Este es el grito de una iglesia triunfante en medio de una guerra contra los enemigos de Dios, y anuncia la manifestación del Rey de reyes que sale a la victoria, seguido por una caballería como ninguna otra (Apoc. 19:6-16).

Esta es nuestra gran esperanza. Cada uno de nosotros puede decir: «Mi Dios reina».

Ora

Señor, no siempre es fácil percibir la victoria cuando estás en medio de la batalla. Gracias por recordarme que, aunque la lucha continúa, el resultado está asegurado. Ayúdame a cumplir mi parte mientras tomo fuerzas de ti.

Responde

Toma un periódico o visita un sitio de noticias y observa cómo, mientras algunos reinos se levantan, otros pronto caen. Ora por aquellas áreas que identifiques que están pasando tiempos oscuros, donde la dignidad humana no se valora ni protege. ¿Puedes indagar más allá de los titulares y descubrir quién trabaja en pro de la justicia o el alivio? Comprométete a orar por una de esas zonas y busca el apoyo de otros para seguir juntos el progreso de los eventos.

Reflexiona

En su visión única, Juan es elevado al cielo, donde ve al Jinete magnífico en su caballo blanco saliendo por las puertas del cielo. Su nombre es el Verbo de Dios, y Su manto está empapado de sangre (Apoc. 19:11, 13).

Si esto fuera una escena de una película bélica, la sangre podría ser la del enemigo, recordando que este guerrero temible puede matar a todos los que se interpongan. Pero no es así. Es la sangre del Cordero que limpia las ropas de aquellos que lo miran como su Pastor, ropas que simbolizan las obras justas que hacen siguiendo a su líder (Apoc. 7:14, 17; 19:7-8).

Es la sangre del Jinete. La vida que le fue arrebatada resulta ser el sello de la victoria… seguramente, el secreto militar más sorprendente. Pero, cuando el Señor va a la batalla, la victoria está asegurada. ¿Cómo? A través de la debilidad de un hombre crucificado: una verdad que confunde a Sus enemigos (1 Cor. 2:1-8).

Mira al Jinete y sigue Su camino.

Ora

Señor Jesús, Verbo de Dios, Cordero sacrificado, Rey de reyes, Guerrero poderoso… Nunca podría anticipar tus estrategias. Ayúdame a mantenerme firme en tu ejército mientras tú lideras y yo sigo.

Responde

Piensa en una situación donde la iglesia parece perder terreno, ya sea localmente o en el país. Puede ser un tema de libertad religiosa o de influencia del evangelio. Da gracias porque nuestra debilidad señala victoria y no derrota, y encomienda a Dios el resultado de estas luchas actuales, sabiendo que, sea cual sea el desarrollo de la batalla, la guerra finalmente se ganará cuando el Señor cabalgue hacia la victoria.

NOVIEMBRE

DÍA 12

Reflexiona

La vida puede ser una lucha, pero a veces estamos tan concentrados en la pelea por sobrevivir, esquivando las trampas causadas por otros, que dejamos de ver las que nosotros mismos hemos puesto.

Podemos preocuparnos tanto por la deshonestidad que vemos en quienes nos rodean, donde las mentiras brotan de labios que antes sonaban prometedores, que pasamos por alto las tentaciones que han encontrado hogar en nuestro propio corazón (1 Cor. 10:12-13). Quizás la más importante de todas es el amor al dinero, pero si «[huimos] de estas cosas, y [seguimos] la justicia, la piedad, la fe, el amor, la perseverancia y la amabilidad», nos salvaremos de torturarnos con las aflicciones que nosotros mismos nos causamos (1 Tim. 6:10-11).

Para esto, necesitamos ser rigurosamente sinceros con nosotros mismos y con Dios. Derrama tu alma ante Él, sin reservas, y encontrarás el descanso que anhelas.

Ora

Señor amoroso, realmente no quiero fijar mi corazón en cosas que no me hacen bien. Ayúdame a fijar mi mirada en ti, tomando fuerza de tus planes y propósitos para mi vida.

Responde

Lee el Salmo 62. Piensa en Dios como tu deleite y recompensa. Luego, piensa en las demás cosas que disfrutas en la vida. ¿Conviven bien o están en conflicto? ¿De qué manera tu amor por Dios es recompensado? Haz una lista de los beneficios que Él ha traído a tu vida; si necesitas más ayuda, lee también el Salmo 103.

NOVIEMBRE

DÍA 13

Reflexiona

Gran parte de la vida trata sobre cambio y crecimiento, avanzar desde las primeras experiencias hacia una mayor sabiduría y madurez. Sin embargo, nunca está mal recordar nuestros días iniciales, cómo llegamos a esta vida y, especialmente, cómo llegamos a una relación con nuestro Dios.

Por supuesto, no es igual para todos, pero en algún momento, cada adorador ha sentido un fuego encenderse por dentro, cuando la verdad ha amanecido y hemos sentido Su presencia. ¿Y qué puede igualar la paz que sentimos al darnos cuenta de que estamos realmente perdonados?

«Cuando se manifestó la bondad de Dios nuestro Salvador, y Su amor hacia la humanidad, Él nos salvó, no por las obras de justicia que nosotros hubiéramos hecho, sino conforme a Su misericordia» (Tito 3:4-5).

¿Lo has olvidado?

Ora

Padre celestial, me maravillo de tu tierno amor por mí y por cada persona que has creado. Me has dado tanto para atesorar y recordar. Ayúdame a no perder de vista tu cuidado y a seguir avanzando contigo, sin abandonar, sino edificando sobre el primer amor (Apoc. 2:4).

Responde

Piensa en la primera vez que conociste al Señor, ya sea de niño, adolescente o más tarde en la vida. Haz una lista de las emociones que sentiste entonces y de los descubrimientos que hiciste. ¿Qué le diría la persona que eras entonces a la persona que eres ahora? ¿Puedes escribirlo? También puedes orar esto con alguien.

NOVIEMBRE

DÍA 14

Reflexiona

Todos necesitamos a alguien. Si bien es cierto que algunas personas prefieren la soledad, nadie en su sano juicio afirmaría que podría vivir sin otros. Ya sea simplemente para intercambiar un saludo y saber que hay gente alrededor, o para construir una amistad duradera, todos necesitamos la sociedad de otros. Así fuimos creados.

Nadie creó a Dios. Él es quien da vida a todo lo demás. Como el Eterno, no está sujeto a cambio, decadencia ni muerte. No teme a nada, no necesita impresionar a nadie y no carece de nada (Hech. 17:24-25). Él es completo en sí mismo: Padre, Hijo y Espíritu Santo.

Es maravilloso que Él haya querido estar presente con nosotros y compartir nuestra vida, a través de Su Hijo Jesús y por Su Espíritu en nosotros (Mat. 1:23; Juan 1:14; Rom. 8:16).

«Por tanto, al Rey eterno, inmortal, invisible, único Dios, a Él sea honor y gloria por los siglos de los siglos. Amén» (1 Tim. 1:17).

Ora

Señor soberano, Padre todopoderoso, te bendecimos por tu gran amor, manifestado en Jesús y compartido por el Espíritu (Hech. 2:33). Aunque solo vemos en parte ahora, anhelamos el día en que conoceremos como también somos conocidos (1 Cor. 13:12). Gracias por incluirnos, por incluirme, en la comunión de tu gran amor.

Responde

Dios es el único que realmente no necesita la compañía de otros, y sin embargo, ha demostrado que incluir a otros en tu vida es consecuencia natural de tener amor en el corazón. Piensa en alguien que conozcas y que ahora se sienta un poco antisocial. ¿Qué podrías hacer para ayudarlo a integrarse de nuevo en la sociedad?

NOVIEMBRE

DÍA 15

Reflexiona

Muchos a lo largo de los siglos han encontrado gran consuelo en el hecho de que Dios está en todas partes. Nada está fuera de Su alcance, nadie fuera de Su cuidado. Está dispuesto a guiarme y tomarme con Su diestra (Sal. 139:7-10). Incluso en el valle más profundo, no hay nada que temer (Sal. 23:4).

Pero, aunque el Señor siempre está cerca, sabemos muy bien que podemos alejarnos de Él: actuamos mal y nos sentimos mal. De repente, la omnipresencia de Dios se convierte en una amenaza, no en un consuelo. Porque no hay escapatoria posible: no podemos eludirlo ni evadirlo. «Si digo: "Ciertamente las tinieblas me envolverán, y la luz a mi alrededor será noche"; ni aun las tinieblas son oscuras para Ti, y la noche brilla como el día. Las tinieblas y la luz son iguales para Ti» (Sal. 139:11-12).

Todo depende de nuestra relación con Él. Dios nunca nos agobia; nos ha dado espacio para vivir, movernos y existir (Hech. 17:28). La pregunta es: ¿recibimos con agrado Su presencia, en todo momento y en todo lugar?

Ora

«Oh Señor, has examinado mi corazón y sabes todo acerca de mí. Sabes cuándo me siento y cuándo me levanto; conoces mis pensamientos, aun cuando me encuentro lejos. Me ves cuando viajo y cuando descanso en casa. Sabes todo lo que hago. Sabes lo que voy a decir incluso antes de que lo diga, Señor. [...] Semejante conocimiento es demasiado maravilloso para mí; ¡es tan elevado que no puedo entenderlo!» (Sal. 139:1-6, NTV).

Responde

Dedica un tiempo ahora para encomendar los próximos días al Señor. Al pensar en los eventos que esperas, agradécele por estar contigo en cada paso y pídele que te llene de Su paz.

NOVIEMBRE

DÍA 16

Reflexiona

La vida no siempre tiene sentido. Hay cosas que simplemente no podemos explicar, y tratar de hacerlo de alguna manera trivializa el misterio que enfrentamos. Sabemos que Dios es bueno y soberano sobre todo, pero en los noticieros vemos horrores tan indescriptibles como cualquier cosa en la categoría de «terror» de nuestros libros y películas.

Es tiempo de confiar. Tiempo de confiar en que nada escapa a la atención de Dios, desde el gran curso de la historia hasta los pequeños detalles de nuestros pensamientos individuales. Ya sea que me desconcierten las cosas que veo a mi alrededor y en los medios, o que mis pensamientos y preguntas sin respuesta me aflijan, puedo saber que Su mano está sobre mi vida.

Ten la certeza de que eres amado.

Ora

Señor, conoces mi ser (Sal. 139:15); entiendes qué me mueve. Ayúdame a descansar en la certeza de que tienes todo bajo control y que solo haces lo correcto (Deut. 32:4). Ayúdame a expresar mis dudas contigo con sinceridad y humildad, y muéstrame tu gran plan, te lo ruego.

Responde

Mira algunos de los informes más sombríos en las noticias actuales. ¿Puedes discernir allí líneas de responsabilidad? ¿Quién ha causado daño a quién? ¿Quién empezó todo? ¿Hasta dónde puedes rastrear las causas? Ora por cada parte involucrada. Luego, comprométete a trabajar por la justicia en las situaciones que enfrentas en tu propia vida.

NOVIEMBRE

DÍA 17

Reflexiona

Es saludable recordarnos de vez en cuando lo inmensamente vasto que es nuestro universo… no para sentirnos perdidos dentro de él, sino para reconocer cuán infinitamente grande es el Señor. Con millones de galaxias, cada una con millones de estrellas, ocupando un espacio que abarca billones de años luz, es bueno recordar que el Señor hizo todo esto (Juan 1:3).

Ahí es donde encaja la palabra *asombroso*, cuando consideramos la inmensidad del cosmos y la infinitud de Aquel que lo creó. Y, aunque esto pueda parecer abrumador, también es reconfortante, porque es el mismo que se hizo pequeño para ser uno de nosotros (Juan 1:14).

Así tenemos esta sorprendente combinación: Dios es tanto el soberano Creador, para quien nada es imposible (¿cómo podría serlo?), como también un Rey humilde que se encuentra con nosotros donde estamos y escucha cada oración… incluso esas que solo podemos gemir (Rom. 8:26-27).

Eso sí que es tener lo mejor de dos mundos.

Ora

Señor, me encanta que seas tanto asombroso como accesible. En tu majestad, causas temor, pero eso no ha impedido que recibas a cualquiera que se acerque a ti con humildad y fe. Por favor, escucha mi oración por las situaciones imposibles que te presento ahora.

Responde

Sabiendo que el amor de Dios puede derretir el corazón más duro, ora por alguien que conozcas que ha resistido el evangelio o que no ha podido creer. Ora para que aprenda la humildad en lo más profundo de su alma, donde solo Dios puede ver, y que una semilla de fe crezca en esa tierra fértil. Y no ores solo una vez… ¿puedes comprometerte a orar por esa persona una vez por hora durante el resto del día?

NOVIEMBRE

DÍA 18

Reflexiona

Hay mucho en esta vida por lo que estar agradecidos, pero cuando se trata de nuestra salvación, podemos experimentar una gratitud triple: al Padre, al Hijo y al Espíritu. No es fácil ni necesario desentrañar el papel de cada Persona, pues cada una está íntimamente involucrada en crear y sostener nuestra relación con Dios.

Fue Jesús quien llevó mi dolor cuando descendió hasta lo más profundo de mi desgracia. Al derramar Su sangre para sellar el nuevo pacto con nosotros, hizo posible que el Espíritu Santo escribiera la ley de Dios en nuestros corazones (Jer. 31:33; Luc. 22:20) y fuera el que camina a nuestro lado, viviendo con nosotros y estableciendo Su hogar en nosotros (Juan 14:17).

Todo esto surge de la sabiduría del Padre, que reina por encima del tiempo y del espacio (Sal. 93:1-2) y que encontró la manera de absolver a los pecadores sin dañar ni una pizca Su integridad (Rom. 3:25; 1 Cor. 1:30).

Gracias, gracias, gracias, Señor.

Ora

Padre celestial, a la luz de tu sabiduría incomparable, tu gracia insondable y tu presencia fortalecedora, entrego cada día que tengo para seguirte.

Responde

Lee Efesios 1:3-14. Escribe en tres columnas los roles de Dios Padre, del Hijo y del Espíritu en nuestra salvación. Medita en Su unidad de propósito y armonía de acción. ¿Cómo podrías reflejar esto, aunque sea en pequeña medida, en tus relaciones con los demás? ¿Necesitas bendecir más a otros (v. 3)? Si es así, comienza a bendecirlos en oración ahora, pero también trata de ser una bendición en la práctica. ¿Puedes dar más de tu tiempo libremente (v. 6), incluso al punto de una generosidad que desborde (v. 8)?

NOVIEMBRE

DÍA 19

Reflexiona

Es hermoso ver a dos oponentes reconciliados, pero nunca ocurre sin un costo. Para que quienes se han separado vuelvan a estar juntos, al menos una de las partes debe moverse. Y para ello debe sacrificar algo.

Lo mismo ocurre en la difícil reconciliación entre la humanidad y el Creador del universo, y aquí ambas partes renuncian a algo valioso.

Dios entregó a Su único Hijo, que derramó Su preciosa sangre para que nuestros pecados sean perdonados mientras se hace justicia, «habiendo hecho la paz por medio de la sangre de Su cruz» (Col. 1:20). Pero nosotros también debemos renunciar a algo que consideramos valioso: nuestro orgullo. Así como Él se vació a sí mismo, nosotros debemos dejar de lado toda ambición egoísta (Fil. 2:3-8).

Esto es más fácil decirlo que hacerlo. Callar nuestras preguntas, humillar nuestro corazón, requiere una especie de muerte, al crucificar nuestra naturaleza pecaminosa (Gál. 5:24) por una esperanza mejor (Heb. 6:19).

«Dios estaba en Cristo reconciliando al mundo con Él mismo, no tomando en cuenta a los hombres sus transgresiones, y nos ha encomendado a nosotros la palabra de la reconciliación» (2 Cor. 5:19).

Ora

Gracias, Señor, por dar el primer paso para restaurar nuestra relación (1 Jn. 4:19). Ayúdame a ser fiel al evangelio de la reconciliación y a ser como tú: dispuesto a pagar el precio para ganar a las personas de vuelta.

Responde

¿Conoces a personas involucradas en una disputa? ¿Qué podrías hacer para reconciliarlas? Comienza orando por ellas y pide a Dios que te muestre si puedes desempeñar un papel de mediador.

NOVIEMBRE

DÍA 20

Reflexiona

Hay momentos en que las verdades y los eventos registrados en la Biblia parecen saltar de la página directo a nuestro corazón. La comprensión llega, nos emocionamos y deseamos compartir lo que hemos encontrado con alguien que escuche.

Pero también sabemos que hay épocas en que las Escrituras nos parecen muertas. Sabemos que son inspiradas por Dios (2 Tim. 3:16), pero hoy no sentimos el aliento de Su beso. Estamos en un lugar seco y desértico, y nada parece correcto, nada funciona bien.

Este es el momento de decidir, y no de dejarse llevar. De decidir no conformarse con menos que un encuentro directo con el Señor vivo. De no soltar hasta que Él haga algo, como Jacob con el ángel (Gén. 32:26).

Pero la decisión solo nos lleva hasta cierto punto. Dios no se deja manipular, y a veces nos lleva al desierto por una razón (Mar. 1:12). Nuestra responsabilidad es aferrarnos y esperar. Porque esto también es parte de lo que significa adorar.

Ora

Señor soberano, confieso que hay momentos en que estoy lejos de ti por mi pecado. Pero también siento que a veces me llevas a un lugar espiritualmente seco por razones tuyas, tal vez para aprender una mayor dependencia de ti y de tu Palabra. Ayúdame a alimentarme de cada palabra que sale de tu boca (Mat. 4:4).

Responde

Piensa en la última vez que estuviste «en tierra seca» espiritualmente. ¿Qué puedes aprender de esa experiencia, especialmente respecto a la lectura de las Escrituras? Lee Mateo 4:1-11 y medita en las respuestas de Jesús en los versículos 4, 7 y 10. ¿A quién conoces que esté en un lugar seco similar hoy? ¿Qué necesita de ti?

NOVIEMBRE

DÍA 21

Reflexiona

Algunas personas, cuando las ofendes, son difíciles de recuperar, incluso cuando admites que estuviste equivocado. Es como si no pudieran superar lo que pasó, o como si en realidad no les importara restaurar la relación.

No es así con Dios. Tan pronto escucha las palabras «Señor, perdóname», Él está allí, esperando, con los brazos abiertos (Luc. 15:20). Ya ha allanado el camino de regreso, cancelando nuestro pecado y ofreciendo perdón por medio de la cruz (Ef. 1:7).

La pregunta es: ¿caminarás por el camino que Él ha preparado para ti? ¿Dejarás que tu orgullo se rompa y derramarás lágrimas, no solo por ti mismo, sino por todos los que están perdidos?

Comenzamos el viaje dando el primer paso. Él está listo para guiarnos todo el camino de regreso.

Ora

Padre celestial, confieso que dependo de ti para mantener nuestra relación viva; no porque no tenga mi parte que jugar, sino porque no tendría ninguna si tú no hubieras provisto con gracia un camino para acercarme. Ayúdame a resistir la tentación de alejarme y a volver rápido si me desvío.

Responde

¿Cuánto de tu tiempo dedicas a mirar más allá de tus propias necesidades hacia las de otras personas? Escribe las cosas que esperas hacer en los próximos siete días y observa si alguna se puede adaptar para involucrar a otros.

NOVIEMBRE

DÍA 22

Reflexiona

Cuando algunas personas sienten que han sido tratadas injustamente y desean presentar una queja, pueden apelar a alguien de mayor autoridad... incluso al máximo responsable. O, si un condenado quiere apelar una sentencia judicial, debe ir a la instancia más alta.

Con Dios, no hay nadie superior. No hay autoridad mayor. Solo Él es Dios (Sal. 86:10), y no existe puesto más alto en este mundo ni en el más allá.

Tampoco Él pasa la responsabilidad a otro, aunque pudiera hacerlo. Todos Sus caminos son justos y verdaderos (Apoc. 15:3), así que no existe apelación posible más allá de Él.

Sin embargo, aunque está en esa posición exaltada, no está lejos. Gracias a Su Espíritu con nosotros, tenemos contacto directo y personal con el Padre, a través de Jesús (Ef. 2:18). Siempre.

Ora

Señor bendito, tu amor es eterno. Gracias por dejar que ese amor fluya como una fuente, a través del Hijo, por el Espíritu, hacia todo corazón humano dispuesto a recibirlo. Ayúdame a permanecer abierto a tu amor, confiado en que, en Cristo, estoy en contacto con el supremo Señor del universo.

Responde

¿Qué tan buen representante eres del Director ejecutivo de este mundo y de Su compañía de siervos? Confiesa ahora ante Dios aquellas cosas que podrían ser motivo de queja. Y recuerda que, al ser identificado como uno de Su pueblo, tus buenas obras le glorificarán (Mat. 5:16).

NOVIEMBRE

DÍA 23

Reflexiona

Es un gran privilegio poder cantar la alabanza a Dios desde el corazón y dar testimonio de Su esplendor y poder. Pero no somos solo los seres humanos quienes lo adoramos. Los ángeles lo han hecho mucho antes. Y aquí en la tierra, hay testigos mudos que hablan con gran elocuencia para los que tienen oídos para oír: «Los cielos proclaman la gloria de Dios, y el firmamento anuncia la obra de Sus manos» (Sal. 19:1).

Estos testigos no solo están en naciones con iglesias fuertes o con la Biblia en su lengua materna: «Un día transmite el mensaje al otro día, y una noche a la otra noche revela sabiduría. No hay mensaje, no hay palabras; no se oye su voz. Pero por toda la tierra salió su voz, y hasta los confines del mundo sus palabras» (Sal. 19:2-4).

Cuando vengas a adorar, aprende una lección de toda la creación y deja que la alabanza te guíe hacia la proclamación.

Ora

Señor soberano, gracias por liberarme para adorarte en mi espíritu y con plena conciencia de que esto está en armonía con la realidad (Juan 4:24). Ayúdame a alinearme mejor con el mundo que creaste.

Responde

¿Cómo es tu relación con el ambiente, con el mundo en el cual Dios te ha colocado con amor? ¿Cómo impactan en el mundo las maneras en que vives? ¿Acaso tus decisiones sobre dónde y cómo compras, y los medios de transporte que usas, reflejan el amor y el orgullo que Dios siente por el mundo que creó?

NOVIEMBRE

DÍA 24

Reflexiona

Imagina que un autor de novela o teatro encontrara la manera de entrar en su propia obra y se convirtiera en un personaje de su historia. Imagina que se negara a mostrar la gloria de su verdadera naturaleza, y disfrazara sus orígenes y se sometiera a las reglas y limitaciones de su mundo. ¿Qué sería de él?

En Jesús, vemos al Aquel que creó todo. Él es «la imagen del Dios invisible, el primogénito de toda creación» (Col. 1:15-16). Y, sin embargo, se humilló… hasta llegar a sufrir una muerte cruel (Fil. 2:8).

¿Por qué? ¿Solo para experimentar cómo era y luego regresar a Su propio mundo? No, fue para ser un «siervo» (Fil. 2:7) y rescatar a la humanidad de la oscuridad que amenaza con destruirnos (Col. 1:13) y llevarnos a Su luz (1 Ped. 2:9).

Fue por amor a nosotros… Sus personajes, Su pueblo.

Ora

Señor, «[dimos] muerte al Autor de la vida», pero tú convertiste eso en nuestra bendición y nos diste la oportunidad de una vida nueva (Hech. 3:15, 19). Ayúdame a compartir esta buena noticia con otros personajes de tu gran obra, hasta que la historia —tu historia— se cumpla completamente y todo sea puesto en su lugar correcto (Hech. 3:21).

Responde

¿Alguna vez has tratado de meterte en el mundo de otra persona, aunque sea por un día? ¿Por qué no leer la autobiografía de alguien muy diferente a ti? O pregunta si puedes acompañar a alguien un rato… a un amigo en su trabajo, a un niño jugando, o incluso a alguien en la calle. Luego, escribe lo que has aprendido y deja que este pequeño acto de encarnación moldee tu fe y tu testimonio.

NOVIEMBRE

DÍA 25

Reflexiona

Siempre es bueno tener un plan. No siempre podemos controlar el resultado, pero si sabemos lo que intentamos lograr, al menos podemos medir nuestro progreso y ajustar nuestro enfoque ante circunstancias imprevistas.

Dios tiene un plan: el mismo que ideó en la eternidad, antes de que fuéramos creados (Ef. 1:4). Para Él, no es necesario hacer ajustes porque conoce el final desde el principio (Isa. 46:10). Ha pensado en todas las opciones, como solo un Creador omnisciente y sabio puede hacerlo.

Ahora, somos parte de Su historia, mientras los eventos se desarrollan y nos convertimos en recipientes de Su gracia, como los cántaros de barro que Gedeón usó para vencer al enemigo del pueblo de Dios (Jue. 7:16-21).

También somos parte de Su familia. Como herederos adoptados del Dios que salva por gracia, se nos da todo lo necesario para cumplir nuestro papel en Su plan, especialmente el Espíritu Santo (Ef. 1:5-6, 11, 13). Qué asombroso es que nuestras acciones formen parte de Su plan (Ef. 2:10).

Como se dice comúnmente: somos el Plan A, no existe un Plan B.

Ora

Gracias, Señor, por confiarnos tanto en la implementación de tu gran plan. Confieso que a veces parece abrumador, pero entonces recuerdo que nos has dado tu Espíritu. Ayúdame a confiar en ti para recibir la gracia que necesito, día tras día.

Responde

Haz una lista de tus planes actuales, tanto domésticos como profesionales. Entrégale cada punto a Dios, pidiéndole que lo use como parte de Su plan para «reunir todas las cosas en Cristo» (Ef. 1:10), incluso cuando no veas una conexión obvia.

NOVIEMBRE

DÍA 26

Reflexiona

Cuando el pueblo de Judá fue al exilio, sus hogares fueron destruidos y sus hijos arrebatados, ellos lloraron, lamentaron y se arrepintieron (Lam. 1:4-5; 5:3, 16, 21). Su situación era desesperada, y llegaron a comprender que el Señor era su única esperanza (Lam. 3:2-26).

Espiritualmente, nuestro mundo parece estar en el mismo lugar hoy. Las familias están fragmentadas y enfrentamos la pérdida de una generación en un mundo dominado por el materialismo sin Dios. Necesitamos al Señor aquí.

Y ese es el punto crucial para nuestra recuperación: admitir que lo que hemos intentado construir sin referencia a Dios está en ruinas, y saber dónde buscar la restauración. *Ven, Señor, sálvanos.*

Ora

Todopoderoso y soberano Señor, confesamos que, de muchas maneras, nos encontramos en exilio de tus caminos de sabiduría y amor. Ten misericordia de nosotros, te rogamos, y guía a quienes nos gobiernan hacia leyes y políticas que nos reconcilien, unos con otros y contigo.

Responde

Encuentra en las noticias un ejemplo de ruptura familiar o de disturbios sociales. Ora por quienes tendrán que encargarse de los daños —médicos, trabajadores sociales, policías— para que estén protegidos y animados en su labor. Luego, ora por quienes toman decisiones a largo plazo en tu comunidad y en la nación en general, recordando que Dios provee la autoridad para protegernos y disciplinarnos (Rom. 13:1; 1 Tim. 2:1-2).

NOVIEMBRE

DÍA 27

Reflexiona

El miedo crea desconfianza. Si no conocemos bien a alguien, y sus acciones nos llevan a dificultades, podemos llegar a sospechar rápidamente de sus motivos. Pero cuando amamos a una persona, estamos dispuestos a pensar lo mejor y a buscar razones que expliquen lo que nos ha causado preocupación.

Sabemos que Dios disciplina a los que ama (Heb. 12:10). Podemos descansar en el conocimiento de que, cuando las cosas se ponen difíciles para nosotros, Dios no nos abandona. «¿Aceptaremos el bien de Dios pero no aceptaremos el mal?» (Job 2:10). Él es digno de total confianza.

Porque este es el Dios cuya «misericordia [es] para los que le temen», de modo que, por una maravillosa paradoja, podemos servirle «sin temor» (Luc. 1:50, 74). Le encanta acercarse y llamarnos amigos, aunque Él es santo, y sin Él, no podemos agradarle (Juan 15:5, 15).

Este es el misterio del universo, y es la razón por la que podemos seguir adelante incluso cuando los tiempos son difíciles, o cuando sabemos que hemos defraudado al Señor.

Ora

Señor Jesús, mi Rey, me asombra que seas un amigo para mí y que me salves de la vergüenza trayendo a mi vida las disciplinas que sabes que necesito. Ayúdame a honrarte, aceptándolas con buena disposición y permitiendo que operen en mí para tu buena intención (Fil. 2:13).

Responde

A veces, la gente habla de «la escuela de las dificultades», cuando las pruebas y decepciones de la vida enseñan valiosas lecciones. ¿Puedes recordar una experiencia así en tu vida? ¿Y puedes compartirla con alguien, especialmente si a esa persona le resultaría alentadora?

DÍA 28

Reflexiona

Es algo maravilloso cuando nos cansamos tanto de nuestros propios pecados que simplemente le decimos a Dios: «Quiero hacer lo que tú quieres». Hemos llegado al límite y deseamos con todo nuestro corazón una vida de amor. Estamos listos para rendirnos, desesperados por ver una nueva clase de virtud en nuestras vidas... una que brote desde lo más profundo y sea tan parte de nosotros que se derrame en palabras, pensamientos y acciones.

El salmista sabía bien esto cuando escribió: «¿Cómo puedo conocer todos los pecados escondidos en mi corazón? Límpiame de estas faltas ocultas. ¡Libra a tu siervo de pecar intencionalmente! No permitas que estos pecados me controlen. Entonces estaré libre de culpa y seré inocente de grandes pecados. Que las palabras de mi boca y la meditación de mi corazón sean de tu agrado, oh Señor, mi roca y mi redentor» (Sal. 19:12-14. NTV).

«Examinen qué es lo que agrada al Señor» (Ef. 5:10).

Ora

Señor misericordioso, sé que quieres que te sea fiel hasta lo más profundo. Gracias por proveer para mí, de modo que, aun cuando peco, me levantas, perdonándome y limpiándome (Sal. 51:6 7; 1 Jn. 1:7). Ayúdame a honrarte con toda mi vida, entregándome a ti nuevamente hoy.

Responde

A veces, dedicamos tanto tiempo a nuestros pecados intencionales que olvidamos atender nuestras «faltas ocultas». Pídele ahora a Dios que te revele aquellas acciones que le desagradan y que has pasado por alto en tu autoexamen (2 Cor. 13:5), y luego ora sobre los resultados con un amigo.

NOVIEMBRE

DÍA 29

Reflexiona

Sabemos que el Señor nos disciplina a veces, y que examinarse a uno mismo y confesar nuestras faltas es saludable (Heb. 12:10; 2 Cor. 13:5). Esto puede sonar muy pesado, por lo que es importante no olvidar que todo es para nuestro bien.

El Señor quiere darnos descanso. El propósito de Su yugo sobre nosotros es ayudarnos a avanzar sin tanto dolor, aligerar nuestra carga mientras encontramos la suya (Mat. 11:28-30).

¿Y cuál es Su carga? Seguramente «hacer la voluntad del que me envió y llevar a cabo Su obra», una misión que Él también describió como alimento para Su alma (Juan 4:34). Una carga ligera.

A veces, luchamos demasiado. Permite que el Señor camine a tu lado, y encuentra tu obediencia simplemente siguiendo Sus pasos (Gál. 5:25). Porque es entonces cuando Su paz llega a tu alma (1 Tes. 5:23).

Ora

Señor Jesús, gracias por la oportunidad de aprender de ti mientras estamos unidos por el yugo. Gracias por las Escrituras, la comunión con tu pueblo y la vida de oración, todo lo que me ayuda a mantenerme fiel a tus propósitos… y fiel a mi alma, aquello para lo cual me creaste.

Responde

Piensa en qué tipo de «alma» eres. ¿Eres extrovertido o reservado? ¿Una persona proactiva, impulsiva, dada a la espontaneidad? ¿O prefieres tomar el camino reflexivo, considerado, para procesar tus pensamientos? Sea cual sea tu tipo, entrégale a Dios cada aspecto de tu temperamento y cada rasgo de tu carácter que se está formando en ti, pidiéndole que lo use donde pueda y que transforme lo que no pueda usar.

NOVIEMBRE

DÍA 30

Reflexiona

Si atravesamos la vida buscando simplemente soluciones a los muchos problemas que enfrentamos, corremos el riesgo de volvernos demasiado ensimismados, si no obsesionados, con nosotros mismos. Sin embargo, hay Uno que está por encima de todo, y si lo contemplamos, inevitablemente somos levantados fuera de nuestras dificultades, fuera de nosotros mismos. Cuando lo alabamos por quién es, nuestro orgullo se rompe, nuestro pecado es perdonado, nuestra perspectiva corregida, y nuestras necesidades satisfechas.

¿Quién es este Dios? ¿Cómo se revela a nosotros? Él es antes de todo y sobre todo, Elohim Dios Creador (Gén. 1:1), el Eterno (Sal. 93:2), nuestro Dios Altísimo (Sal. 9:2). Así que, por supuesto, Él es absolutamente suficiente para nuestras necesidades, el Omnipotente (Sal. 91:1), y amorosamente provee un sacrificio por nuestro pecado (Gén. 22:14).

Ningún enemigo suyo puede resistirnos, porque Él es el Señor de los ejércitos (1 Sam. 17:45). Sin embargo, para nosotros Él es un Pastor (Sal. 23:1), siempre cercano (Ezeq. 48:35), mi Señor y Maestro que me guía y que me «ve» porque vela por mí (Gén. 16:13).

Este es el Dios de paz (Jue. 6:24), y podemos conocerlo porque es Emmanuel, Dios con nosotros (Isa. 7:14; Mat. 1:23), revelado en el glorioso nombre de Jesús (Mat. 1:21).

¿Te sientes mejor?

Ora

Gracias, Señor, por ser todo para mí. Aunque amablemente me has dado tantas bendiciones en esta vida, ninguna se compara contigo. Te adoro por lo que eres en ti mismo. ¡Aleluya!

Responde

Medita en los nombres de Dios que aquí se muestran. Consulta las referencias bíblicas, y permite que este hecho impacte en ti: que el Todopoderoso y Eterno, que hizo todo, se interesa por nosotros, a quienes hizo a Su imagen (Gén. 1:26) y con quienes comparte Su vida eterna (Juan 3:16).

DICIEMBRE

DÍA 1

Reflexiona

La vergüenza es algo que todos hemos experimentado en un momento u otro. Por lo general, hace que queramos evitar ser el centro de atención, buscando los rincones oscuros hasta que la gente haya olvidado lo que ciertamente no fue nuestro mejor momento... Pero luego, debemos elegir si regresaremos a la luz, o si dejaremos que nuestra vergüenza nos mantenga escondidos en las sombras. Llenos de reproche, pero sin arrepentimiento.

Estar en ese lugar es incierto, puede hundirnos en tristeza o bien impulsarnos de regreso a la luz. A veces, sin darnos cuenta, caminamos en desvergüenza. Pero ese no es el deseo de Dios para nosotros. Él nos llama a la luz, a vivir en libertad.

Hoy, los hijos de Dios podemos descansar en una verdad gloriosa, porque el Rey ha quitado la vergüenza de nuestro corazón. Hemos sido perdonados. Y ahora que Él ha quitado nuestra vergüenza, la única audacia que nos queda es vivir para Él. Su gracia nos empuja hacia delante; no hay regreso al pasado, porque nuestros ojos ya no están puestos en nosotros mismos, sino en Cristo.

Él es nuestra gloria y nuestra jactancia (1 Cor. 1:31). Somos libres en Él.

Ora

Bondadoso Señor, te doy gracias por permitirme vivir de manera abierta y sincera, delante de ti y de los demás. Ayúdame a caminar en la luz, así como tú eres luz (1 Jn. 1:7).

Responde

La próxima vez que hables con una persona que no sea cristiana, intenta cambiar el enfoque; deja de hacer énfasis en ti mismo y señala al Señor. Quizás puedas mencionar algo que escuchaste en la iglesia, leer la Biblia o incluso este devocional. Prepárate para responder a lo que ellos digan «con mansedumbre y reverencia» (1 Ped. 3:15).

DICIEMBRE

DÍA 2

Reflexiona

Se anota un gol y un rugido surge de la multitud. Se escala una colina y un jadeante «¡*Wow*!» responde a la vista. Se obtiene un buen resultado y de repente hay baile.

Sea cual sea el área de la vida, sea cual sea la causa, la alegría nos mueve, y más a menudo de lo que creemos, nos hace ruidosos. Cantamos, bailamos, gritamos o incluso chillamos de alegría. No lo pensamos... es simplemente lo natural.

Y esto es real más que nunca cuando somos rescatados. Es terrible cuando un caminante o escalador no sabe dónde está, o cómo regresar a salvo. Qué alivio cuando alguien lo encuentra... especialmente, si es un guía que conoce todos los peligros.

Antes, estábamos perdidos, a la deriva espiritualmente, ciegos ante la salida de nuestro apuro. Ahora podemos ver, porque el buen Pastor ha abierto nuestros ojos al camino de la vida (Juan 9:25; 10:9-11).

Es algo para gritar de alegría.

Ora

Gracias, Señor Jesús, por llegar tan lejos para asegurarte de que pudiera ser encontrado y traído de vuelta al camino que lleva a la vida. Ayúdame a captar esto y a que tenga tal poder en mí, que haga ruido dondequiera que se necesite escuchar el evangelio.

Responde

¿Qué podrías hacer para recuperar un sentido más claro de la alegría de tu salvación? ¿Necesitas encontrar tiempo y espacio para estar solo y gritar, cantar y bailar ante Dios? Tal vez necesites escribir cosas o contarle a alguien. No importa qué hagas, dedica tiempo hoy o mañana para permitir que el Espíritu te ayude a reconectar con Dios.

DICIEMBRE

DÍA 3

Reflexiona

Imagina que estás saliendo de la antigua ciudad de Jerusalén rumbo al Gólgota. Hay un alboroto entre soldados y espectadores mientras tres hombres son crucificados bajo el calor creciente del día. No te acercas más que hasta donde están las mujeres, y ves que el Hijo del Hombre entrega Su vida cuando está listo (Juan 10:18; 19:30).

Más tarde, un miembro del consejo gobernante judío le pide el cuerpo a Pilato y lo coloca en una tumba (Luc. 23:50-53).

Dos días después, esa tumba está vacía (Juan 20:6-8). Para ti, el mundo ha cambiado. Ahora, por el resto de tu vida, seguramente cada camino conduce a la cruz, y la cruz conduce a esa tumba, y la tumba conduce a un futuro inesperado. Tu vida queda cambiada para siempre por la verdad que dice «Cristo ha muerto, Cristo ha resucitado, Cristo volverá».

Por supuesto que no lo olvidarás. Y, aunque no estuviste allí en persona, sabes que todo lo anterior ocurrió. Y sabes que la historia se ha transmitido de boca en boca a través de las edades hasta que, finalmente, llegó a ti.

No estás tan lejos de la cruz, después de todo.

Ora

Señor Jesús, me maravilla tu amor que todo lo perdona, mostrado por nosotros en la cruz. Gracias porque este evento único ha cambiado no solo el curso de la historia humana, sino también mi vida. Por favor, mantenme cerca de la cruz.

Responde

¿Qué significa para ti vivir cerca de la cruz y de la tumba vacía? Piensa en la fortaleza que Cristo mostró, desde Getsemaní hasta el Gólgota y más allá. ¿Estás enfrentando alguna prueba? Comprométete de nuevo a seguir la voluntad de Dios para tu vida sin importar lo que enfrentes (Mar. 14:36). Y, como Jesús, ora sobre ello con amigos si puedes (Mar. 14:32).

DICIEMBRE

DÍA 4

Reflexiona

Hablamos y cantamos mucho sobre la muerte y la resurrección de Jesús, y con razón. Pero, a veces, es bueno pensar en lo que ocurrió en el medio, cuando el Señor de la vida fue desterrado a la tumba.

Él no pertenecía allí, y eso iba a causarle un problema a la muerte. Fue «muerto en la carne pero vivificado en el espíritu» (1 Ped. 3:18), y así se comprobó que «la muerte no pudo retenerlo bajo su dominio» (Hech. 2:24, NTV).

Este es nuestro Rey. Él invadió un territorio —la tumba— que no pudo retenerlo prisionero. Y esto significa que, cuando llegue nuestro momento, como ciudadanos de Su reino, tampoco podremos ser retenidos allí.

Por esto entrego mi vida... no para perderla, sino para ganarla (Mat. 10:39) y luego seguir viviendo para Él.

Ora

Gracias, Padre, por enviar a Jesús al reino de los muertos por mí. Gracias por Su ataque sorpresa y victoria resonante, incluso allí. Y gracias por la esperanza que esto trae, sabiendo que, cuando llegue mi hora, no tendré nada que temer a la muerte. Todo gracias a Él.

Responde

¿Cómo te sientes frente a tu propia muerte? Podemos llegar a tener mucha práctica en alejar todos los pensamientos sobre ello, pero como ciudadanos del reino de los cielos, podemos —y debemos— verla de otro modo. ¿Por qué no oras por esto ahora? ¿Qué tiene Dios para decirte al respecto? ¿Hay algún miedo que necesite ser calmado o una perspectiva nueva que necesite ser dada? ¿Cómo serán diferentes tus próximas horas o días como resultado?

DICIEMBRE

DÍA 5

Reflexiona

Los muros dividen. Algunos son construidos por manos humanas, otros son barreras naturales, como una cordillera, pero todos pueden dificultar o incluso impedir la comunicación y el movimiento de un lado a otro.

El mar es otro gran divisor. A lo largo de gran parte de la historia, su amplia extensión de aguas insondablemente profundas ha hecho que los continentes parezcan mundos distintos.

Cuando se trata de la comunicación con Dios, nuestro pecado ha creado una separación más completa que el océano más profundo. ¿Qué podría tender un puente sobre esa separación?

«Miren cuán gran amor nos ha otorgado el Padre: que seamos llamados hijos de Dios» (1 Jn. 3:1). Hoy, nada puede separarnos —ni lo alto ni lo profundo— del amor de Dios en Cristo (Rom. 8:39).

Aprovecha al máximo el nuevo puente.

Ora

Padre celestial, gracias por traerme a tu familia, cerca de ti, mediante la sangre de Jesús (Ef. 2:13, 18-19). Ayúdame a mantener abiertos los canales entre nosotros, para que pueda representarte fielmente y llevar a otros a los mismos privilegios que disfruto.

Responde

¿Qué tan clara es tu comunicación con el reino celestial? Ora por tu vida de oración. ¿Alguna vez oras con la Biblia abierta? ¿Alguna vez escuchas más de lo que hablas? ¿Esperas que tu vida sea diferente como resultado del tiempo que dedicas a orar? Recuerda también que el estudio bíblico no es solo para los creyentes. ¿Hay alguien a quien podrías invitar a la familia de Dios de esta manera?

Reflexiona

La luz siempre nos ha fascinado. Desde el resplandor de la mañana al amanecer hasta el parpadeo de una vela en una habitación oscura, es fácil quedar cautivado. Cuando dividimos la luz en sus colores, nuestro asombro solo aumenta. Al amplificarla en forma de láser, aprendemos a respetarla aún más. Cuando aislamos sus partículas de fotones, nos acercamos al borde del misterio.

Por supuesto, vemos gracias a la luz, pero al levantar la vista hacia los cielos, miramos tanto al pasado como al presente, al contemplar los miles de millones de años del continuo espacio-tiempo que es nuestro universo.

Entonces, ¿cómo se relaciona Dios con todo esto? Él «[se cubre] de luz como con un manto, extendiendo los cielos como una cortina». El salmista lo expresó sencillamente: «Señor, Dios mío, cuán grande eres; te has vestido de esplendor y de majestad» (Sal. 104:1-2).

Impresionante.

Ora

Dios Todopoderoso y eterno, Creador de todas las cosas, Sustentador de cada partícula cuántica, te adoro. Padre, confieso que algunos de los hechos que ahora descubrimos acerca de tu creación me abren los ojos y me dejan maravillado. Pero luego pienso en ti, extendiendo los cielos como una cortina y llevando uno de sus mayores misterios como un manto, y me postro en asombro, adoración y alabanza.

Responde

Busca una fuente de luz y úsala para meditar en la gloria mayor de Dios (pero nunca mires directamente al sol, ni siquiera por un instante). Podrías encontrar una estrella y mirarla por un tiempo. O enciende una vela y obsérvala (tal vez a través de un cristal) mientras su luz se dispersa. Ora por quienes necesitan la luz del amor de Dios.

DICIEMBRE

DÍA 7

Reflexiona

Hay mucho en esta vida que nos estimula mientras exploramos sus maravillas. Pero, ¿por qué pensamos que podemos entenderlo todo por nosotros mismos? Con demasiada facilidad, tomamos grandes decisiones sin consultar a otros, incluido a Aquel que realmente es la fuente de toda sabiduría.

Jesús contó la historia de un hombre que dejó la casa de su rico padre para salir a conocer el mundo. Usó su riqueza para darse gustos para él y sus nuevos amigos. Pero ellos no duraron más que el dinero, y pronto se encontró al límite.

Es un buen lugar para estar, y poder decir: «Estoy perdido sin ti». Una vez que dejamos atrás el lugar donde estuvimos, comenzamos el camino de regreso a casa. Nuestro paso se acelera al ver el lugar que realmente anhelamos asomarse por el horizonte, donde somos amados por quiénes somos y podemos llegar a ser la persona para la cual fuimos diseñados.

Entonces, lo vemos a Él… corriendo hacia nosotros, ansioso por darnos la bienvenida a casa (Luc. 15:11-24).

Ora

Padre celestial, me maravilla tu gracia, me abruma tu amor. Te importa mucho más ayudarme a tener éxito que culparme por mis fracasos. Ayúdame a mantenerme en tu camino ahora que he recobrado el juicio y he decidido seguir tus caminos.

Responde

¿Has alentado a alguien que siente que es un fracaso? Es importante hacerlo, pero no esperes solo a los pródigos. Trata de animar a todas las personas que encuentres en las próximas veinticuatro horas… aunque no parezcan necesitarlo.

DICIEMBRE

DÍA 8

Reflexiona

Hay mucha parafernalia relacionada con ser cristiano, «cosas» que parecen acompañar el título: reuniones, canto, conversaciones, lectura, opiniones, objeciones y así sucesivamente.

Cualquiera de estas cosas puede ser buena, pero tomadas en conjunto pueden convertirse en una rutina que no lleva a ningún lado, en lugar de ser el cable de equilibrio que nos sostiene al dar pasos de fe. En el peor de los casos, todo se vuelve una puerta «ancha» en lugar de una «estrecha» (Mat. 7:13-14)... tanta agua, cuando lo que necesitamos es vino (Juan 2:7-11).

Lo que realmente necesitamos es a Jesús. Si queremos realidad en lugar de religión, fe en lugar de miedo, tiene que ser Él.

No te conformes con menos.

Ora

Tú eres todo lo que necesito, Señor, todo lo que realmente quiero. Perdóname cuando dejo que seguirte se convierta en un trámite. Sé que, como tu pueblo, todos tenemos cosas que hacer juntos, pero por favor no permitas que pierda de vista por qué hacemos esto. Lo hacemos para estar contigo y para ayudar a otros a hacer lo mismo.

Responde

¿Cuántas reuniones se realizan en tu iglesia cada semana, cada mes? ¿Alguna vez los asistentes dicen que son demasiado largas o que han perdido el foco? ¿Alguna podría suspenderse un tiempo sin ir en contra de la razón de ser de la iglesia? Puede que no estés en posición de cambiar nada directamente, pero ora por cada reunión y por quienes las dirigen.

DICIEMBRE

DÍA 9

Reflexiona

Estar en la presencia del amor es algo maravilloso. Sentimos positividad... incluso si el amor no está dirigido específicamente hacia nosotros. Vemos luz en medio de la oscuridad, la vida tal como creemos que debería ser.

Jesucristo nos mostró el amor perfecto. Su amor era capaz de limpiar con solo una palabra (Mat. 8:2-3; Juan 15:3). Su misión y Su presencia acogedora dignificaron a los pobres (Luc. 4:18-19). Su corazón doliente le permitió tocar profundamente a otros en su dolor (Isa. 53:3; Luc. 22:44; Juan 11:35), dando origen a esa cualidad que cambia vidas, llamada esperanza.

«El amor es paciente, es bondadoso. El amor no tiene envidia; el amor no es jactancioso, no es arrogante. No se porta indecorosamente; no busca lo suyo, no se irrita, no toma en cuenta el mal recibido. El amor no se regocija de la injusticia, sino que se alegra con la verdad. Todo lo sufre, todo lo cree, todo lo espera, todo lo soporta. El amor nunca deja de ser» (1 Cor. 13:4-8).

Ahora, cambia la palabra «amor» por «Jesús» y lee el pasaje de nuevo.

Ora

Amoroso Señor Jesús, tú eres nuestra inspiración para vivir la vida de amor. En ti, vemos el tipo de amor que, lejos de huir del dolor y el sacrificio, los abraza cuando no hay otra salida. Ayúdame a seguirte y a cultivar todo el fruto del Espíritu en mí (Gál. 5:22-23).

Responde

Lee de nuevo 1 Corintios 13, solo que esta vez, inserta tu propio nombre en lugar de «amor». ¿Cómo se siente? ¿Qué te dice eso sobre ti mismo? Recuerda no castigarte, porque Jesús, que realmente es todo eso, está comprometido a hacer que seas más como Él.

DICIEMBRE

DÍA 10

Reflexiona

El amor no es un extra en la vida; es una necesidad absoluta. Sin él, somos menos que humanos y nos negamos a nosotros mismos las riquezas que Dios siempre quiso para nosotros.

Un corazón sin amor conduce a las cualidades que vemos reflejadas en nuestro mundo triste. «Las obras de la carne son evidentes [...] enemistades, pleitos, celos, enojos, rivalidades, disensiones [...] envidias» (Gál. 5:19-21), y eso es solo nombrar algunas.

La sangre de Jesús derramada por nosotros cuenta otra historia: una de sacrificio, humildad y perdón. Dicen que no se puede prever lo que el amor hará... pero lo hemos visto en Jesús.

Observa y aprende.

Ora

Padre celestial, gracias por compartir con nosotros la encarnación de tu amor en el Señor Jesús. Gracias porque, en Él, nos estabas atrayendo de nuevo hacia ti (2 Cor. 5:19). Señor, confieso que la competencia, el prejuicio, la manipulación e incluso la traición no siempre han estado lejos de mí, ni de aquellos que sé que te aman. Por favor, ayúdanos a limpiar «la levadura vieja» y a cultivar la «sinceridad» y la «verdad» en su lugar (1 Cor. 5:7-8).

Responde

Observa las cualidades carentes de amor listadas en Gálatas 5:19-21. No es una lectura agradable, pero a veces una dosis de realidad es lo que necesitamos para despertarnos de fallas que hemos confundido con cuestiones aceptables e incorporado. Al examinar cada una, intenta identificar si alguna tiene presencia en ti. Pídele a Dios que te ayude a reemplazarla por el fruto del Espíritu que se lista en los versículos 22-23. Puede ser útil orar sobre esto con un amigo.

Reflexiona

Cuando los amigos se vuelven cercanos, no necesitan tantas palabras para comunicarse. Una amplia gama de cosas ya no necesita ser explicada... son aguas compartidas bajo el mismo puente. Podemos usar frases abreviadas donde, con otros, se necesitarían párrafos enteros.

Al mirar a los ojos a un amigo cercano y confiable, se establece un nivel de entendimiento que confirma un vínculo de amor.

Así puede ser entre nosotros y el Señor. Al dar pasos de fe para obedecerle, demostramos ser Sus amigos (Sant. 2:23; Juan 15:14). Al entregar nuestros tesoros para agradarle, tenemos la seguridad del premio de la vida eterna (1 Cor. 9:25; Fil. 3:14): conocerlo (Juan 17:3).

«¡Cuán preciosos también son para mí, oh Dios, Tus pensamientos! ¡Cuán inmensa es la suma de ellos! Si los contara, serían más que la arena» (Sal. 139:17-18).

Ora

Padre celestial, me encanta explorar tus pensamientos y conocer tus caminos a través de las Escrituras que tan amorosamente has proporcionado. Ayúdame a superar cualquier inhibición para conocerte mejor, amarte más profundamente y servirte con mayor fidelidad.

Responde

A veces, tenemos que separarnos de nuestros amigos más cercanos a medida que seguimos caminos distintos en la vida, y sin embargo, cuando nos reunimos de nuevo, simplemente continuamos donde dejamos. Si tienes un amigo así, ¿por qué no contactarlo y ver cómo está? Si tienes un buen amigo cerca de casa, organiza un encuentro sin otro propósito que disfrutar de su compañía.

DICIEMBRE

DÍA 12

Reflexiona

Aquel que hizo todas las cosas es perfectamente capaz de satisfacer cada una de nuestras necesidades, y claramente se deleita en colmarnos de bendiciones de todo tipo. Pero, en última instancia, prefiere ir más allá… darnos a sí mismo.

Él mismo es el pan que necesitamos para vivir y el agua que acaba con toda sed (Juan 6:35). Es nuestra alegría y deleite, el premio que no merecemos pero que se nos ha prometido (Sal. 43:4; Fil. 3:14). Es el Pastor que ha asegurado la seguridad eterna de Sus ovejas por la sangre que derramó por nosotros (Luc. 15:6; 22:20; Juan 10:11).

Sí, podría satisfacer nuestra necesidad de mil maneras, pero ninguna se compara con la bendición de Su propia gloria y bondad.

La verdadera prosperidad.

Ora

Dios todopoderoso, Salvador y Rey, la manera en que cuidas de mí es realmente asombrosa. Aunque posees «el ganado sobre mil colinas» (Sal. 50:10), no me das todo.

En cambio, me das tu persona, y aun así, provees «el pan nuestro de cada día» y cosas buenas para los que te buscan (Mat. 6:11, 33; Luc. 1:53).

Responde

¿Hay personas cerca de ti que no tienen pan en la mesa… o que ni siquiera tienen mesa? Consulta con iglesias y organizaciones en tu área sobre proyectos locales de alimentos y refugio, o pídele a Dios que te muestre a alguien a quien puedas ayudar en las próximas veinticuatro horas.

DICIEMBRE

DÍA 13

Reflexiona

Es genial estar en tu mejor momento, pero como dicen, siempre hay alguien más listo, más rápido, o más grande. Nadie puede descansar en sus laureles. El tiempo avanza, y la cima del árbol tiene una rápida rotación de ocupantes.

Esto es cierto para todo ser finito, inevitablemente. Pero cuando se trata de Dios, el Señor soberano, las matemáticas no son iguales. La infinitud está fuera de escala. No puedes ir más alto, no puedes ser más grande. Él es más sabio que cualquiera porque solo Él conoce cada micrón cuadrado del universo que creó.

Y, por las mismas razones, es más fuerte que cualquiera que quisiera ponerlo a prueba.

Este es nuestro Dios.

Ora

Señor soberano, no hay nadie como tú. Descanso en ese conocimiento, Padre, contento de que no puedas ser tomado por sorpresa. Nada te pone en desventaja, y cada ataque contra tu reino será parte de tus mayores propósitos. Realmente, Señor, tu «entendimiento es infinito» (Sal. 147:5).

Responde

Piensa en un evento en el mundo —tal vez en tu propia experiencia— que claramente va contra la voluntad de Dios, algo que sabes que le disgusta. Tal vez alguien esté cometiendo una injusticia, bloqueando la predicación del evangelio, o abusando de la confianza de alguien. Habla con el Señor sobre ello y pídele que rompa la situación con Su fuerza superior, sabiendo que Él puede decidir con Su sabiduría superior usarla «para el bien de quienes lo aman» (Rom. 8:28, NTV).

DICIEMBRE

DÍA 14

Reflexiona

Es bueno tratar de acercarnos a Dios, y cuando lo hacemos, es comprensible que esperemos experimentar algunos efectos secundarios positivos. Pero estamos tratando con el Rey del amor, por lo que siempre es apropiado acudir a Él por el bien de los demás.

El Señor quiere ver que la justicia fluya «como una corriente inagotable» (Amós 5:24). Y con la corriente de justicia a menudo viene el flujo de lágrimas, porque la compasión nos lleva a llorar con los que lloran (Rom. 12:15).

Por eso buscamos la unción del Espíritu de Dios, sedientos no solo por nosotros mismos, sino por la justicia recta del reino (Mat. 5:6).

Irónicamente, esto es una de las cosas más gratificantes que podemos hacer. Cristo es el «Ungido», y Su unción fue con óleo de alegría (Heb. 1:9). Así que compartimos Su alegría mientras trabajamos para ver liberados a los oprimidos y proclamamos el favor de Dios (Luc. 4:18-19).

Busca Su rostro.

Ora

Padre celestial, ungiste a tu Hijo con un gozo que se derramó sobre muchas vidas, y recaudadores de impuestos y rameras fueron los pioneros en el reino de Dios (Mat. 21:31). Por favor, comparte más de tu corazón conmigo, para que yo también pueda extender la mano con la buena noticia de que el reino de los cielos está cerca y abierto para cualquiera que crea, sin excepciones (Mar. 1:15; Juan 3:16).

Responde

¿Conoces a alguien que trabaja por la justicia, pero quizás ha olvidado que el evangelio es sobre la gracia? Intenta tener una buena conversación creativa con esa persona sobre por qué Dios está del lado de los oprimidos y cómo Su gracia y justicia trabajan juntas. Tal vez quieran leer juntos las Bienaventuranzas (Mat. 5:3-12).

DICIEMBRE

DÍA 15

Reflexiona

¿Qué se necesita para ser usado por Dios? ¿Gran valor, convicción o fe tan grande como una montaña?

¿Y qué pasa con aquellos que se sienten insuficientes? ¿O con los que están quebrantados por las dificultades de la vida? ¿Solo deben estar en el extremo receptor de la bendición de Dios? ¿O podría ser que ellos también puedan bendecir, incluso mientras son bendecidos? «Más bienaventurado es dar que recibir» (Hech. 20:35). Pero ¿qué pueden dar los débiles y cansados?

Aquí viene la gran paradoja divina. Porque a menudo, es precisamente un corazón roto el que puede sanar a otros... no por su propia fuerza, sino al ofrecerse a través de la compasión sanadora del Rey del cielo. «Los sacrificios de Dios son el espíritu contrito; al corazón contrito y humillado, oh Dios, no despreciarás» (Sal. 51:17).

Hay un círculo de bendición en las relaciones humanas, y no todo fluye en una sola dirección.

Ora

Señor Jesús, gracias por mostrarnos algo de la economía invertida del reino de los cielos. Perdóname cuando olvido que amas bendecir a los quebrantados... incluso a mí. Y ayúdame a compartir tu amor con los necesitados, sabiendo que yo también recibiré bendición (Luc. 6:38), tal vez de lugares donde menos lo espero.

Responde

Haz una lista —solo o con un amigo— de todas las habilidades y recursos que tienes para ayudar a otros. Puede incluir tiempo, dinero y objetos que ya no necesitas, pero también tus talentos y experiencias adquiridas en el trabajo. ¿Qué pasa con tus pasiones, las causas por las que sientes un fuerte compromiso? Agrégalas también. Cuando termines, ora. Preséntale a Dios esta lista y haz lo que millones de cristianos hacen hoy: pídele que te use para Su gloria.

Reflexiona

Es un hecho ineludible que no podemos hacer todo lo que quisiéramos en esta vida. Algo, en algún momento, suele impedirlo. Puede ser otros compromisos o incluso un sentido de nuestra propia incapacidad. Aunque no nos sintamos exactamente prisioneros, nunca parece haber tiempo o recursos para hacer todo lo que queremos hacer.

La maravillosa verdad es que Dios quiere liberarnos. Pero la pregunta es: ¿liberarnos para hacer qué? Seguramente no para entregarnos a nuestra naturaleza pecaminosa (Gál. 5:13). «Todas las cosas me son lícitas, pero no todas son de provecho. Todas las cosas me son lícitas, pero yo no me dejaré dominar por ninguna» (1 Cor. 6:12).

De hecho, hemos sido liberados para buscar la justicia. Antes de estar en Cristo, estábamos libres del control de la justicia porque éramos esclavos del pecado (Rom. 6:20). Ahora somos libres para ser quienes fuimos creados para ser, y esa es la mayor libertad que existe. Somos libres para amar a los demás y así cumplir la ley de Cristo (Gál. 6:2); libres para disfrutar de «todo lo que es verdadero, todo lo digno, todo lo justo, todo lo puro, todo lo amable, todo lo honorable» (Fil. 4:8).

Disfruta.

Ora

Señor, gracias por liberarme para ser la persona que estoy llamado a ser. Ayúdame a alcanzar cada vez más esa meta. Y gracias por la paz que ello trae (Fil. 4:7).

Responde

Piensa en algo que te encanta hacer, algo que expresa bien quién eres y que glorifica a Dios a través del amor que encarna. Si hoy no puedes hacer algo para desarrollarlo más, busca un espacio en tu agenda y ¡resérvalo!

DICIEMBRE

DÍA 17

Reflexiona

Hoy en día, los paneles solares se están popularizando cada vez más como una excelente manera de aprovechar la energía para uso doméstico. No se mueven ni hacen ruido; simplemente están ahí, aparentemente inertes. Sin embargo, casi se puede sentir cómo la energía aumenta mientras absorben la luz del sol.

Esperar al Señor es un poco así. No hacemos nada... excepto esperar. Pero no estamos «esperando a Godot»; no esperamos con una esperanza vana. Estamos mirando al Dios vivo.

Y mientras lo hacemos, la esperanza crece y obtenemos fuerza del suministro inagotable de Dios.

«¿Acaso no lo sabes? ¿Es que no lo has oído? El Dios eterno, el Señor, el creador de los confines de la tierra no se fatiga ni se cansa. Su entendimiento es inescrutable. Él da fuerzas al fatigado, y al que no tiene fuerzas, aumenta el vigor. Aun los mancebos se fatigan y se cansan, y los jóvenes tropiezan y vacilan, pero los que esperan en el Señor renovarán sus fuerzas. Se remontarán con alas como las águilas, correrán y no se cansarán, caminarán y no se fatigarán» (Isa. 40:28-31).

Ora

Señor, me encantan esos momentos en tu presencia cuando puedo simplemente absorber tu amor y sentir cómo mis baterías espirituales se recargan hasta estar casi al máximo. Ayúdame a hacer eso ahora, y a seguir haciéndolo antes de que se agoten de nuevo.

Responde

Es bueno entregarse por los demás, pero nadie puede ayudar si su alma está agotada y desgastada. Así como un adulto debe ponerse la máscara de oxígeno antes de ayudar a un niño en un avión que ha perdido presión, también debemos cuidar nuestra salud espiritual para poder ayudar a otros.

Entonces: ¿estás alimentando tu alma con cosas buenas? ¿Estás escuchando al Señor, leyendo Su Palabra? ¿Estás esperando en Él?

DICIEMBRE

DÍA 18

Reflexiona

Hay más de una manera de comunicar la verdad. A veces, usamos conceptos abstractos para explicar las cosas. Esto es especialmente útil en el mundo de la ciencia, pero también tiene su lugar al describir lo que Dios ha hecho por nosotros a través de Jesús. El apóstol Pablo parecía disfrutar este tipo de exposición de la verdad.

Pero existe otra forma, tan antigua como la fogata. Podemos contar una historia. Lucas usó mucho este método cuando decidió contarle a Teófilo, y en última instancia al mundo entero, lo que sucedió cuando el Hijo de Dios y el Espíritu de Dios vinieron a nuestro mundo (Hech. 1:1-2).

No se trata solo de una lista de cosas que la gente hizo... eso sería la clase de relato más aburrido. Él organizó cuidadosamente su material y eligió el orden de los acontecimientos, salpicándolos de explicaciones y comentarios, asegurándose de que la historia de Jesús pudiera convertirse en parte de nuestra propia historia.

Y nosotros debemos hacer lo mismo.

Ora

Amoroso Señor, gracias por la forma en que podemos revivir los eventos a través del maravilloso don de las palabras. Gracias por la mejor historia jamás contada. Ayúdame a contarla fielmente, y también con entusiasmo, aclarando las cosas para quienes escuchan, sin importar su edad o trasfondo.

Responde

Es hora de contar historias. ¿Puedes escribir un relato —que no necesita ser más largo que un par de páginas— sobre el nacimiento, ministerio, muerte y resurrección de Jesús? ¿Puedes continuar contando sobre la venida del Espíritu y los comienzos de la iglesia? Tal vez prefieras hacer esto con otros. Toma nota de lo que aprendes mientras trabajas, y luego regresa a los Evangelios y Hechos con una nueva apreciación por la habilidad y poder que hay detrás de ellos.

DICIEMBRE

DÍA 19

Reflexiona

¿Cómo se ve la bendición de Dios? A veces, podemos hacerla parecer tan etérea que casi se evapora. Pero Dios nos ha colocado en un mundo físico, con comunidades, hogares y familias. Debemos acudir a Él para que todas nuestras necesidades sean satisfechas, tanto materiales como espirituales (Prov. 9:10; Mat. 6:25-33). Al buscar Su voluntad, parece que las bendiciones materiales a veces son difíciles de evitar.

Esto no es un «evangelio de la prosperidad» retorcido para enriquecerse rápido (o a cualquier ritmo). Es simplemente el resultado de una vida vivida para Dios en comunidad. Y ser bienaventurado es ser feliz (Mat. 5:3-11).

Podemos ser específicos: una esposa será «como fecunda vid en el interior de tu casa», y los hijos «como plantas de olivo alrededor de tu mesa» (Sal. 128:3). Esto es, por supuesto, una imagen sacada de la vida antigua, pero su mensaje es claro: la bendición de Dios es terrenal.

Recibe bendición.

Ora

Padre celestial, te interesa cada parte de nuestra vida; todo es un regalo tuyo. Ayúdame a confiar en ti en todas las cosas y aceptar tus bendiciones como te resulte aceptable darlas, para que «en cualquier situación, sea con el estómago lleno o vacío, con mucho o con poco», aprenda el arte del verdadero contentamiento (Fil. 4:12, NTV).

Responde

Piensa en las cosas materiales con las que has sido bendecido. ¿Las estás usando bien? Si no, considera regalar algunas. ¿Hay personas en tu vecindario con quienes puedas compartir cosas? Tal vez eso incluya compartir una comida sencilla juntos.

DICIEMBRE

DÍA 20

Reflexiona

Jesús muere en una cruz. La creación contiene la respiración. En el aire arriba, la luz del día huye mientras la oscuridad desciende (Mat. 27:45). En la tierra abajo hay un temblor, que abre las tumbas de aquellos que de repente son levantados a la vida (Mat. 27:52). La vida y la muerte están en equilibrio. «En ese momento el velo del templo se rasgó en dos, de arriba abajo» (Mat. 27:51). ¿Qué significa esto? ¿Quién se ha atrevido a rasgar la barrera entre el hombre pecador y el Dios santo?

La respuesta es: Dios mismo. Él ha tomado la iniciativa. «Dios estaba en Cristo reconciliando al mundo con Él mismo, no tomando en cuenta a los hombres sus transgresiones» (2 Cor. 5:19). El fin ha comenzado (Heb. 1:2). Jesús es «el primogénito de los muertos» (Apoc. 1:5). Sin embargo, la creación todavía espera… anhelando «la revelación de los hijos de Dios» (Rom. 8:19). Esos seríamos nosotros.

Ora

Padre celestial, gracias por vencer la muerte a través de la muerte de Cristo. El sonido de ese velo grueso siendo rasgado debió haber sido aterrador, mientras todo el lugar temblaba. Sin embargo, en todas estas convulsiones, trajiste un nuevo nacimiento de esperanza, nueva vida, y te alabo porque esto se ha extendido incluso hasta mí, alguien que es contado con alegría entre los perdonados en la cruz.

Responde

¿Cómo se «revela» tu propia fe en Cristo? Mientras la creación debe esperar a que todos los hijos de Dios sean manifestados, estos son días en los que el mundo necesita que los seguidores de Cristo se muestren. Naturalmente, queremos hablar de nuestra fe, pero recuerda que las acciones a menudo suscitan preguntas. Busca oportunidades para servir y honrar a las personas incluso en pequeñas maneras, como testimonio del amor desinteresado que Jesús aún quiere compartir.

Reflexiona

Dios es fiel. Él está obrando en las vidas de Su pueblo, y ha prometido no retractarse de Su compromiso de completar la obra que ha comenzado (Fil. 1:6; 2 Tim. 2:13). Sus promesas son verdaderas. Sin embargo, una cosa es leer las promesas de Dios y otra muy distinta es saber que son para ti. Ver la evidencia de esa palabra obrando en tu propia alma tiene que ser una de las experiencias más satisfactorias y llenas de esperanza en este mundo. Es suficiente para comprometer el resto de tu vida con Él.

Ora

Señor misericordioso, me asombra el nivel de tu compromiso con nosotros, «lento para la ira y abundante en misericordia y verdad» (Ex. 34:6). Por favor, ayúdame a cumplir las promesas que hago, especialmente a caminar contigo siempre.

Responde

¿Cuál es la evidencia actual de la Palabra de Dios obrando en tu vida? Observa estos pasajes: Génesis 50:15-21; Rut 1:16; 1 Samuel 2:1-7; Salmo 51:6-15; Isaías 6:5-8; Hechos 4:18-31; 16:23-34. Aquí vemos, entre otras cosas, la evidencia de un perdón profundo, compromiso total con Dios y Su pueblo, oración audaz, testimonio valiente, adoración humilde, un entendimiento claro del mensaje de las Escrituras y compasión sincera. Todos tenemos puntos fuertes y débiles, y seguimos avanzando hacia la madurez (Fil. 3:12), pero tómate el tiempo para ser sincero sobre qué tan bien lo estás haciendo, o no, y anímate con el hecho de que todos estos personajes bíblicos también estaban en un camino. Si haces este ejercicio con otros, asegúrate de animarse mutuamente y orar unos por otros.

DICIEMBRE

DÍA 22

Reflexiona

El esplendor y la majestad de Dios han sido fuente de inspiración para muchos a lo largo de los siglos. Y, sin embargo, hay una mezcla peculiar de sentimientos positivos y negativos al contemplar al Dios vivo. Porque apenas vemos Su gloria, sentimos nuestra insuficiencia (Isa. 6:5). Aquellos que no han experimentado esto podrían pensar que están mejor sin ello.

¿Quién quiere sentirse insuficiente? Pero la verdad es que la gloria supera la vergüenza, siempre que miremos a Él con fe y humildad, confiados en que será misericordioso y hará provisión para nuestra debilidad (Ex. 33:18-23; Isa. 6:7).

«Como los ojos de los siervos miran a la mano de su señor, como los ojos de la sierva a la mano de su señora, así nuestros ojos miran al Señor nuestro Dios hasta que se apiade de nosotros» (Sal. 123:2).

Ora

Señor soberano, me asombra que quieras mostrarte a la humanidad pecadora. Gracias por manifestar tu gloria en el Señor Jesús y por tu Espíritu (Juan 1:14; Hech. 26:13; 2 Cor. 12:2-4). Sé que no soy Moisés ni Pablo, ni María ni Ester, y que tal vez nunca experimente visiones increíbles en esta vida, pero te doy gracias porque me has limpiado con la sangre de Cristo y has hecho posible adorarte directamente (Juan 4:24; Ef. 2:18; Heb. 9:14), sea cual sea la manera en que elijas manifestarte a mí.

Responde

Aunque nunca estaría bien sentirse cómodo con tus debilidades, ¿eres consciente de que Dios te acepta de todas formas y está comprometido a ayudarte a convertirte en todo lo que quiere que seas? (Rom. 5:8; 8:32; Fil. 1:6). Tómate un momento ahora para leer las referencias bíblicas de hoy y comprométete a trabajar con Él mientras lo miras.

DICIEMBRE

DÍA 23

Reflexiona

El Señor es eterno (Sal. 90:2). ¿Cómo, entonces, le hacemos justicia en nuestra adoración? ¿Cómo cantamos Sus alabanzas de una manera que honre apropiadamente Su bondad y gloria, Su misericordia y majestad? ¿Cómo pueden seres finitos adecuar su adoración a un Ser infinito? Parece que solo hay una manera: necesitamos estar con Él para siempre. Alabarlo y honrar Sus caminos sin cesar. Por siempre.

Por supuesto que esto no es algo que podamos arreglar por nosotros mismos. Podemos sentir que podríamos seguir alabándolo toda la eternidad, pero no ocurrirá a menos que Él lo haga posible.

Y esa es la maravilla. Adorar a Dios eternamente no es un sueño irrealizable, algún ideal que nunca se hará realidad. Él lo ha hecho posible, y empieza ahora. Por Jesús podemos servirle «sin temor, en santidad y justicia delante de Él, todos nuestros días» (Luc. 1:74-75).

Y esos días nunca terminarán (Apoc. 22:5).

Ora

Señor misericordioso, has plantado el deseo de la eternidad en nuestros corazones (Ecl. 3:11) y luego, en tu sabiduría, has hecho posible que heredemos la vida eterna (Mat. 19:29). Con alegría pongo todo a tus pies, mientras diariamente levanto mis manos a ti en total dependencia y gozo sincero.

Responde

Lo bueno de la alegría es que, tarde o temprano, se nota. Permite que el amor de Dios ocupe tu mente consciente ahora, profundamente, para que tu subconsciente esté en sintonía con el Señor durante todo el día que viene. Prepárate para que alguien te pregunte por qué estás tan feliz.

DICIEMBRE

DÍA 24

Reflexiona

Saber que has fallado es algo peligroso. Es como aterrizar en una saliente a mitad de un acantilado. Sabes que este es el punto donde puedes comenzar a escalar de nuevo... o caer aún más abajo.

Sin el Señor, sabemos cómo terminaría eso. Sin su carbón encendido sobre nuestros labios impuros (Isa. 6:6-7), sin el hisopo de Su poder purificador en nuestro corazón impuro (Sal. 51:7) y sin Su amor para cancelar nuestras muchas deudas (Luc. 7:42), continuaríamos descendiendo, en línea con la gravedad de nuestro pecado.

«Pero Dios demuestra Su amor para con nosotros, en que siendo aún pecadores, Cristo murió por nosotros» (Rom. 5:8). Con el corazón y la mente limpios, y los pecados perdonados, ahora tenemos un lugar seguro donde descansar en nuestro acantilado, una Roca que se ha convertido en nuestro refugio y esperanza (Ex. 33:22; Sal. 18:2; 1 Cor. 10:4).

Sigue escalando.

Ora

Señor, solo tú puedes limpiarme. Gracias por nunca rendirte conmigo. Y gracias por enviar a Jesús a este mundo. «Y mi espíritu se regocija en Dios mi Salvador» (Luc. 1:47).

Responde

¿Cómo estás usando tu lugar seguro de refugio? Con todo el bullicio de la vida moderna, es fácil tropezar sin prestar atención a nuestro progreso espiritual. Por muy alto o bajo que creas que estás en «el acantilado», ¿eres capaz de encontrar esa «hendidura de la peña» (Ex. 33:22) donde el Señor pueda esconderte con seguridad y ministrarte? No lo dejes para después: pídele que llene tu corazón ahora con la paz y la fortaleza que necesitas.

DICIEMBRE

DÍA 25

Reflexiona

Emmanuel... Dios con nosotros (Isa. 7:14; Mat. 1:23). Con este nombre, se le dijo a José que podía seguir con su matrimonio con María, a pesar de la vergüenza del escándalo. Y así, el Salvador de la raza humana vino al mundo.

Creció «en sabiduría [y] en estatura» (Luc. 2:52). Trabajó (Mat. 13:55) y esperó, hasta que llegó el momento de decirle al mundo por qué estaba aquí. La recepción fue mixta, e incluso aquellos que creyeron en Él lo abandonaron cuando fue llevado a la ejecución. Él transitó mi camino y sintió mi dolor.

Enfrentó la muerte con valentía, decidido a salvar a los perdidos hasta el último aliento. «El castigo, por nuestra paz, cayó sobre Él», y debido a Su increíble sacrificio, los pecadores fueron liberados de las afirmaciones del infierno: Dios aceptó Su «ofrenda de expiación» (Isa. 53:5, 10).

Para probarlo, Dios lo resucitó de entre los muertos y lo exaltó al lugar de honor «a la diestra de Dios», donde permanece intercediendo por Sus amados (Hech. 2:32-33; Heb. 7:25).

Da gloria a Emmanuel.

Ora

Señor Jesucristo, gracias por venir a este mundo por nosotros, por mí. Gracias por vivir una vida humana plena y perfecta, y luego ofrecer esa vida al Padre por nuestros pecados. Y gracias por llegar hasta el final, negándote a desviarte (Mar. 14:36) y así ganando un pueblo para ti. Y ahora esperamos con ansias tu regreso (Tito 2:13-14).

Responde

¡Celebra!

DICIEMBRE

DÍA 26

Reflexiona

El Señor ha venido a nosotros. Vino a rescatarnos, y hemos celebrado ese hecho.

El Señor ha venido a nosotros. Ahora debemos ir a otros. Cuando Jesús envió por primera vez a Sus discípulos, estas palabras resonaban en sus oídos: «De gracia recibieron, den de gracia» (Mat. 10:8).

No es una trampa. No es una condición secreta en Su pacto con nosotros. Es lo obvio cuando has recibido tanto y sabes que otros necesitan mucho. «Él te ha declarado, oh hombre, lo que es bueno. ¿Y qué es lo que demanda el Señor de ti, sino solo practicar la justicia, amar la misericordia, y andar humildemente con tu Dios?» (Miq. 6:8).

Es hora de andar.

Ora

Gracias, Señor, porque no muestras favoritismo (Rom. 2:11), pero tampoco nos tratas como merecen nuestros pecados (Sal. 103:10). Nos diste a Jesús. Ayúdanos a compartirlo con el resto del mundo.

Responde

¿Has estado buscando últimamente a quienes necesitan a Jesús? Tal vez están en tu familia. Tal vez sea un vecino. ¿Puedes acercarte a ellos esta semana en el nombre de Jesús? Puede comenzar con algo tan simple como ofrecerles una bebida o algo de comer. Luego deja que Jesús guíe la conversación.

DICIEMBRE

DÍA 27

Reflexiona

«Señor, enséñanos a orar» (Luc. 11:1): una pregunta que provocó la respuesta más repetida en toda la historia. Ha sido recitada, contemplada, analizada y usada como modelo de oración a lo largo de los siglos.

Comienza con el Padre, de quien brota toda vida y el cual escucha todas las oraciones. Reconoce que Su voluntad se cumple perfectamente en el cielo, y anhela que la tierra se alinee con ella. Pide que se suplan nuestras necesidades físicas y espirituales, mientras nos comprometemos a vivir en paz con los demás en la medida de lo posible (Rom. 12:18). Aborda las batallas morales y espirituales que enfrentamos, y pone su confianza en Aquel que es soberano sobre todo.

Vive la oración.

Ora

«Padre nuestro que estás en los cielos, santificado sea Tu nombre. Venga Tu reino. Hágase Tu voluntad, así en la tierra como en el cielo. Danos hoy el pan nuestro de cada día. Y perdónanos nuestras deudas, como también nosotros hemos perdonado a nuestros deudores. Y no nos dejes caer en tentación, sino líbranos del mal» (Mat. 6:9-13).

Responde

¿Has perdonado a quienes necesitan tu perdón? No puedes obligar a alguien a aceptar tu perdón... puede que ni siquiera crea necesitarlo. Pero puedes liberar tu propio corazón del estrés innecesario de juzgarlo y entregarlo a la justicia de Dios (Rom. 12:19). Si alguien viene a tu mente ahora, dile al Señor que lo perdonas y ora por esa persona, para que reconozca su pecado. Ora también para que tú seas perdonado... tal vez por cosas de las que aún no eres consciente (Sal. 19:12).

DICIEMBRE

DÍA 28

Reflexiona

El problema de tratar de avanzar en la oscuridad es que puedes chocarte con cosas con demasiada facilidad. Se pierde el sentido de la perspectiva y corres el riesgo de caer en trampas invisibles.

No siempre recibimos la luz que anhelamos en esta vida, y por lo tanto, en algunas áreas, debemos proceder «en la oscuridad». Simplemente no entendemos todo.

Necesitamos un guía con buena visión nocturna. Un guía que nos conozca y a quien conozcamos, incluso en la oscuridad. Alguien con voz fuerte y firme agarre.

«Mis ovejas oyen Mi voz; Yo las conozco y me siguen. Yo les doy vida eterna y jamás perecerán, y nadie las arrebatará de Mi mano. Mi Padre que me las dio es mayor que todos, y nadie las puede arrebatar de la mano del Padre» (Juan 10:27-29).

Aférrate con fuerza. Y, si resbalas, no entres en pánico. Él no te soltará.

Ora

Señor, tú eres mi Pastor: tengo todo lo que necesito para caminar por esta vida con mi espíritu en perfecta seguridad (Sal. 23:1). Ayúdame a confiar en ti, a oír tu voz y a caminar con confianza, aun cuando no siempre esté seguro de dónde me llevará el siguiente paso.

Responde

¿Hay algo en tu vida que te está resultando difícil de manejar? Quizás le hayas pedido al Señor que ilumine, pero todavía nada está claro. Recuerda que Él es digno de confianza y te tiene cerca. Si conoces a alguien que está luchando por entender algo, hazle saber que, ya sea que Él nos ilumine o no, el Pastor no abandona a Sus ovejas.

DICIEMBRE

DÍA 29

Reflexiona

«Del Señor es la tierra y todo lo que hay en ella» (Sal. 24:1). Él es el Creador de todas las cosas. Y, sin embargo, Su relación con nosotros es tierna y personal, porque fuimos hechos a Su imagen (Gén. 1:27). Nos formó del polvo de la tierra, pero luego sopló en nosotros «el aliento de vida», cara a cara (Gén. 2:7).

Jesús reflejó esto de manera significativa después de resucitar. Vino a Sus discípulos y «sopló sobre ellos», invitándolos a «[recibir] el Espíritu Santo» (Juan 20:22).

Tanto en la creación como en la redención, Dios infunde vida en nuestros corazones, dándonos energía para la obra que debemos hacer. El cielo puede proclamar las obras de Sus manos, pero nosotros también cantamos alabanzas mientras proclamamos Sus poderosos actos (Sal. 71:16). Es un testimonio conjunto: tierra y cielo, creación y criatura, celebrando al que sostiene todas las cosas (Col. 1:17).

Ora

Padre celestial, gracias por el privilegio de unirme con toda la creación para reconocerte. Gracias por Jesús, tu Verbo creativo encarnado (Juan 1:1, 14) y por el don de tu Espíritu a través de Él (Ef. 2:18). Ayúdame a alabarte con palabra y obra.

Responde

¿Conoces a alguien que no crea que el universo fue creado por Dios? Trata de averiguar cuán seguro está de su posición. ¿Es agnóstico respecto al origen del universo, o es más bien militante en su falta de creencia en un Creador personal? Escucha realmente lo que dice para que puedas orar con más eficacia por esa persona. Y recuerda que, si puedes señalarle a Jesús, estará en camino de descubrir al Creador.

DÍA 30

Reflexiona

Si alguna vez visitas un astillero o un museo marítimo, puede que te sorprenda el tamaño relativamente pequeño del ancla de un barco. Pero su peso es desproporcionado a su tamaño. Tanto es así que, cuando un barco necesita resistir el embate de una tormenta o simplemente evitar el desplazamiento, esta es la herramienta indicada para el trabajo.

A veces, la vida nos arroja dificultades. Los enemigos nos rodean, o eso parece, y somos sacudidos por los vientos de la incertidumbre, mientras las olas de la incredulidad intentan apartarnos del lugar donde queremos estar. Pero tenemos un ancla: nuestra esperanza en el Señor mismo, sólida y segura, inmutable, siempre dispuesta a sostenernos firmemente (Heb. 6:19-20; 13:8).

Otras veces, nos encontramos a la deriva. Necesitamos echar el ancla, tomar una lectura de la brújula y orientarnos. Entonces, podemos navegar de regreso al rumbo correcto.

Sea cual sea nuestra situación, el Señor siempre nos ayudará a mantenernos firmes, a sostener nuestra posición y a vencer (Rom. 8:37).

«El Señor es mi luz y mi salvación; ¿a quién temeré?» (Sal. 27:1).

Ora

Gracias, Señor, por ser el sostén de mi vida. Ayúdame a orientarme en torno a ti y a tu gloria cada día de mi vida (Sal. 27:4). Sé mi centro de gravedad, para que mantenga el rumbo que has trazado para mí.

Responde

¿Qué lugar tiene la Escritura en tu vida? ¿Es periférica o central? Si no tienes un plan de lectura o algún tipo de sistema, piensa en adoptar algo que te funcione. Sea lo que sea que decidas, intenta desarrollar el hábito de leer la Biblia de manera devota, cuidadosa, frecuente, abierta y expectante.

DICIEMBRE

DÍA 31

Reflexiona

A fin de cuentas, la adoración es cuestión de confianza. Siempre habrá canciones para cantar, oraciones para elevar y verdades que declarar. Pero la adoración es profundamente personal, pues respondemos al amor de Dios con amor en nuestro corazón (1 Jn. 4:19). Sin esto, solo estamos haciendo ruido (1 Cor. 13:1).

Como adoradores, nos presentamos en la presencia de Dios. Esto es algo dinámico, porque nos movemos cuando Él se mueve (Ex. 13:21-22). ¿Qué significa eso para nosotros? Que cualquiera que sea la situación en la vida, lo que traiga el mañana, mantendremos nuestro rumbo mirándolo primero a Él (Mat. 6:33-34).

Estamos apartados para Él, un templo para Su presencia (1 Cor. 3:16). Porque Jesús es nuestro Rey, sabemos que Dios está de nuestro lado (Rom. 8:31).

«Entonces oí una gran voz que decía desde el trono: "El tabernáculo de Dios está entre los hombres, y Él habitará entre ellos y ellos serán Su pueblo, y Dios mismo estará entre ellos"» (Apoc. 21:3).

Sigue mirándolo a Él, pon Su gloria como tu prioridad, y todo irá bien.

Ora

Dios todopoderoso, Padre de toda misericordia… te bendecimos por nuestra creación, preservación y todas las bendiciones de esta vida; pero sobre todo por tu amor inconmensurable en la redención del mundo mediante nuestro Señor Jesucristo, por los medios de gracia y por la esperanza de gloria.

Responde

Tómate un momento para orar, entregándole a Dios tu pasado, presente y futuro. Ora por los que amas, y pídele a Dios que llene tu corazón con Su amor, ahora y siempre.

JOSUÉ 1:8

*«Recita siempre
el libro de la Ley
y medita en él de día
y de noche; cumple
con cuidado todo lo
que en él está escrito.
Así prosperarás
y tendrás éxito».*

NOTAS

Queremos seguir acompañándote más allá de estas páginas.

Escanea los códigos QR y acompaña tu devocional con este playlist:

Spotify

Youtube